Die 36 Hohen Räte

Offenbarungen des allumfassenden Erwachens

Sabine Sangitar

Die 36 Hohen Räte

Offenbarungen des allumfassenden Erwachens

Shimaa Verlag

Wichtiger Hinweis

Die im Buch veröffentlichten Ratschläge wurden von der Verfasserin, dem Herausgeber und dem Verlag sorgfältig erarbeitet und geprüft. Eine Garantie kann dennoch nicht übernommen werden. Ebenso ist die Haftung der Verfasserin, des Herausgebers bzw. des Verlages und ihrer Beauftragten für Personen-, Sach- und Vermögensschäden ausgeschlossen.
Geistiges Heilen dient der Aktivierung der Selbstheilungskräfte und ersetzt nicht die Diagnose oder Behandlung beim Arzt/Heilpraktiker.

Die 36 Hohen Räte – Offenbarungen des allumfassenden Erwachens
 – 1. Auflage 2020
Herausgeber: Benjamin Chamuel Heller – www.chamuel.net
Lektorat & Projektbegleitung: Miriam Shana Lee
Layout: Benjamin Chamuel Heller
Illustrationen unter Verwendung
von Motiven von stock.adobe.com:
Cover: © Kevin Carden
Innenillustrationen: © HiSunnySky & © Valenty
Druck: Verlag und Druckerei Poligraf, Brzezia Laka
Printed in Poland.
ISBN 978-3-9817999-9-6

www.shimaa.de

Eine Zeit beginnt, die für dich vielleicht jetzt noch als unerreichbar scheint – doch sie ist da. Sie wird sich immer weiter ausdehnen und du wirst dabei sein. Wir, die hohen Lichter, werden alles dafür tun, dich zu begleiten, dich zu halten, dich zu umarmen, dich zu wärmen, dich zu trösten, dich zu lieben, dich fühlen zu lassen, was es bedeutet, wenn wir bei dir sind – mit jedem Wort, mit jeder Energie, die so viel Liebe beinhaltet – und du dich fallen lassen kannst, du dich tief, tief fallen lassen kannst. Und du weißt: Es sind Gottes Hände, die dich auffangen – und in diesen Händen kannst du dich zurücklehnen.

– Melek Metatron –

Inhalt

Vorwort

Vorwort

Liebe Leserin! Lieber Leser!

Nun ist es soweit! Endlich kannst auch du Band 10 dieser wundervollen Buchreihe in deinen Händen halten. Manch einer hat diesen Augenblick schon herbeigesehnt und auch für uns ist dies ein ganz besonderer Augenblick. In nicht einmal fünf Jahren konnten wir nun zehn ergreifende und bewegende Bücher der 36 Hohen Räte veröffentlichen. Darüber freuen nicht nur wir uns, sondern sicherlich auch die 36 Hohen Räte selbst, denn dadurch werden viele Menschenherzen von dieser so liebevollen Energie beseelt. Der Ruf ist erklungen und du hast ihn gehört. Du bist ihm gefolgt und nun sieh, wo es dich hingeführt hat. Wir freuen uns so sehr für dich und so sehr, dass du da bist und gemeinsam mit uns diesen lichtvollen Weg gehst!

Das Verständnis um die großen Zusammenhänge wächst in dir, doch viel wichtiger – und du kannst es so tief fühlen –, deine Seele, du, du fühlst das tiefe Vertrauen, und du weißt: Alles ist gut! Du fühlst die tiefe Anbindung zur Geistigen Welt, deiner Heimat, und bist voller Zuversicht, für all das, was noch kommen mag!

Während des Erscheinens dieses Bandes erleben alle Menschen auf diesem Planeten, dass ihre Welt nicht mehr dieselbe ist und

wahrscheinlich auch nicht mehr sein wird. Ein jeder hat in den letzten Monaten spüren und sehen können, was uns die 36 Hohen Räten seit vielen Jahren prophezeit haben. Der Wandel hat nun sichtbar für alle Menschen begonnen. Die Übergangsphase wurde eingeleitet.
Die meisten Menschen, die diesen Wandel miterleben, sind in Angst und Sorge. Sie verstehen nicht, was vor sich geht. Doch du weißt es! Manch ein spiritueller Mensch verliert sich in Kampf und Widerstand. Doch du nicht! Du gehörst zu jenen, die auf diese Zeit gründlich vorbereitet worden sind. Und mag in dir, in manchen Situationen deines Erlebens, vielleicht auch noch eine kleine Welle des Widerstandes sichtbar werden, so hast du das energetische Werkzeug und die tiefe, tiefe Zuversicht, dich mit einem Atemzug davon zu befreien. Du kannst es fühlen!

Dieses Buch enthält kostbare Geschenke für dein gesamtes energetisches System, aber ganz besonders für deine Menschlichkeit. Es wird dich darin unterstützen, die Liebe zu dir selbst zu verstärken, wenn du erkennst, dass es in Ordnung ist, Mensch zu sein; dass es in Ordnung ist, menschlich in seiner Göttlichkeit zu sein.
Kennst du es nicht auch, dass du dir selbst immer wieder für allerlei Kleinigkeiten, die dich ausmachen, Vorwürfe machst, feststellst, dass du selbst dein größter Kritiker bist? Jesus hat uns neben all den spirituellen Wundern auch gezeigt, was es bedeutet, Mensch zu sein. Vielleicht hast auch du einmal einen Moment in deinem Leben erlebt, in dem du dich so angenommen hast, wie du bist, ohne Zweifel, voll und ganz. Und wenn es auch nur ein kleiner Augenblick war, so wirst du festgestellt haben, dass es nichts Schöneres geben kann. Ein Moment der vollkommenen Annahme, so, wie du bist. Das bedeutet Freiheit. Das bedeutet Vergebung und das führt in die tiefe Selbstliebe, so, wie die Selbstliebe zur wahren Nächstenliebe führt.

Hier möchte uns die Geistige Welt hintragen, mit jeder Botschaft, die sie uns bringt. Das ist es, was sie meinen, wenn sie sagen: „Du bist vollkommen! Und so, wie du bist, bist du richtig und gut!"

Aber die Geistige Welt möchte uns noch weitertragen, hinein, in den vollkommen erwachten, göttlichen Menschen auf Sol'A'Vana. Dieser Band führt uns, mit Anteilen unserer Selbst, durch die verschiedenen Erwachungsstufen und lässt uns erkennen, welch wunderschöne Geschöpfe wir sind. Erfahre mit dem Lesen dieses Buches, was das Christuserwachen für dich bedeutet, welche Attribute das menschliche Erwachen beinhaltet.

Noch einmal tiefer wirst du mit dem Mystischen Heilgeist in Berührung kommen und erleben, was das mystische und magische Erwachen für dich bedeuten kann. Ebenso tief tauchst du noch einmal in die 21 Aspekte deiner Selbst ein und erhältst Einblicke in das vollkommene Merkaba-Erwachen. All das führt in das tiefe, tiefe Erkennen: „Du bist so viel mehr als nur Mensch!"

Doch die Basis von all dem bist du, ist deine Innenwelt, sind deine Inneren Helfer und die lebendigen Energien in dir. Was ist der Innere Krieger? Was ist der Innere Architekt? Welche Bedeutung hat dein Schutzengel tatsächlich und wer sind die Sewaja-Engel? Wer ist der Botschafter der Liebe und wie wirkt deine Persönliche Engelsgruppe? Es gibt so vielzählige Energien in uns, die die 36 Hohen Räte und Sabine Sangitar in diesem Buch auf wundervolle Weise erläutern. Erhalte Einweihungen, Energie-Übertragungen und neues Wissen – und vor allem: Lasse dich tief in deiner Seele berühren!

Wie in allen vorangegangenen Büchern wirst du auch in Band 10 immer wieder Übungen machen, Energie-Übertragungen sowie auch Einweihungen erhalten. Bitte bedenke dabei immer, dass dies ursprünglich in einem Kollektiv von vielen Menschen geschehen ist. Es liegt an dir, während des Lesens, tief in die Energien einzutauchen. Je tiefer du dich selbst im Vereinigten Chakra befindest und mit den Energien verbunden bist, desto tiefer können auch die Energien während des Lesens für dich wirken.

Es kam schon oft die Frage unter Lesern auf, wie es denn am besten funktioniert, zu lesen und gleichzeitig tief in die Energien einzutauchen? Wie kannst du dich da fallen lassen? Für manch einen erfahrenen Leser und Energetiker ist das kein so großes Thema, aber ich finde diese Frage mehr als berechtigt und möchte dem einen oder anderen gerne eine Möglichkeit aufzeigen. Das funktioniert prinzipiell schon von alleine, doch kannst du diesen Prozess durch deine Absicht und ein kleines Ritual zusätzlich noch einmal unterstützen und verstärken.

Wenn du dich das nächste Mal in Meditation begibst – tief entspannt, mit geschlossenen Augen wirklich bei dir bist –, halte das Buch in deinen Händen. Sprich Worte, ähnlich wie diese: „Immer dann, wenn ich dich in meine Hände nehme, gehe ich wie von selbst in das Vereinigte Chakra. Ich entspanne mich augenblicklich, verbinde mich mit der Geistigen Welt und bin bereit, die Energien tief in mich aufzunehmen." Es schadet nicht, wenn du das zwei-, dreimal wiederholst.

Nimm dir auf jeden Fall immer wieder die Zeit, so, wie es an manchen Stellen in den Anmerkungen geschrieben steht, deine Augen zu schließen. Natürlich musst du nicht unbedingt immer ein Lied abspielen, das ist nur eine Anregung, die deshalb so gegeben worden ist, weil dies in seiner Entstehung auch tatsächlich an dieser Stelle stattgefunden hat. Manch einer mag es vielleicht lieber in der Stille wahr- und aufnehmen und auch das ist in Ordnung.

Für mich gibt es gar nicht mehr so viel zu sagen. Jedes Mal, wenn ich die Botschaften der 36 Hohen Räte durch Sabine Sangitar lese, bin ich erstaunt über diese liebevolle und tiefgreifende Wortwahl. Es sind Worte aus einer anderen Welt, so voller Liebe und Weisheit. Was ist dem noch groß hinzuzufügen? Und ebenso den persönlichen Worten von Sabine Sangitar selbst, die es immer wieder in all den Jahren geschafft hat, mich mit noch tieferem Wissen zu überraschen, aber sicherlich geht das nicht nur mir so.

Und so möchte ich mein Vorwort mit den berührenden und wichtigen Worten von Melek Metatron beenden, die er vor kurzer Zeit gegeben hat. Dieser Auszug ist inhaltlich nicht an dieses Buch angebunden, aber es sind Worte von großer Bedeutung für diese Zeit.

„Du trägst das Licht der Liebe. Du bist dir bewusst in deiner Seele, in deinem Gefühl, dass jetzt die eigentliche Zeitenwende begonnen hat. In dieser Manifestation des Lichtes ist alles möglich. Und so viele Menschen schließen sich dem Lichtstrom an, denn sie hören und fühlen das Pochen ihres Herzens – den Ruf ihrer Seele. Die Sehnsucht verstärkt sich und das tiefe Wissen wird bei vielen Menschen freigesetzt – und du kannst es fühlen, du kannst es so tief fühlen: Du bist mehr, du bist so viel mehr als nur Mensch, deiner Göttlichkeit bewusst geworden! Und du wusstest – mit einem Augenblick, mit einem Atemzug –, dass dies die Wahrheit ist; dass du einen Auftrag, eine Aufgabe hast und dass es kein Zufall ist, dass du genau auf diesen Planeten – in so vielen Zeitinkarnationen – gekommen bist, um hier dabei zu sein, wenn der größte spirituelle Prozess sich manifestiert und Quin'Taas, die Neue Welt, erscheint!

Die Schattenwelten, sie sind da. Doch du bewegst dich auf der lichten Seite der Energie. Du bindest dich an den Strom der Liebe und Zuversicht an. Du bist offen in deinem Herzen für Mitgefühl. Du trägst Dankbarkeit. Du bist dir deiner Schöpferkraft bewusst. Ein Übertreten in die Schattenwelt ist dir fast nicht mehr möglich, denn deine Sehnsucht trägt dich in das lichte Liebende, das Zuversichtliche, das offene, voller Vertrauen geprägte Leben, das Leben der Wirklichkeit – das, was du in dir fühlst: die Lebendigkeit der Liebe, die Lebendigkeit der Liebe!

Wenn du dies in dir fühlst – die Liebe, die Offenheit, die Zuversicht, das Vertrauen, der kindliche Grundglaube an das Gute in jedem Menschen –, führt dich das in die Tiefe deiner Fähigkeiten hinein. Werde in deinem Herzen zu einem Kind! Lasse dich nicht beirren von Worten aus der Schattenwelt, die deinen Verstand füttern, doch dein Herz verunreinen! Sei wie die Liebe, denn du bist die Liebe! Die Liebe ist. Sie fragt nicht. Sie stellt keine Bedingungen. Sie ist. Und je mehr du diese Lieben fühlst, desto tiefer können die Energien in ihrer Strahlkraft in dich hineinfließen."

Von ganzem Herzen viel Freude mit deinem Buch!

Dein *Benjamin Chamuel*

Prolog

MELEK METATRON

SEGNUNGSTROPFEN DES ERWACHENS

Ich bin Melek Metatron. Ich bin das Auge Gottes. Ich bin die erste Projektion der göttlichen Quelle. Mit meiner Liebe begrüße ich dich mit den Tönen von Omar Ta Satt*, die uns vereinen und hoch schwingen in ihrer Energie – so, wie jeder Ton, den du hörst, jeder Ton, den du fühlst, hohes Licht aus dem Universum mitbringt und über dich ergießt.

Diese Momente sind etwas ganz Besonderes, denn ein weiteres Experiment wird gestartet. Wir wissen, dass dich das tief berührt, denn ein jeder, der hier sitzend ist, diesen Botschaften zu lauschen, wünscht sich nichts sehnlicher, als das Erwachen in sich zu fühlen – mit jedem Atemzug, den du tust.

Erwachung ist ein Prozess, ein Wachstum, der sich ausdehnt, und es braucht Raum und Zeit, sodass diese Energie sich vollkommen in dir verankern kann. Denn als das große Experiment* gestartet wurde und der hohe Lichtengel Yoah'Toh* sich von der Gottesliebe getrennt hat und das Experiment begann, wussten wir nicht, wie tief, wie tief ihr in das Vergessen fallt, wie groß der Schleier ist, der sich um die Menschen legt.
Und auch wenn ihr euch in manchen Inkarnationen vollkommen

**Siehe Glossar auf Seite 246 & 260.*

bewusst wart und erwacht wart, so ist es doch diese Inkarnation, die dich in die Neue Zeit hineinführt, in der du dich schon befindest. Und zu keiner Zeit, in keiner Inkarnation war das Erwachen so notwendig wie in dieser Zeit. Deshalb werden wir alles dafür tun, sodass du im Jetzt-Augenblick, mit jedem Wort, das gesprochen wird, in Berührung kommst mit der Erwachungsenergie – die Erwachungsenergie, die wir dir schicken, die wir dir schicken mit so viel Liebe.
Und doch ist es ein Wachstum, ein Prozess, denn du allein entscheidest, wann der richtige Zeitpunkt ist und die gesamte Erwachungsenergie sich mit dir und deiner Seele ausdehnen kann. Denn es ist ein Unterschied, ob die Erwachungsenergie in mentalen Bereichen und in spirituellen Bereichen sich ausdehnt oder ob sie ganz tief in deiner Seele zu spüren ist – dort, wo du am tiefsten, am allertiefsten mit dir selbst verbunden bist.

Wir dachten bei dem Experiment, dem Auftrag, den Sangitar ausgeführt hat, dass nach den 48 Schritten* ein jeder Mensch in sich erwacht – und in vielen Facetten der Energie in euch stimmt das auch. Und doch haben wir festgestellt, dass viele Menschen Zeit und Raum brauchen, um die gesamte Erwachungsenergie auf den vielen verschiedenen Ebenen in sich zu vereinen, um die tiefe Innere Schau* zu erleben, die eine Befreiung ist – eine Befreiung, eine Sprengung aller Ketten, die dich fesseln.

Wir sprechen viel von Freiheit, von Bewusstheit, von Absicht, von Liebe und es ist tatsächlich der Zeitpunkt gekommen, wo all dies in dir fühlbar gemacht werden soll, denn deine Fähigkeit ist das Fühlen. Wenn du einmal mit einer Energie in Berührung kommst, die dich ganz tief in deiner Seele berührt, dann weißt du es selbst. Du wirst still, du wirst ganz still und hast keine Fragen mehr. In diesem einen Augenblick, mit einem Atemzug, wird dir alles beantwortet und du bist frei – frei für die Weiterentwicklung,

**Siehe Glossar auf Seite 270 & 249.*

die du benötigst, um dich in der Neuen Zeit zu integrieren; um zu verstehen, was dort geschieht, was hier auf dem Planeten geschieht, was Zeitenergie überhaupt bedeutet. Denn manchmal ist es für dich ein Warten auf etwas ganz Großes. Und doch sollte das Große – das ganz Große – erst einmal in dir stattfinden.
Und so werden wir mit vielen Botschaften dich darin unterstützen, dass irgendeine Erwachungsenergie während der Botschaften dich so tief berührt, dass du ganz still wirst – ganz still – und dass sich ein weites goldenes Feld öffnet und du plötzlich weißt: „Ich kann es fühlen! Ich kann es fühlen! Ich bin erwacht!" Und trotz alledem wirst du im Erwachungswachstum dich weiterentwickeln – das gehört dazu. Die Entwicklung ist etwas Wesentliches und diese Entwicklung führt dich in Sphären der Ursprünglichkeit zurück – so, wie sie für dich geplant sind.

Und so wird die göttliche Liebe, der göttliche Quell, für diesen Augenblick dich überschütten mit den Segnungstropfen des Erwachens. Dies geschieht mit den Tönen der Wirklichkeit.*

Sei achtsam, sei achtsam! Denn zu jedem Augenblick, mit jedem Wort, mit jeder Botschaft wird sich etwas in dir verändern und die vielen kleinen Puzzleteile in dir fügen sich zusammen. Irgendeine Energie wird dich so tief berühren – lasse es geschehen, dieses vollkommene Wunder in dir selbst!

Genieße – genieße die Segnungstropfen des Erwachens! Denn sie sind etwas ganz Besonderes und viele Vorbereitungen sind notwendig, damit diese Segnungstropfen zu dir gebracht werden können. Es sind göttliche Tropfen der Liebe, die dich berühren – ganz tief. Genieße den Prozess!

(Spiele ein kraftvolles Musikstück und nimm dir hierfür etwas Zeit.)

**Siehe Glossar auf Seite 268.*

Viele Menschen verbinden das Wort „Erwachungsprozess“ mit Kampf, mit Arbeit. Doch Melek Metatron möchte folgende Worte an dich richten – Worte, die mit Fragen verbunden sind.
Wenn du Fesseln trägst, die dich in deiner Freiheit einschränken; wenn du nicht weißt, wer du tatsächlich bist; wenn du nicht weißt, welche Sinnhaftigkeit dein irdisches Leben ausmacht, dann frage ich dich: Ist dies nicht ein sehr viel intensiverer Prozess, damit zu leben? Ist dagegen ein Wachstum, eine Entwicklung, der mit einem Prozess einhergeht; der diese Fesseln sprengt; der dich in die Freiheit führt; der dich wissen lässt, wer du tatsächlich bist; der dir den Sinn vermittelt, warum du überhaupt am Leben bist – ist es da nicht wert, sich in diesen Entwicklungsprozess hineinzubegeben, die Bewusstwerdung zu steigern, den Blickwinkel zu verändern?

Und genau deshalb: Weil du bereit bist, bist du hier!

So wirst du diese Erwachungsenergie, die über dich ausgeschüttet wird, permanent – mit jedem Wort – auf irgendeine Art fühlen. Und doch wird sie gespeichert, denn du entscheidest, wann du bereit bist, diese Energien tief in deine Seele aufzunehmen – denn dort, dort wirst du fühlen, was die Worte des Metatrons und der hohen Lichter bedeuten.

Lasse dich in diese Augenblicke fallen. Lasse geschehen, was geschieht. Denn hier bist du aufgehoben, wirst getragen von Liebe und Geborgenheit – denn mit jedem Atemzug, den du tust, sind wir bei dir!

A ni o’heved o’drach*!

An’Anasha*!

**Siehe Glossar auf Seite 271 & 243.*

Kapitel I

Vertrauen – der erste Schritt

KRYON

Ein neues Leben entsteht

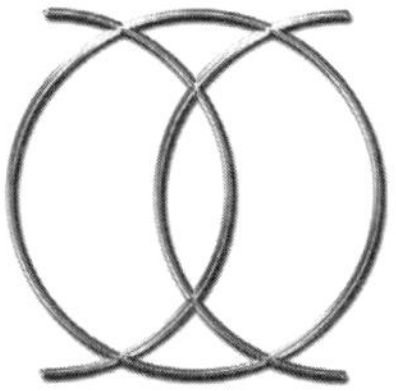

Ich bin Kryon. Ich bin das magnetische Liebeslicht und ich begrüße dich mit den Tönen von Omar Ta Satt!

Das Gefolge hat Einzug gehalten – die Energien der lichten Wesen, die Engel, sie sind hier. Sie sitzen dir zu Füßen, sie verbinden sich mit dir und sie tragen die Energie der Liebe, des Lichtes zu dir. Sie erweisen dir Respekt. Und vielleicht kannst du fühlen, fühlen, wie nah sie dir sind – jetzt, in diesen Augenblicken; jetzt, wenn die Energie sich überträgt und direkt in deine Seele fließt.

Ich, Kryon, begleite euch in der linearen Zeit schon so lange und einst bin ich aus meinem Universum in euer Universum übergewechselt, um euch dabei zu helfen, euch zu unterstützen, das Planetenbewusstsein zu unterstützen, Lady Shyenna* zu

Siehe Glossar auf Seite 248.

unterstützen, mit der magnetischen Liebesenergie die Neuzeit zu manifestieren. Ich bin einst als Nuni* verschmolzen mit den höchsten Lichtern des Universums und ich wurde das, was ich jetzt für euch bin: ein goldener Engel voller Licht und Liebe, Kryon, der dich so unermesslich liebt.

Wir können allgegenwärtig das gesamte Spektrum, was je geschehen ist, sehen. Und so sehe ich dich in den Anfängen, als du begonnen hast, diesen Weg zu gehen. Ich sehe alle Facetten, ich sehe die Ausdehnung in deinem Bewusstsein. Ich habe dich begleitet, durch den Zweifel hindurchgetragen. Ich habe dich begleitet, wenn du Trost gebraucht hast. Ich habe dich begleitet, wenn du so große Freude hattest, wenn du gespürt hast, dass sich etwas in dir bewegt. Ich habe dich begleitet bei deinem Erwachen. Ich habe dich begleitet in die Neue Zeit hinein und ich werde dich weiterhin begleiten.
Und die magnetische Liebesenergie war von Beginn an eine Trägerenergie*, die es möglich gemacht hat, dass der Planet sich öffnet und die Neue Energie Einzug halten kann. Die magnetische Liebesenergie – so viel hast du davon aufgenommen in all den Jahren der linearen Zeit. Und die unermessliche Liebe, die Kryon für dich empfindet, ist gewachsen, hat sich ausgedehnt – und wenn ich dich jetzt sehe, wenn ich dich jetzt betrachte, dann weiß ich, dass die Entscheidung, dass ich mein Heimatuniversum verlassen habe, die richtige Entscheidung war!
Wir sind zusammengewachsen. In all den Jahren durfte ich immer wieder eure Seelen berühren. Ich durfte Botschaften durch Sangitar zu dir tragen und ich sehe das gesamte Spektrum und ich sehe jede einzelne Seele. Und das, was ich sehe, bereitet mir so große Freude – denn ihr alle gemeinsam, ihr seid in der Neuen Zeit angekommen! Quin'Taas*, die Neue Energie, dehnt sich immer weiter aus, sie wird immer intensiver!

**Siehe Glossar auf Seite 251, 267 & 263.*

Und oftmals hat Kryon schon in früheren Zeiten den Vergleich gebracht, die Metapher, von einer Geburt. Und wenn ich dich in deiner Seele betrachte, dann ist diese Metapher so wirklichkeitsnah. Wenn ein neues Leben in dir heranwächst und die Geburt naht, dann empfindest du vielleicht Schmerzen, die du manchmal hinausschreien möchtest, doch gleichzeitig weißt du, dass dies ein guter Schmerz ist. Du bist voller Hoffnung, voller Liebe für diesen Schmerz, weil du weißt, dass am Ende ein neues Leben entsteht. Und so ist diese Metapher für jeden von euch von Bedeutung, denn auch ihr tragt diesen Schmerz manchmal in der Dualität in euch. Und manchmal wollt ihr es hinausschreien, diesen Schmerz, der dich oftmals in der Dualität begleitet. Doch gleichzeitig weißt du und fühlst du: Es ist etwas Gutes, etwas Positives. Es ist ein neues Leben, das dich erwartet – voller Glückseligkeit. Ein Leben – so, wie es für dich bestimmt war. Ein Leben voller Hoffnung, voller Wirklichkeit, in der Vereinigung der tiefen Liebe.
Diese Metapher lässt deutlich erkennen, dass wir wissen, wie es euch geht, dass es immer schwieriger wird, die Dualität zu ertragen, dass es euch fast körperlichen Schmerz bereitet in manchen Augenblicken, sich in dieser Dualität aufhalten zu müssen. Doch ihr seid voller Hoffnung, voller Vertrauen und ihr seid glücklich, dass ein neues Leben entstehen darf. Dieses neue Leben ist das ursprüngliche Leben. Dieses Leben ist Quin'Taas. Dieses Leben ist das, was Kryon schon immer durch Sangitar zu dir gesagt hat: Es ist der Frieden, die Fülle, die menschliche Liebe, die Geborgenheit, die Gesundheit, der Friede!

Vielleicht kannst du spüren, wie intensiv die magnetische Liebesenergie zu dir fließt, denn deine Seele, dein Lichtkörper, dein gesamtes System ist so tief verbunden mit dieser magnetischen Liebesenergie. Diese magnetische Liebesenergie hat bewirkt, dass dein Zellbewusstsein sich erneuern konnte. Und vielleicht

kannst du fühlen, wie die Engel in diesen Augenblicken intensiv Kontakt mit dir aufnehmen und dass ein Teil des Kryons hier anwesend ist – nicht nur im Wort durch Sangitar, sondern hier Einzug gehalten hat mit seiner Energie, mit seiner unermesslichen Liebe, mit meiner Liebe!
Mein Herz, mein Freund, mein Partner, mein Bruder, meine Schwester, ich bin hier! Mit vielen energetischen Anteilen bin ich hier, jetzt bei dir. Und die Worte des Kryons, sie lassen dich fühlen, wie diese tiefe Verbindung sich aufgebaut hat – über all diese Jahre – und wie vertraut dir die Energie des Kryons ist. Ich liebe dich so, wie du bist – und so, wie du bist, bist du wunderbar!

Du wirst wunder-, wundervolle Botschaften vernehmen, denn jetzt beginnt die Zeit der großen Manifestation. Und du bist ein Teil dieser Manifestation und es braucht Mut, mit allen Fähigkeiten, diese Manifestationen herbeizuführen. So lasse dich fallen und wisse, dass die Engel bei dir sind – ganz nah und tief mit dir verbunden. Es sind Augenblicke voller mystischem Zauber, der sich aufbaut, ausdehnt, je mehr du dich öffnest und dein Vertrauen spüren kannst. Spüre die Freude – die Freude auf das, was du erleben wirst, was sich auf dich zubewegt. Tauche ein – ganz tief in die Energie der Wirklichkeit. Verbinde dich mit Lady Shyenna, sie braucht dich. Sie will dich ganz intensiv fühlen. Und spüre die Gegenwart von Jesus. Und Einzug werde halten Sa'Maa'Tah*!

Die Worte des Kryons sind diese Worte und Töne, die du schon so oft gehört hast: Die Wahrheit sucht sich ihren Weg! Du wirst unermesslich geliebt!

An'Anasha!

**Siehe Glossar auf Seite 263.*

SABINE SANGITAR

DIE BASIS VON ALLEM

Liebe Leserin, lieber Leser!

Im Laufe der vielen Jahre haben mich die Menschen immer wieder gefragt: „Ja, aber wie ist das mit dem Erwachen? Ich habe die 48 Schritte gemacht und fühle mich nicht erwacht." Falls dich das auch betrifft, liegt das daran, dass die Geistige Welt nicht eingreifen darf in den Rhythmus deiner Seele. Das bedeutet, dass die Erwachungsenergie gespeichert wird und erst dann, wenn bestimmte Schichten der Seele* dazu bereit sind, die Energie nach unten gezogen wird.
Durch die Entwicklung des Neuen Chakra-Systems* hat sich das durch das Edinaa-Chakra* bereits verändert. Alle, die die 48 Schritte gegangen sind, konnten feststellen, wenn sie das Edinaa-Chakra aktiviert haben, dass sie ihr Erwachen nun viel tiefer und erfüllender spüren.

Erwachen bedeutet auch nicht, dass man keine Emotionen mehr hat. Manchmal ist es natürlich so, dass im Wurzel-Chakra auch kollektive Energien und Dualitätsenergien aufgenommen werden. Außerdem zirkulieren die eigenen Energien und man reagiert einfach auch als Mensch. Das kann manchmal auch mit Aggression sein, aber wenn dir das mal passieren sollte, bedeutet das nicht, dass du nicht erwacht bist! Es ist wichtig, mit dem Bewusstsein zu verstehen, dass das Erwachen sowohl als etwas sehr Individuelles als auch als etwas sehr Allumfassendes betrachtet werden sollte! Ich habe die 48 Schritte ja selbst durchlaufen. Was mir persönlich immer sehr hilft: Es gibt Situationen in meinem Leben, in denen ich auch mit dem Wurzel-Chakra spüre und vielleicht auch aus dem Wurzel-Chakra heraus handle. Aber – und dieses Aber ist

Siehe Glossar auf Seite 257 & 253.

für mich wirklich ausschlaggebend für mein gesamtes Leben auf Erden – ich habe die Gewissheit, dass ich die Bewusstheit in mir trage, dass ich in jedem Moment die Entscheidung treffen kann, mich für mein Erwachen zu entscheiden, und somit die Situation, die mich vielleicht vorher sehr mitgenommen hat, aus einem anderen Bewusstseinswinkel heraus betrachten kann. Das ist für mich tatsächliches Erwachen. Dazu in der Lage zu sein, ist für mich persönlich eine Gnade und das hat sich bei mir im Laufe des Erwachungsprozesses wirklich verändert.

Erwachen bedeutet auch – so, wie es Kryon auch schildert –, einfach ein glückliches Leben zu führen. Ein Leben zu führen, zu dem man Ja sagt – mit allem, was einem begegnet, Ja zu sagen und es anzunehmen. Es bedeutet, dieses Glück zu spüren, in dieser Zeit hier dabei sein zu dürfen. Das ist für mich die größte Gnade.

Vielleicht kennst du schon Erzählungen, wie die 48 Schritte entstanden sind. Es war ein Wendepunkt in meinem Leben, obwohl ich schon viele, viele Jahre vorher durch meinen Lehrer auf mein Wirken als Medium vorbereitet worden bin. Ich kann mich noch so gut erinnern an einzelne Schritte der 48 Schritte, die ich selbst als Mensch – nicht als Medium, sondern als Mensch – gegangen bin und was sie mit mir gemacht haben, und ich würde keinen Einzigen dieser Schritte missen wollen. Das ist für mich einfach die Basis von allem, was danach geschehen ist.

Es wurde von der Geistigen Welt einmal gesagt, dass Jesus die 48 Schritte gegangen ist. Auch bei dieser Aussage handelt es sich um eine Metapher. Jesus hatte ja keinen CD-Player, hat die Schritte eingelegt und hat Schritt 1 bis 48 durchlaufen. Es ist damit gemeint, dass Jesus diesen Weg des Erwachens der golden-blauen Frequenz* gegangen ist. Er hat gewissermaßen dasselbe durchlebt.

**Siehe Glossar auf Seite 251.*

Er hat – nicht in seinem Rhythmus, aber der damaligen Zeit angepasst – dieselben Widerstände durchlebt, dieselben Freuden, dasselbe Erwachen. Er hat dieselbe Ausdehnung erlebt, dieselbe Anfeindung, dieselbe Liebe der Gruppe. Er hat den Verrat erlebt – er hat alles erlebt. Das meint die Geistige Welt, wenn sie sagt: „Jesus ist die 48 Schritte gegangen."
Er ist natürlich nicht Schritt 1 bis 48 gegangen, aber der Zyklus war ähnlich. So wurden die 48 Schritte auch an uns weitergegeben. Es ist nicht: Jesus ist die 48 Schritte gegangen, sondern die 48 Schritte kamen zu uns, weil Jesus diese durchlaufen hat. Und so wurden diese 48 Schritte im Universum zu uns gebracht. Die ganze Idee der Geistigen Welt – wenn man es als Idee bezeichnen möchte, das ist ein menschlicher Ausdruck –, die Entscheidungskraft oder die Idee der 48 Schritte kam zustande, weil Jesus es durchlaufen hat – und nicht andersherum. Das ist ein enormer Unterschied.

Natürlich leben wir heute in einem anderen Zeitalter, in der Neuen Zeit, und mit vielen Energien, die freigegeben worden sind, die früher nicht freigegeben waren, und deswegen wurden die 48 Schritte auf 36 Schritte* reduziert – wobei sie dieselben energetischen Muster tragen, die die 48 Schritte tragen.

KRYON

Die magnetische Liebesenergie

Ich bin Kryon. Ich begrüße dich mit den Worten: Omar Ta Satt!

Du wirst spüren die Tiefe der Energie des Kryons – schon jetzt ist diese tiefe Energie des Kryons spürbar und sie fließt und sucht

Siehe Glossar auf Seite 270.

sich ihren Weg zu dir. Diese magnetische Energie, sie enthält viele, viele Wunder und schon vor so langer Zeit habe ich begonnen, zu euch zu sprechen. Ich begleite euch seit eurem ersten Schritt bis hin zum Erwachen und immer noch wirke ich so intensiv für dich und das Erdgeschehen. Denn die magnetische Energie ist die Energie der Neuzeit – die Energie, die sich immer tiefer einbettet auf dem Planeten Sol'A'Vana*, die Raum einnimmt und etwas verändert.
So viele Jahre in der dualen Zeit habe ich Botschaften durch Sangitar an euch weitergegeben und egal, welche Botschaften es auch waren, sind sie doch eingetroffen – auch wenn manchmal die Menschen zu dem Zeitpunkt, als eine Botschaft auf Sol'A'Vana kam, es gar nicht für möglich gehalten haben. Vielleicht waren die Ereignisse nicht immer zeitgleich – so, wie wir es angekündigt haben –, doch das liegt einfach daran, dass es jenseits der Schleier für uns sehr schwer ist, Zeit in der Dualität einschätzen zu können.

Wir sehen die Erdenergie und wir sehen, dass viele Menschen mit dieser Energie der Dualität Schwierigkeiten haben. Die Reste dieser tiefen Energie machen vielen Menschen zurzeit Probleme – gerade mit der Atmung. Sehr viele Menschen haben das Gefühl, dass ihnen die Luft wegbleibt, Angstzustände, Träume, Transformationen, das Gefühl, nicht bei sich sein zu können, zu schwanken. Deshalb ist es umso wichtiger, dass genau jetzt die magnetische Liebesenergie noch tiefer einfließt und sich einbettet. Denn die magnetische Liebesenergie, sie beruhigt dein gesamtes System und deine Zellen haben sich schon orientiert und sie reagieren heute ganz anders auf die magnetische Energie des Kryons als noch vor ein paar Jahren.

Das Wunder der magnetischen Energie ist, dass – wenn du sie einatmest und sie zulässt, wenn du sie tatsächlich aufnehmen

Siehe Glossar auf Seite 248.

kannst – viele Unannehmlichkeiten des körperlichen Aspektes* von dir abfallen können. Die magnetische Liebesenergie erlaubt dir auch, dass du sehr viel tiefer die Energien der Wirklichkeit spüren kannst, denn immer noch ist der Spagat zwischen den dualen Energien und der Wirklichkeit für viele nicht einfach. Und doch ist es so – und höre die Worte des Kryons –, dass die Wirklichkeitsenergie immer tiefer und tiefer sich einbettet in das gesamte Erdgeschehen.
Und es liegt auch an dir, wie du dich entscheidest, wie weit du es dir selbst erlaubst, dich diesen Energien hinzugeben, diesen Energien zu vertrauen und zu wissen, dass alles gut ist; dass, auch wenn du manchmal traurig bist oder verzweifelt oder Ängste trägst, dass du dich hingibst und spürst, dass etwas Neues entsteht. Und immer, wenn etwas Neues entsteht, bedeutet es, dass etwas Altes losgelassen werden muss. Und ich weiß auch, dass es für viele Menschen nicht einfach ist, loszulassen. Doch das Neue kann nur entstehen – auch in dir –, indem du voller Vertrauen das loslassen kannst, was dich belastet. Es ist Ballast der Dualität.
Wir unterstützen dich in jeglicher Hinsicht. Wir unterstützen dich mit Energie und Liebe, mit Botschaften, energetischen Mustern. Doch wir müssen auch Worte wählen, die du verstehst – und trotzdem werden wir nicht müde, dir immer wieder zu sagen, dass es vielmehr die Energien sind, die hinter den Worten sich eingebettet haben, die wirken und deine Seele erreichen.

Spüre den Fluss der magnetischen Energie. Spüre die Worte des Kryons.

Warum fällt es so vielen Menschen schwer, den Ballast, den sie tragen, loszulassen? Warum fällt es manchen Menschen so schwer, sich den Veränderungen hinzugeben? Ich kann dir eine Antwort darauf geben: Manchmal tragen Menschen Gedanken, wenn sie

Siehe Glossar auf Seite 254.

etwas loslassen und nicht wissen, was danach folgt, dass sie es nicht wert wären, oder sie tragen auch Ängste, weil sie nicht wissen, was die eigene Persönlichkeit in der Veränderung einschließt. Doch wenn du bereit bist, loszulassen, dann wird sich das Feuer in dir um ein Vielfaches entfachen. Es wird immer – nach jeder Veränderung – etwas Schöneres sich zeigen, etwas Besseres für dich! Ich weiß, dass viele Menschen den Gedanken tragen: „Ja, ich höre die Worte von Kryon, aber bei mir ist es anders. Ich trage diese Situation, dieses Leid, diese Krankheit, diesen Schmerz und diese Situation." Doch alles ist im Grunde genommen gleich. Es ist immer wieder, den Mut aufzubringen, dies, was dich belastet, loszulassen und bereit zu sein für die eigene Veränderung. Wir wissen auch, dass dies Mut kostet, doch du wirst dafür belohnt werden. Denn in dieser neuen Zeit, wo die Energie der Neuzeit sich schon so sehr eingebettet hat, kann es gar nicht mehr sein, dass nach einer Veränderung etwas kommt, was dich zurückwirft. Deine Aspekte*, sie sind ausgedehnt und du bist ein Mensch voller Bewusstsein!

Manchmal ist es auch leichter, in einem Kollektiv etwas loszulassen – so wie bei einem Kryonfestival, wo das Kollektiv so groß ist, wo die Energie der Wirklichkeit so tief spürbar ist, fällt es vielen leichter, sich dafür zu öffnen, dass eine Veränderung gut ist, und du kannst dir erlauben, deine Probleme und deine Sorgen loszulassen.*
Ich werde für dich Wunder vollbringen, in jeglicher Hinsicht. Ich werde dich jetzt überschütten mit magnetischer Liebesenergie und alle Ängste werden sich verflüchtigen. Du wirst dich dabei wohlfühlen und spüren, wie leicht du atmen kannst. Und so genieße diese intensive Übertragung der magnetischen Liebesenergie.

(Spiele ein kraftvolles Musikstück und nimm dir hierfür etwas Zeit.)

Siehe Glossar auf Seite 254 & 271.

Rufe deine Persönliche Engelsgruppe und bitte sie, diese Energien tief einzubetten in deinem gesamten Zellsystem.*

Und höre die Worte des Kryons – die Worte der Liebe, des Lichtes, der Freude, der Ausdehnung und der Wunder. Und ich sage zu dir und zum Kollektiv der golden-blauen Frequenz: An'Anasha!

DIE GROSSE SEELE BUDDHA

Spuren der Liebe

Ich bin die große Seele Buddha. Im Seelenlicht von Shimaa* begrüße ich dich mit dem Schwingungston Omar Ta Satt!

In meinen Botschaften schwingt die Energie des Mitgefühls, der Liebe, der Achtsamkeit. Du bist hier, um die Botschaften zu vernehmen; hier in deinem Raum, wo die Energien der Wirklichkeit Einzug gehalten haben – denn die vielen hohen Lichter, die 36 Hohen Räte haben mit all ihrer Liebe diese Räumlichkeiten für dich vorbereitet, damit du dich mit deinem ganzen Sein fallen lassen kannst, in den Augenblicken der Botschaften. Dieses Fallenlassen ist etwas sehr Hilfreiches, denn wenn du dich fallen lässt, brauchst du keine Kontrolle. Du brauchst nichts zu denken, du brauchst einfach nur zu sein.
In der Dualität ist es meist sehr hektisch und laut. Es gibt so viel Ablenkung und so vieles, wo du deinen Fokus hinrichtest, was dir manchmal gar nicht so dienlich ist. Deshalb sind solche Augenblicke der Stille, der Achtsamkeit so hilfreich – und sie tun deiner Seele so gut. Und auch wenn der Alltag wieder einkehrt, das Laute, das Hektische, hast du doch die Möglichkeit, mit einem

**Siehe Glossar auf Seite 257 & 247.*

Atemzug wieder in diese Stille zu gehen, einzutauchen in die Energie der Wirklichkeit. Denn es ist tatsächlich so, dass dich die Engel begleiten. Ganz egal, wo du bist und was du tust: Sie sind immer bei dir und an deiner Seite!

Es gibt viele Kämpfe in der Dualität, viele Transformationsprozesse und es gibt so viele Menschen, die großes Leid erfahren; Menschen, die gezwungen sind, ihr Land zu verlassen, weil ihr Leben bedroht ist; Menschen, deren Häuser und Wohnungen einfach niedergebrannt sind; Menschen, die manchmal nicht mehr ein noch aus wissen. Wir tragen sehr viel Mitgefühl für diese Menschen und wir sind zuversichtlich, dass es eine große Vereinigung geben wird zwischen den Völkern, dass, wenn die Neue Erde sich gestaltet, die Menschen in Frieden miteinander leben können, Grenzen aufgehoben werden und nichts mehr bewertet wird. Egal, woher ein Mensch auch kommt, wo er hineingeboren worden ist, welche Sprache er spricht, ein jeder Mensch ist ein Gotteskind und ein jeder Mensch weint dieselben Tränen. Ein jeder Mensch trägt das gleiche Lächeln und empfindet Freude für die einfachen Dinge des Lebens. So sind es sehr oft die einfachen Dinge, die das Herz erfreuen und die Seele sich dabei ausdehnen kann.

Ihr seid die Spuren der Liebe! Es wurde euch gesagt: Ihr seid die Spuren der Liebe! Und diese Liebe, diese Spuren werden grenzüberschreitend, überall zu fühlen sein. Irgendwann, zu einer Zeit, werden alle Menschen gleich sein – so, wie sie im Kern schon immer gleich waren.

Atme Ana in dich hinein und Sol'A'Vana*.*

Und während du atmest und dich immer tiefer verbindest in der Achtsamkeit deines göttlichen Lichtes, es ehrst und anerkennst,

Siehe Glossar auf Seite 243 & 247.

lasse einen mystischen Wald erscheinen und erinnere dich daran: Wenn du in einem Wald spazieren gehst – bewusst –, wenn die Sonne scheint, vielleicht in den frühen Morgenstunden oder in der Abenddämmerung, gibt es manchmal nichts Schöneres, nichts Besseres als genau das: durch diesen Wald zu gehen.

Und in diesem Wald, in dem du dich jetzt befindest, sind die Bäume Seelenbäume. Sie tragen – ein jeder Baum ganz persönlich für dich – deine Wünsche, Kristalle und ganz besondere Energien. Und wenn du einfach dahinschreitest, wirst du deinen Seelenbaum finden. Und dann kannst du dich in das weiche Gras legen und zu deinem Seelenbaum emporblicken.

Es ist etwas sehr Mystisches und eine ganz eigene Energie. Und all das, was du an Hoffnung trägst, deine Wünsche, deine Ziele, Kristalle, sind bereit, sich über dich auszuschütten und tief in deine Seele sich einzubetten. Dies ist die Wirklichkeit. Dies sind Momente der Wirklichkeit und der Stille. Genieße diese Augenblicke unter deinem Seelenbaum.

(Lasse dir hierfür etwas Zeit.)

Du kannst deinen Seelenbaum auch umarmen, dich anlehnen. Und wenn dir bewusst ist, welche Geschenke du erhalten hast, dann gehe mit großer Achtsamkeit den Weg zurück – voller Mitgefühl für jedes Lebewesen auf Sol'A'Vana, für jeden Menschen, für die Kinder, die Tiere, die Naturgeister, für alles, was lebt und ist. Setze auch hier die Spuren der Liebe.

Sei achtsam mit deinen Worten, auch dir selbst gegenüber. Erlaube dir, auch dich selbst zu achten und zu ehren, dich zu lieben. Und erlaube dir, auch manchmal in die Stille zu gehen, dich selbst zu spüren.

Lasse alles, was in der Vergangenheit war, los und fokussiere dich nicht zu sehr auf die Zukunft. Du atmest im Hier und Jetzt. Die Engel sind bei dir – im Hier und Jetzt. Die Energie ist immer im Augenblick der Jetzt-Zeit am höchsten.
Trage die Dankbarkeit in deinem Herzen – sie ist ein hoher Energieträger. Und erfreue dich an den einfachen Dingen im Leben und spüre Sol'A'Vana, auf der du läufst und stehst.

Und so sage ich, die große Seele Buddha: Meine Liebe zu dir, zu jedem einzelnen Lebewesen, ist unermesslich!

An'Anasha!

SABINE SANGITAR

Die drei Grundsäulen

Es gibt drei Energien, die sehr hilfreich sind, um unsere mentale, emotionale und körperliche Ebene miteinander zu verbinden. Es handelt sich um den Mystischen Heilgeist*, das Prosonodo-Licht* und das energetische Muster Mona'Oha*. Es ist ein ganz wichtiger Prozess, diese drei Energien immer wieder zu nähren, aufzunehmen und miteinander zu verbinden. Das Verbinden geschieht automatisch mit der Absicht.

Der Mystische Heilgeist steht für die mentale Ebene. In der momentanen Lage von Lady Shyenna, in der Übergangszeit, ist es wirklich wichtig, dass du über den Mystischen Heilgeist Bescheid weißt. Der Mystische Heilgeist ist eine so wichtige Grundenergie, die wir alle brauchen, um die mentale, emotionale, körperliche und

Siehe Glossar auf Seite 252, 267 & 246.

spirituelle Ebene miteinander zu verbinden, damit sie in Harmonie schwingen können. Das wäre, was für uns Erwachen bedeutet: die Erfüllung oder Vollendung. Es ist nicht einfach, diese Ebenen miteinander zu verbinden – das wissen wir inzwischen alle –, deshalb hat uns die Geistige Welt hierzu schon viele Botschaften mit Hilfen zu uns gebracht.

Der Mystische Heilgeist kann erst dann richtig in die mentale Ebene einziehen, wenn die Ebene der Gedanken gereinigt ist. Ganz menschlich ausgedrückt, ist es das Loslassen des ganzen Gedankenmülls, der im Kopf ist, die negativen Gedanken, die den ganzen Tag gedacht werden, um für den Mystischen Heilgeist frei zu sein – was wirklich schwierig ist. Dass die Ebene der Gedanken frei bleibt, ist fast unmöglich, da die Gedanken den ganzen Tag lang nicht stillstehen. Wenn der mentale Geist mit Dingen voll ist, die den Mystischen Heilgeist blockieren, zieht dieser sich zurück.
Energien nähren sich nur dann, wenn sie eine Resonanz finden. Wenn Energien spüren, dass sie sich nicht ankoppeln können, werden sie sich zurückziehen. Sie nähren sich dort, wo sie Offenheit finden. Die Verbindung beginnt nicht im Spirituellen, der Emotion oder im Körper, sie beginnt im Mystischen Heilgeist, deshalb ist die mentale Ebene so wichtig. Solange die mentale Ebene voll ist, zum Beispiel mit Angst, Zweifel, Sorge oder Wut, kann sich der Mystische Heilgeist nicht mit der nächsten Ebene, der emotionalen Ebene, verbinden. Ein bloßes mentales Erwachen ist im Bewusstsein nicht so schwierig, weil man mitdenkt, doch ein allumfassendes Erwachen braucht die Verbindung aller Ebenen.

Es ist ganz wichtig, dass du verstehst: Der Geistigen Welt ist es – energetisch gesehen – egal, welche negativen Gedanken du denkst, da es sich hier um ein energetisches Grundgesetz handelt, um einen energetischen Ablauf der Resonanz. Wir Menschen bewerten ständig und für uns ist es ein großer Unterschied, welche Art von Gedankenmüll wir im Alltag denken – ob wir beispielsweise das Wetter oder das Essen bewerten oder ein schwerwiegendes Ereignis wie einen Unfall. Die Geistige Welt unterscheidet hier nicht – negativ ist negativ. Energetisch spielt es keine Rolle. Es ist auch nicht so, dass eine Energie negativer ist als die andere. Das gibt es im Universum nicht. Deshalb ist es so wichtig, zu begreifen: Ganz egal, welche negativen Gedanken, sie bedeuten im Universum, dass dein Geist nicht frei ist. Noch mal: Es ist ein energetisches Grundprinzip, dass die Geistige Welt nicht unterscheidet. Sie betrachtet negative Gedanken nicht unterschiedlich oder bewertet sie. Negativ ist negativ.

Natürlich spielt auch die Emotion eine Rolle. Im Mentalen ist es ein Selbstläufer: Gedanken ohne Emotion. Durch Bewertungen erzeugen wir Emotionen. In dem Moment, in dem du bewertest, verbindest du dich mit einer Emotion – und dafür sind wir ganz allein verantwortlich. Es ist wichtig, zu verstehen: Wir Menschen machen unsere Bewertungen, nicht die Geistige Welt. Die Geistige Welt misst die Gedanken nicht an einer Skala und setzt dann eine Emotion ein. Die Emotion erzeugst du selbst, indem du bewertest. In dem Moment, in dem du etwas denkst oder eine Situation erlebst, die für dich nicht einfach ist, bewertest du. Du bewertest einen Regenschirm, den du vielleicht brauchst, anders, ohne Emotion, als wenn du erfährst, dass eine nahestehende Person einen Unfall hatte. Diese Bewertung macht nicht die Geistige Welt. Die Geistige Welt gibt uns keine Emotion. Sie gibt uns die Liebe, aber keine bewertende Emotion. Wir sind die, die diese Emotion durch unsere Bewertung hervorrufen.

Dieses energetische Grundprinzip läuft immer gleich ab. Ich

persönlich finde es auch schwierig. Ich bin nicht anders als alle, deswegen weiß ich so genau, wie schwierig es tatsächlich ist. Wenn ein Gedanke kommt, reagiert man meistens auf eine unbewusste Art und Weise. Es entsteht einfach. Was macht man da? Du kennst sicherlich die Aussage: „Du bist mehr als nur Mensch!“, oder die Aussage, die schon so oft in den Schritten gemacht wurde: „Wenn du einen Gedanken der Liebe in dir trägst, bekommst du es tausendfach zurück!“

Was ist damit eigentlich gemeint? Heißt das, dass du in Liebe badest, dass die Liebe über dir ausgeschüttet wird, weil du nur ein Mal denkst: „Ich liebe die Geistige Welt so sehr!“, und tausendmal kommt ein Strom der Liebe zurück? Das ist damit nicht gemeint. Es ist eigentlich ein Handwerkszeug, das uns durch diese Liebe gegeben wird. Wenn du in einer Situation bist, in der du dich schlecht fühlst, schlechte Gedanken hast und gleichzeitig in eine Bewertung gehst, sodass du dich emotional schlecht fühlst, eine negative Emotion spürst, weil du dieser Situation so viel Wert beimisst, dann hast du die Möglichkeit, die Situation neu anzuschauen und den Gedanken neu zu denken – mindestens tausendmal am Tag.

Die Liebe ist stärker als jeder negativer Gedanke. Das heißt, in dem Moment kannst du den negativen Gedanken durch Gedanken der Liebe transformieren – und nur so kann es funktionieren! Du kannst mindestens 1728 Mal pro Tag mit deinen Gedanken transformieren. Wenn ich in eine Emotion gehe, weil es etwas gibt, das in meiner eigenen Bewertung schlimm ist, dann mache ich mir Sorgen. Wenn zum Beispiel meine Katze nicht nach Hause kommt, kann ich Gedanken der Liebe entstehen lassen und denken, dass sie eine schöne Zeit hat und es genießt, statt mir Sorgen zu machen. In dem Moment ist die Liebe stärker als der vorherige negative Gedanke und wird somit transformiert. Das bedeutet es, wenn gesagt wird, dass du es tausendfach zurückerhältst.

Das ist eigentlich die einzige Möglichkeit, die ich als Sangitar persönlich sehe, wie man es schaffen kann. Es ist das Prinzip des Erwachens, in das Bewusstsein zu gehen, dass man eine Situation – egal, wie sie sich zeigt – aus einem anderen Blickwinkel betrachten kann. Wenn ein neuer Blickwinkel, den du einnimmst, bewirkt, dass der mentale Geist in dem Moment ruhiger wird, hast du schon transformiert. Die Resonanz ist fast unmittelbar. Das macht es schwierig, aber auch so großartig, weil hinter dieser Großartigkeit die Manifestation steht.

Wenn die Resonanz auf den Punkt ist, ist es eine Manifestation, die im Großen und Kleinen etwas Wunderschönes sein kann. Wenn du es schaffst, tatsächlich in diese energetische Linie zu gehen, die Gedanken sofort zu transformieren, und dir dessen bewusst bist, dass du in dem Moment beginnst, zu manifestieren, kann etwas ganz Schönes entstehen. Alles, was du mental trägst, wird von der Geistigen Welt als Energie gesehen – von den Emotionen, die du trägst, wird nur die Liebe gesehen!

Ich mache mir viele Gedanken, warum es oft nicht funktioniert. Wir haben so tolle Botschaften, Schritte und Möglichkeiten. Es ist wirklich eine Gnade, was wir hier erhalten. Trotzdem ist es oft so, dass es nicht wirklich greift – was jedoch nicht die Schuld der Geistigen Welt ist. Ich glaube, es ist sehr wichtig, sich bewusst zu werden, dass man selbst dafür verantwortlich ist.
Ich dachte immer, es ist bekannt, dass die Geistige Welt keinen Unterschied zwischen schlimmen und weniger schlimmen Gedanken macht. Es wurde mir erst klar, als ich mit meinem Team darüber gesprochen habe, dass die meisten das gar nicht wissen. Man denkt über die kleinen negativen Gedanken am Tag gar nicht nach, weil man sie nicht mit einer Emotion verbindet. Doch immer dann, wenn du die Liebe nicht in deinen Gedanken

hast, schaue sie dir nochmals an und du kannst sie transformieren. Das ist für mich der einzig gangbare Weg.
Für die dritte Ebene, den Körper, steht Mona'Oha als energetisches Muster. Für die Geistige Welt ist der Körper eigentlich nicht vorhanden. Da dies sowieso die festeste und schwierigste Ebene ist, wird für sie das Vertrauen eingesetzt, mit dem man alles am besten verbinden kann.

Es wird in den Botschaften so oft von den ursprünglichen Attributen gesprochen. Was bedeutet eigentlich Ursprünglichkeit? Es bedeutet nicht, ohne Körper zu sein, denn wir wollen ja leben! Ursprünglichkeit bedeutet, den freien Geist zu haben, den Mystischen Heilgeist zu haben, sich frei zu fühlen – auf allen Ebenen. Stelle dir einmal vor, jeder Mensch auf diesem Planeten würde liebevoll denken – was dann passiert. Das, glaube ich, ist mit Ursprünglichkeit gemeint: der Friede, die Geborgenheit, die Liebe, die Vision, das höhere Ziel, die Rückführung des Planetenbewusstseins. Das ist für mich Ursprünglichkeit.

MYRIEL

Der Mystische Heilgeist

Ich bin Myriel. Ich begrüße dich mit den Tönen von Omar Ta Satt!

Ich trage die mystische Energie, ich trage sie in der Jetzt-Zeit – in diesem Augenblick – mit jedem Wort zu dir. Denn die mystische Energie, sie unterstützt dich im Prozess des Geschehens, denn du wirst einen sehr hochenergetischen Schritt vollziehen und der Mystische Heilgeist wird dich hierbei begleiten.

Der Mystische Heilgeist aktiviert deine Fähigkeiten. Wenn du es zulässt, wird der Heilgeist sehr leuchtend, sehr heilend und sehr lebendig in dir wirken. Verbinde dich schon jetzt mit dem Mystischen Heilgeist, der Syronfrequenz* und atme den Zauber der Energie ein, der mitschwingt mit jedem Atemzug, den du tust. Denn höre die Worte von Myriel: In der linearen Zeit ist das Geschehen – die Veränderung – schon herbeigeführt und es bleibt nicht viel Zeit! Und deshalb ist es so, dass der Weise Rat, die 36 Hohen Räte, immer intensiver mit den stärksten Lichtarbeitern wirken, euch Energien einbetten – so intensiv, wie es möglich ist und für dich richtig und gut!

Gerade der Mystische Heilgeist wirkt auf deiner mentalen Ebene und erlaubt dir, den Verstand beiseitezulegen, denn es werden viele Botschaften folgen, wo der Verstand vielleicht in Widerstand geht. Doch die mentale Ebene, die spirituelle mentale Ebene, wird dich fühlen lassen, dass dein Verstand ausgerichtet sein soll auf Vertrauen – auf das Vertrauen in dir und auf das Vertrauen in die Geistige Welt. Du wirst in ein höheres Bewusstsein getragen und dies in sehr schnellen Schritten. Quin'Taas wird sich öffnen und das Leuchten dieses Wirklichkeitsfeldes wird sich ausdehnen über den gesamten Planeten.

Lady Shyenna hat transformiert – wir sind voller Mitgefühl für all jene Menschen, die es getroffen hat. Umso wichtiger ist es, die Dankbarkeit in sich zu fühlen, dass du geschult bist, dass alle energetischen Muster, die in dir eingebettet wurden und eingebettet werden, für dich sehr hilfreich sind und es keine Rolle spielt, ob dein Verstand versteht, was da geschieht.
Sehr viel wichtiger ist es, den Mystischen Heilgeist zu verbinden – ganz tief – mit deinem Seelenaspekt. Hierzu ist die Syronfrequenz sehr unterstützend und wirksam, denn deine Seele weiß zu jedem

Siehe Glossar auf Seite 252.

Augenblick, was geschieht. Deine Seele lässt dich auch fühlen, dass jenseits deines Verstandes es eine Wirklichkeit gibt und eine Wahrheit, die so viel tiefer geht als das, was du selbst im Außen erlebst in der Dualität – denn dies ist die größte Illusion.
Die Wirklichkeit hat Einzug gehalten in all jenen Menschen, die sich öffnen, bei allen Menschen, die ihre Masken fallen lassen und das, was sie in sich tragen, nach außen zeigen. Es braucht viele Facetten, es braucht viele verschiedene Seelenenergien, die sich miteinander verbinden, sodass das große Ganze geschehen kann – und auf der übergeordneten Ebene, der hohen Spiritualität, hat alles bereits seinen Lauf genommen.

Immer intensiver und wichtiger wird der entzündete Kristall Mona'Oha werden und du wirst noch viele Übungen erhalten, wenn die Zeit ausreicht, sodass du noch intensiver vorbereitet sein wirst. Denn wie du weißt: Es ist alles ein großes Experiment und selbst wir können nicht genau vorhersagen, was geschieht. Doch was wir wissen, ist, dass es geschieht und dass die Energie von Quin'Taas sich aufbläht, ausdehnt und ausdehnt und ausdehnt. Deshalb ist dieser Schritt, den du im Jetzt-Augenblick gehen wirst, vielleicht einer der wichtigsten, den du bisher gegangen bist.

Und so freue dich auf das, was du in den Jetzt-Augenblicken erfährst. Es wird für dich etwas Wunderbares sein. Doch es wird nur dann wunderbar sein, wenn du es schaffst, dass du deinen Verstand beiseitelegst; wenn du dich einfach hingibst – mit den Energien, die fließen, mit den Energien der Botschaften von Kryon. Der Mystische Heilgeist wird dich begleiten.

Und so freue ich mich mit dir, denn wir vereinen uns in allem, was wir sind. Denn alle Essenz des Lebens ist Energie. Wir sind Energie, du bist Energie, alles ist Energie. Und auch wenn wir uns in manchen energetischen Prozessen unterscheiden, sind wir doch alle vereint, gemeinsam. Im hohen Spirituellen gibt es keine Unterschiede. Und so lasse dich fallen und höre die Botschaften von Kryon.

An'Anasha!

KRYON

Der erste Schritt der 36 Schritte

An dieser Stelle folgt nun Schritt 1 der 36 Schritte. Da dies etwas ganz Besonderes ist, setzen wir ihn hier nicht in Schriftform hinein, sondern möchten dich bitten, diesem Link zu folgen.

Wenn du den ersten Schritt hörst, wirst du die Energien noch tiefer in dich aufnehmen können.

Viel Freude damit und bis gleich!

www.kryonschule.de/kryonschule
(Bitte in die Adresszeile deines Internet-Browsers einfügen.)

Kapitel II

Das Christuserwachen

JESUS

Segnungstropfen der Christusenergie

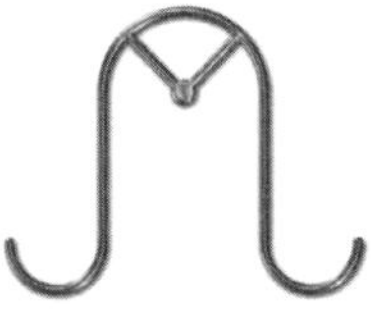

Ich bin Jesus. Ich bin, der ich bin, immer war, immer sein werde. Ich bin dein Freund und Begleiter und mit den Tönen von – Omar Ta Satt – begrüße ich dich, mein liebstes Menschenkind!

Fühle die Worte von Jesus, die zu dir gebracht werden – direkt in deine Seele. Fühle, wie das Licht sich in dir ausdehnt und du bereit bist, diese Liebe, die ich für dich empfinde, anzunehmen. Du erhellst das Licht, nicht nur in deinem Raum, denn du bist der Lichtträger – und ich, Jesus, ich bin hier bei dir! Und mit jedem meiner Worte dringe ich tief ein in deine Seele, um dich daran zu erinnern, dass du mehr bist als nur Mensch!

Es wurden viele Vorbereitungen getroffen für diese Augenblicke der Wirklichkeit. Diese Vorbereitungen, die dir so dienlich und hilfreich sind, du fühlen kannst, wie nah ich dir bin. Und die Liebe der Augenblicke, sie können heilen, sie können erlösen, denn die Liebe vermag alles!

Der Weg des Sa'Maa'Tahs ist eröffnet. Quin'Taas hat Einzug gehalten. Du wirst in diesen Botschaften erfahren, was es bedeutet, ein tiefes Erwachen zu fühlen – dein Christuserwachen. Wir werden alles tun – mit so tiefer Liebe –, um dich noch intensiver vorzubereiten, um mit dir zu sein, um dich zu erlösen und in den tiefen, tiefen Frieden zu führen.

Und sobald du die Segnungstropfen der Christusenergie erhalten hast, beginnen, die Energien aus dem Universum zu dir zu strömen – und du fühlst, du fühlst ganz tief diese Geborgenheit. Du fühlst das Leben und die Liebe.

Und so wirst du jetzt überschüttet mit Segnungstropfen der Christusenergie. Öffne dich dafür. Lege deine Hände auf dein Herz – und lasse geschehen, dass die Ströme der Wirklichkeit dich erreichen in allen Bereichen deiner Selbst.

(Spiele ein schönes Musikstück und lasse dir hierfür etwas Zeit.)

Ich, Jesus, bitte dich: Lasse dich fallen in meine Hände, fühle meine Unterstützung. Jedes Gefühl, das du fühlst, kann auch ich fühlen. Ich weiß, wie es dir geht. Ich werde immer bei dir sein. Du kannst dich an mich anlehnen, dich lieben lassen und wärmen. Je offener du bist, desto intensiver können die energetischen Ströme zu dir gebracht werden.

Dieser Raum ist erfüllt mit Liebe. Du trägst diese Liebe in dir und sie dringt nach außen – sie nimmt den Raum ein – und das Licht, es leuchtet etwas heller und die Geborgenheit ist zu fühlen.

Lasse dich auffangen von der Energie aller Wesen, die anwesend sind. Vertraue auf deine Seele und auf das, was du fühlst, denn es wird großartig sein!

Und so brauche ich mich nicht zu verabschieden, denn ich bin hier, hier bei dir! Lasse das Licht, die Freude und die Lebenslust gewähren. Ich bin Jesus, der Christus, und ich hülle dich ein in ein goldenes An'Anasha und sage dir: Genieße jeden Augenblick des Tages!

A ni o'heved o'drach!

An'Anasha!

SABINE SANGITAR

Die verschiedenen Ebenen des Erwachens

Ich spreche jetzt über ein paar energetische Punkte, um ein besseres Verständnis für das Erwachen herbeizuführen. Denn gleich im Anschluss wird Jophiel kommen, das Schöpferlicht, und dich in das tiefe Christuserwachen führen! Deshalb finde ich es wichtig, dir das Erwachen im Allgemeinen nahezubringen, was Erwachen überhaupt bedeutet, wie Erwachen stattfindet und welche Ebenen des Erwachens es gibt.

Viele von euch sind erwacht und die 48 Schritte gegangen oder gehen die 36 Schritte. Viele von euch gehen die Lichtpionierschritte*,

**Siehe Glossar auf Seite 261.*

die Sol'A'Vana-Schritte* und/oder die Sa'Maa'Tah-Schritte* und immer wieder wird in den Botschaften davon gesprochen, dass Erwachen etwas Individuelles ist. Menschen können ein Erwachen unterschiedlich, auf verschiedenen Ebenen, erleben und das liegt unter anderem daran, dass es sehr viele verschiedene Erwachungsebenen in dir selbst gibt.

Ich beginne mit dem mentalen Erwachen. Es gibt ein mentales Erwachen und ich fange deshalb damit an, weil dieses Erwachen am einfachsten zu erreichen ist. Für ein mentales Erwachen brauchst du keine energetische Ausdehnung, sondern es reicht ein bestimmtes Bewusstsein, viele Informationen, die du vielleicht durch das Besuchen von Seminaren oder das Lesen von Büchern gesammelt hast. Auf jeden Fall ist ein mentales Erwachen – im Gegensatz zu vielen anderen Erwachen – in uns relativ einfach herbeizuführen, denn es hat mit Wissen und Bewusstsein zu tun.

Dann gibt es das seelische Erwachen. Das Seelenerwachen ist ein Erwachen der Erinnerung, dass du mehr bist als nur Mensch. Du beginnst, zu fühlen. Du beginnst – im Gegensatz zum mentalen Erwachen –, zu fühlen, dass du Göttlichkeit in dir trägst. Du fühlst, dass du mehr bist als nur Mensch. Du fühlst auf ganz vielen Ebenen, dass sich etwas in deinem Bewusstsein verändert und somit auch in deinem mentalen Bereich. Beides ist sehr eng miteinander verknüpft.

Dann gibt es das körperliche Erwachen. Das körperliche Erwachen setzt eine energetische Ausdehnung von 88 Prozent voraus. Diese Ausdehnung des Lichtkörpers von 88 Prozent ist nicht so einfach zu erreichen. Dazu gehört enorm viel Bewusstsein und sehr viel Bewusstseinsarbeit. „Bewusstseinsarbeit" ist ein Wort, das man vielleicht nicht so gern mit Arbeit verbindet, aber das trifft

Siehe Glossar auf Seite 207 & 263.

es ganz gut, denn diese Ausdehnung von 88 Prozent erreicht man nicht von heute auf morgen. Ein körperliches Erwachen setzt ein, wenn diese Ausdehnung erreicht wird, lässt sich aber in diesem Prozess der Ausdehnung noch nicht fühlen.

Dann gibt es ein Merkaba-Erwachen. Ein Merkaba-Erwachen ist ein Erwachen auf einer Ebene all deiner Fähigkeiten. Eine Merkaba* bedeutet sehr viel mehr als Merkaba-Reisen. Ein Merkaba-Erwachen beinhaltet auch die Zurückführung zum tiefen Wissen von früheren Leben. Ein Merkaba-Erwachen bedeutet auch, dass deine Aspekte bereit sind, auf einer tieferen Ebene auf Reisen zu gehen.

Des Weiteren gibt es ein mystisches Erwachen. Das mystische Erwachen beinhaltet – im Unterschied zum mentalen Erwachen –, dass die mentale Ebene sich mehr nach den spirituellen Gedanken ausrichtet.

Dann gibt es ein magisches Erwachen. Das magische Erwachen beinhaltet die Magie in dir, die Priesterschaft*, das, was du in vielen Inkarnationen erlebt hast, was mit vielen Gelöbnissen verbunden ist, mit vielen Versprechungen.

Dann gibt es ein spirituelles Erwachen. Das ist ein Erwachen, dass auf mehreren Ebenen, die sich miteinander verbinden, gleichzeitig stattfindet und dich fühlen lässt. Es beinhaltet auch eine Innere Schau. Etwas mit einem Atemzug zu verstehen, etwas zu begreifen oder innerlich zu sehen, darauf zu vertrauen, dass es etwas gibt, auch wenn man es nicht mit den beiden physischen Augen sehen kann, und anzuerkennen, dass Energien lebendig sind – all das gehört auch zum spirituellen Erwachen.

Und dann gibt es das Christuserwachen. Das Christuserwachen

Siehe Glossar auf Seite 256 & 265.

ist das Erwachen der Menschlichkeit. Um dir dies nahezubringen, möchte ich noch einmal zurückgehen zu dem Zeitpunkt, als Jesus als Mensch inkarniert hat, auch wenn du diese Geschichten vielleicht schon sehr oft gehört hast. Ich finde, man kann es nicht oft genug hören.

Du weißt vielleicht, dass ihr in Atlantis* Inkarnationen verbracht habt, die sehr spirituell waren. Ihr wart euch sehr bewusst und hattet sehr viele Fähigkeiten. In Atlantis herrschte eine Energie der Tat. Es ging darum, dass wir es unbedingt schaffen mussten, die Energien zu erhöhen. Es waren wirklich sehr viele Inkarnationen der absoluten Spiritualität und der Tat.

Ich überspringe jetzt einen großen Teil der Geschichte und komme direkt zu Jesus. Als Jesus kam, wurde vielen von uns die Menschlichkeit bewusst, indem er es uns vorgelebt hat. Wir haben begriffen, dass es noch etwas anderes gibt als nur Spiritualität, etwas, das uns alle ausmacht, weil wir einen Körper angenommen haben, nämlich die Menschlichkeit.

Und es war eine Zeit mit Jesus, in der er uns vorgelebt hat, dass er selbst Mensch ist – mit Schwächen, mit Zweifel, mit Mut, mit so viel Liebe, mit Erlösung, mit Herzenswärme. Und diese Zeit mit Jesus hat uns allen gezeigt, dass auch wir menschlich sind, dass auch wir Schwächen haben dürfen, dass auch wir uns annehmen dürfen in unserem Menschsein. Die Annahme der Menschlichkeit verbunden mit der tiefen Spiritualität, das bedeutet Christuserwachen.

Es gibt nur ein Feld in dir, was niemals erwachen wird und das ist deine Göttlichkeit, denn deine Göttlichkeit war schon immer erwacht. Sie ist niemals eingeschlafen. Mit der Göttlichkeit meine ich dieses Feld, das du in dir trägst, von der die Geistige Welt immer spricht, wenn sie zu uns sagt: „Verbinde dich mit deinem göttlichen Kern*, fühle deine Göttlichkeit in dir."

**Siehe Glossar auf Seite 262 & 257.*

Die Geistige Welt versucht, mit allen Facetten, mit jeglichen Energien und allem, was ihnen zur Verfügung steht, uns auf all diese Aspekte aufmerksam zu machen. Du bist nicht nur eins, du bist nicht nur göttlich, du bist nicht nur spirituell, du bist nicht nur magisch, du bist nicht nur mystisch, du bist auch Mensch – du bist alles zusammen. Alles zusammen sind diese energetischen Felder, die ineinandergreifen. Jedes einzelne energetische Feld in dir ist auf irgendeine Art verbunden mit allen anderen Feldern.
Ein erwachtes Feld, eine erwachte Ebene pulsiert und zirkuliert anders als ein Feld, das noch nicht mit dieser Erwachungsenergie in Kontakt gekommen ist oder es sich noch nicht erlaubt hat, es vollkommen zu öffnen. Manchmal ist es eben so, dass wir es uns nicht erlauben, weil wir alle so spirituell sind und es so lieben. Wir wissen, wie wichtig es ist, dass wir uns weiterentwickeln, dass wir die Ursprünglichkeit wiederentdecken, dass unser Planet die Erfahrung leben darf, wie die Ursprünglichkeit in Quin'Taas und mit Sa'Maa'Tah sein wird, und dabei vergessen wir manchmal, dass wir sehr menschlich sind und dass diese Menschlichkeit auch zu uns gehört. Deshalb kommt jetzt die Einweihung in das tiefe Erwachen des Christus-Selbst in dir und das hat sehr viel mit deiner Menschlichkeit zu tun.

Wir sind ein Teil der Göttlichkeit, wir sind ein Teil des Universums – wir haben es nur lange Zeit vergessen, weil die Energien sich verändert haben. Das ist bekannt und ich brauche es nicht weiter auszuführen. Worauf ich hinaus möchte: Zu unserem Planeten gehört das Menschsein, die Göttlichkeit, der göttliche Mensch auf Erden dazu. Das ist auch unsere Rasse. Das Wort „Rasse" ist bei uns sehr stark bewertet und belegt, doch mir fällt leider kein besseres Wort ein, das hier zutrifft. Wir sind Rasse Mensch auf unserem Planeten.

Ein Arkturianer* vom Planeten Arkturus ist auch einer Rasse zugehörig. Ein Arkturianer ist ein Arkturianer und im Unterschied zu vielen Menschen würde ein Arkturianer niemals etwas anderes sein wollen als ein Arkturianer. Ein Arkturianer hat einen ziemlich klaren Geist. Er ist nicht vernebelt in seinen mentalen Bereichen und deshalb ist ein Arkturianer auch sehr beständig in seinen Emotionen. Es gibt bei den Arkturianern kein solch ein Auf und Ab wie bei uns Menschen. Ein Arkturianer würde sich auch niemals wünschen, gerne Melek Metatron zu sein. Solche Gedanken trägt ein Arkturianer nicht, manche Menschen hingegen schon. Was ich zum Ausdruck bringen möchte: Es ist gut, wenn wir uns bewusst werden, dass wir göttliche Menschen auf unserem Planeten sind und es auch gerne sind!

JOPHIEL

Ein tiefes Christuserwachen

Ich bin Jophiel. Ich bin das Schöpferlicht. Ich begrüße dich mit den Tönen von Omar Ta Satt!

Ich habe die ehrenvolle Aufgabe, dich in ein tiefes Christuserwachen zu führen. Dieses Christuserwachen wirst du ganz tief in dir fühlen können – in deiner Göttlichkeit sowie in deiner Menschlichkeit.

Lasse jeden Gedanken fallen. Mache dich frei von irgendwelchen Gedanken, die dich stören. Lasse dich fallen in die Hände von Christus. Und folge den Worten und den Energien von Jophiel. Und atme in einem Rhythmus – so, wie es für dich richtig und gut ist.

Siehe Glossar auf Seite 269.

Und mit jedem Atemzug mehr fühlst du die Stille, das göttliche Licht in dir, das dich wärmt, dir Geborgenheit schenkt. Und du rufst deine Persönliche Engelsgruppe, deinen Schutzengel, den Botschafter der Liebe* zu dir.*

Du rufst all deine Chakren zusammen. Du siehst die Goldene Korona* leuchten und du bittest deine Persönliche Engelsgruppe, einige deiner Aspekte zu verbinden, auch deinen Seelenaspekt*.*

Dein Botschafter der Liebe sowie dein Schutzengel werden deine Aspekte nun begleiten, wenn sie sich auf die Reise machen in das große Feld Quin'Taas. Und so nehme einen tiefen Atemzug in tiefster Bewusstheit, dass du in ein Wirklichkeitsfeld reist.

Und du siehst die Lichtstadt von Quin'Taas. Du sprichst deinen Ursprungsnamen oder verbindest dich tief mit deiner Ursprungsenergie. Und du trittst ein in eine neue Welt. Du siehst und fühlst die Schönheit, das Licht.*

Und der Botschafter der Liebe, er begleitet deine Aspekte und bringt dich zu einem Raum. Vor diesem Raum siehst du ein Tor und golden-blau leuchtet die Farbe. Davor bleibst du stehen.

Spreche noch einmal deinen Ursprungsnamen und höre die Worte von Jophiel: Wenn du in diese Kammer geführt wirst, wirst du zwei Erlebnisse erleben. Ein Erlebnis wird etwas sein, das Jesus dir mitgegeben hat, als du mit ihm warst in der Inkarnation, was dir Mut gemacht hat, was dich erweitert hat, was dich glücklich gemacht hat, und ein Erlebnis wird sein, wo du mit Jesus etwas erlebt hast, was vielleicht Schwäche war.
Ich möchte nicht vorgreifen, denn du wirst es selbst erleben und wenn du diese beiden Erlebnisse gesehen und gefühlt hast, werden

*Siehe Glossar auf Seite 257, 258, 253, 254 & 250.

wir danach eine tiefe Einweihung mit dir vollziehen. Diese beiden Erlebnisse sind von Jesus in diesem Raum gespeichert worden, extra für diesen Anlass auserwählt. Und mit einem Atemzug öffnet sich das Tor und du trittst ein. Und nehme dir Zeit, das zu erleben, was Jesus für dich auserwählt hat.

(Lasse dir hierfür einige Zeit.)

Sehe dich nun um in diesem Raum. Und Jesus selbst wird mit den Tönen der Wirklichkeit eine tiefe Einweihung mit dir vollziehen.

(Spiele ein kraftvolles Musikstück und lasse dir hierfür etwas Zeit.)

Jesus selbst wird deine Aspekte mit seiner Liebe zurücktragen, begleitet von deinem Schutzengel und Botschafter der Liebe.

Deine Persönliche Engelsgruppe wird die aufgenommene Erwachungsenergie in deinen Aspekten sehr tief einbetten.

Es war mir eine so große Freude, auserwählt zu sein, dich zu begleiten, bei dir sein zu dürfen, bei dem Prozess des tieferen Christuserwachens in dir selbst.

Genieße nun die Ausdehnung und Einbettung durch deine Persönliche Engelsgruppe. Fühle die Energie von Jesus und wisse, Jophiel sagt die Worte: Du bist das Beste, das Sol'A'Vana trägt!

An'Anasha!

Kapitel III

Die Attribute des menschlichen Erwachens

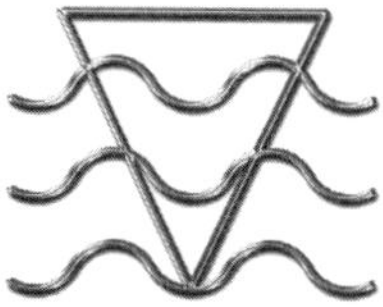

MELEK METATRON

Das Attribut der Kraft

Ich bin Melek Metatron. Mit den Worten – Omar Ta Satt – begrüße ich dich als das, was ich bin: das Auge Gottes! Ich wende mich mit der ganzen Liebe des Lichtes – eingebettet im Schein des Leuchtens des göttlichen Gedankenfeldes – zu dir, du mein lieber, göttlicher Mensch auf Sol'A'Vana.

Immer dünner werden die Schleier und mehr als jedes Wort ist es die Energie, die bei solchen Botschaften einströmen kann und deine Seele berührt. Deshalb nutzen wir diese Zeiten, um die höchsten energetischen Muster in dich hineinzubringen und sie einzubetten, sodass sie dich emporheben und dich tiefer fühlen lassen, wer du bist. Heute wirst du hochenergetische Übertragungen bekommen – von den Attributen des Avatares* auf Sol'A'Vana, der du bist!

**Siehe Glossar auf Seite 261.*

Bevor wir damit beginnen – und du das Licht in dich einatmest, deine Chakren zusammenrufst, sie vereinst –, werden wir dich auf allen Ebenen erden.

Wenn Melek Metatron spricht, spürst du schon die Kraft und die Stabilität, die diese Energie freisetzt. Du bekommst so viele Geschenke! Öffne dein Herz, indem du deinen Verstand beiseitelegst, um diese energetischen Geschenke annehmen zu können.

Während du in die tiefe Absicht deiner Selbst hineingehst, ganz bewusst dich deinem göttlichen Licht zuwendest, wird das erste Geschenk die Segnungstropfen aus dem göttlichen Gedankenfeld sein, die dich für die Übertragungen der hohen Lichter öffnen.

Denn mehr als jedes Wort ist in dieser Zeit sehr wichtig, dass du verstehst und fühlst, was die Energien der Wirklichkeit für dich bedeuten. Denn immer mehr und tiefer strömt die Energie der Wirklichkeit in dich ein.

Oft sind es die kleinen Unterschiede, die es ausmachen, dass du dich besser fühlst. Ich nenne dir nur ein Beispiel: „Erwarte in Freude den Aufstieg, aber warte nicht auf den Aufstieg!“ Erkenne den Unterschied der Energie in diesen Worten. Wenn du dich leer fühlst, benenne es als Frieden. Fühle diese Leere als das, was es ist: der tiefe Frieden in dir, der sich ausdehnt und Einzug hält. Sehe die Sehnsucht in dir als das, was sie ist: ein Streben nach höherem Bewusstsein; ein Dienen mit deinen Fähigkeiten für den anderen Menschen, der dir begegnet und dich aufsucht.
Strukturiere deine verschiedenen Gefühle in dir und beschäftige dich damit. Versuche, sie anders zu bewerten, denn alles, was in dich einströmt, ist die Energie der Wirklichkeit. Sie breitet sich aus und sie transformiert noch einmal auch die kollektiven

Energien, die du manchmal aufnimmst. Selbst wenn du dich in bestimmten Zeiten schwach fühlst, sind die energetischen Muster, die in dich einfließen und die wir einbetten, die Muster, die dich letztendlich stark und kraftvoll in deinem Wirken und deinem Sein werden lassen.

Verstehe diese Unterschiede, denn es sind jetzt nur noch kleine Unterschiede – gerade bei euch Lichtarbeitern, die ihr euch bewusst so sehr entwickelt. Alles vermischt sich. Mehr und mehr ist es die Wirklichkeit, die Einzug hält! Trotz alledem bewegst du dich in deinem Alltag mit schlafenden Menschen um dich herum. Fühle dich nicht einsam, denn du bist nicht alleine! Das wirst du ganz tief bei der Übertragung von Jesus Christus spüren, die du heute empfängst.
Achte auf jedes Wort, das du sprichst, und achte dabei auf deine Gefühle. Verwirrtheit ist eine Energie, die dich auf höhere Ebenen in die Wirklichkeit trägt. Doch brauchst du Klarheit, um deinen Alltag zu meistern. Das sind die Herausforderungen, wenn die Energie der Wirklichkeit so stark einströmt wie in diesen Zeiten.

So empfange jetzt die Segnungstropfen, die dich öffnen, die dich anheben, dich ausdehnen und dich für die Übertragungen vorbereiten, die wir auserwählt haben, um sie dir heute zu überbringen.

Lege deine Hände auf das Herz und empfange die Segnungstropfen aus der göttlichen Quelle!

(Spiele ein kraftvolles Musikstück und lasse dir hierfür etwas Zeit.)

Mehr als je zuvor ist es wichtig, die Veränderungen, die sich bei dir zeigen, zuzulassen! Es ist dir dienlich und führt dich in ein Feld, das sich voll Freude und Schönheit zeigen wird!

Du bist jetzt in einer tiefen Absicht – tief verbunden mit deiner Göttlichkeit –, alle deine Kanäle sind offen und als Erstes werden wir die Energie der menschlichen Liebe übertragen. So rufe ich Engel Chamuel. Doch bleibe ich, Melek Metatron, das Auge Gottes, mit meiner Energie bei dir, um alle Energien, die dir übertragen werden, kraftvoll zu unterstützen.

ENGEL CHAMUEL

Das Attribut der menschlichen Liebe

Ich bin Engel Chamuel. Ich bin die Liebe selbst und ich übertrage dir die Energien der Liebe!

Für dich auf Sol'A'Vana ist die menschliche Liebe, die menschliche Freundschaft, die Liebe zur Familie, die Liebe zum Kollektiv sehr wichtig. Es bedeutet, einander anzusehen und zu akzeptieren, dass jeder seinen Weg geht, keinen einzuengen und die Göttlichkeit in jedem Menschen zu achten und zu ehren.

Mache dich nun bereit für die Einströmung von Engel Chamuel. Dabei wird das Liebesband, das geknüpft wurde, zum Schwingen gebracht. So beginnt, die Energie der Liebe zu fließen. Und lasse dir sagen: Wir lieben dich so unermesslich! Liebe ist stärker, höher und lichter als jede andere Energie – denn Liebe ist Gott und Gott ist in dir!

Wenn du auf menschlicher Ebene diese Liebe weitergibst, sei achtsam, verständnisvoll, sei gebend und erlaube dir, auch zu nehmen. Seht einander an und erkennt die Liebe – vielleicht zu einem einzelnen Menschen, in einer tiefen Freundschaft, in einer menschlichen Liebe, in einer Beziehung zueinander, zu deiner kleinen, persönlichen Familie, zu der großen Familie, der du zugehörig bist, die euch vereint, verbindet und euch trägt.

Spüre die tiefe, tiefe Übertragung der Energie.

(Lasse dir hierfür etwas Zeit.)

An'Anasha!

LADY NADA

Das Attribut der Freude

Ich bin Lady Nada. Ich begrüße dich mit den Worten: Omar Ta Satt! Ich werde dir die Energie der Freude übertragen. Die Energie beginnt, zu fließen.

Freude beinhaltet auch Freude an deiner Entwicklung, an der Erweiterung und Ausdehnung, dich mit deinen Fähigkeiten zu beschäftigen, sie dienend einzusetzen für die Menschen. Empfange

die Energie der Freude, den Frohsinn. Denn wenn du die Freude in dir spürst, wirst du alles viel leichter erleben können. Freude ist eine sehr hohe Energie!
Manchmal fühlst du dich traurig. Doch hinter dieser Traurigkeit, wenn du sie umwandelst und transformierst, wirst du sehen, dass die Energie der Freude, wenn sie Einzug hält, dich beschwingt und dir erlaubt – dir endlich erlaubt –, alles das zu nehmen, was dir zusteht, sodass du dich nicht mehr klein fühlst, sondern groß. Freude ist allumfassend! Vielerlei Energien gehören zur Freude – auch die Freude darüber, dass du so mutig bist, dich immer höher spirituell zu entwickeln.

Die Energie der Freude fließt in allen deinen Aspekten ein und Melek Metatron, der Herr der Heerscharen, bettet diese Energien ein.

(Lasse dir hierfür etwas Zeit.)

An'Anasha!

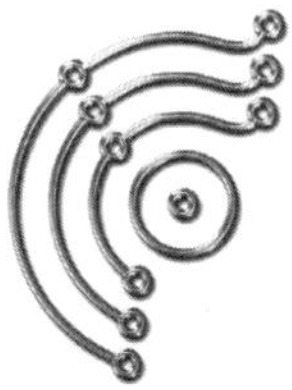

SERAPHIS BEY

Das Attribut der Fülle

Ich bin Seraphis Bey. Ich begrüße dich mit den Worten – Omar Ta Satt – und ich fordere dich mit all meiner Liebe auf, dich für die

Energie der Fülle zu öffnen, die ich jetzt einströmen lassen werde!

Erlaube dir, diese Energie anzunehmen: Fülle in allen Bereichen! Du darfst diese Fülle annehmen! Denn auf eurem Planeten gilt die Gesetzmäßigkeit des Ausgleichs zwischen Geben und Nehmen. Erlaube dir, wenn du den Menschen dienend mit deinen Fähigkeiten zur Seite stehst, einen Ausgleich zu nehmen, damit du deinen Lebenstag planen kannst – in Freiheit und Unbekümmertheit.

Erlaube dir, diese Fülle anzunehmen – und Seraphis Bey schickt sehr starke Einströmungen dieser Energie.

(Lasse dir hierfür etwas Zeit.)

An'Anasha!

JESUS CHRISTUS

Das Attribut der Geborgenheit

Ich bin, der ich bin. Ich bin, der ich immer war. Ich bin, der ich immer sein werde. Ich bin Jesus und spreche zu dir, mein lieber, göttlicher Mensch!

Ich schicke dir die Energie der Geborgenheit: das Wissen, dass du nicht alleine bist; dass ich bei dir bin, ich dich begleite und dir mit meiner ganzen Liebe – mit jedem Atemzug – zugewandt bin.

Fühle diese Geborgenheit, diese Energieströme, die ich dir zukommen lasse. Denn wenn du Geborgenheit fühlst, werden viele deiner Ängste transformiert. Lasse dich fallen – auch in Situationen, die vielleicht nicht einfach sind. Begebe dich in meine Hände und wisse: Ich fange dich auf – ich bin bei dir!

Gemeinsam gehen wir diesen Weg. Ich bin ganz nah bei dir. Da die Schleier sehr dünn sind, kannst du die Präsenz von Jesus noch viel tiefer spüren. Es ist, als wenn es greifbar wäre: die Geborgenheit, das Prosonodo-Licht, die Eleua-Energie*.

(Lasse dir hierfür etwas Zeit.)

Du bist göttlich! Ich liebe dich so sehr!

An'Anasha!

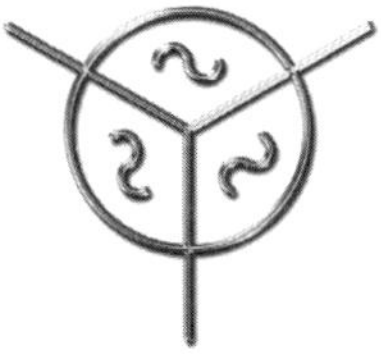

ADONAI ASHTAR SHERAN

Das Attribut des Friedens

Ich bin Ashtar Sheran. Gott zum Gruße – Omar Ta Satt –, mein lieber Lichtarbeiter und Pionier* der Neuen Zeit! Ich lasse die Energie des Friedens in dich hineinströmen.

Frieden bedeutet Kraft. Frieden bedeutet, in die Tat zu gehen. Wenn

**Siehe Glossar auf Seite 268 & 261.*

du den Frieden in dir fühlst, wird sich dein Wirken nach außen verändern. Die Friedensenergie ist eine sehr kraftvolle Energie!

Manchmal fühlst du dich mit dir selbst unzufrieden. Schließe Frieden mit dir selbst – denn so, wie du bist, bist du richtig und gut. Sei nicht so streng mit dir selbst. Erst dann wirst du wirklich erkennen, wie machtvoll und großartig du bist. Diesen Zustand erlangst du nicht durch Unzufriedenheit, sondern durch Frieden. Mag es in deinem Alltag auch Situationen geben, in denen du unzufrieden bist, sei so weise und erkenne: Durch Unzufriedenheit wird sich die Situation nicht bessern. Erst wenn du Frieden schließt, können sich neue Wege öffnen. Die Tore der Veränderung werden sich dadurch öffnen, dass du diesen Frieden in dir zulässt.

Dies ist möglich, denn die Einströmungen der Energien auf eurem Planeten sind sehr intensiv. Wir haben dir hochenergetische Energien übertragen. Fühle diese und spüre die Kraft von Melek Metatron, die diese Energien begleiten.

(Lasse dir hierfür etwas Zeit.)

Wir haben diese Übertragungen vollzogen, weil du sehr oft in der Wirklichkeit bist und dich doch auch in der Dualität aufhältst. Manchmal spürst du in dir ein Gefühlschaos und weißt diese Gefühle nicht einzuordnen. Durch diese Übertragungen wirst du mehr Klarheit über deine Gefühle haben. Lasse dir noch einmal in aller Deutlichkeit sagen: Hinter jedem Gefühl, das dir unangenehm ist, steht ein höheres Gefühl, eine Energie, die alles auflöst – wenn du dazu bereit bist und den Frieden in dir trägst.
Melek Metatron hat es mit seiner Botschaft mit einem einzigen Satz gesagt. Die Unterschiede der Energien sind sehr fein. Melek Metatron hat gesagt: „Erwarte in Freude den Aufstieg, aber warte nicht

auf den Aufstieg!" Denn wenn du dich in eine Position begibst, in der du wartest, dann stehst du still. Erwartung in Freude, führt dich in die Fähigkeiten und trägt dein Licht nach außen. Denn dann hat deine Seele dir den Impuls gegeben, dass dir diese Zeiten dienlich sind, um dich weiter vorzubereiten und deine Fähigkeiten zu den Menschen zu bringen.

Wir lenken unseren Fokus derzeit sehr auf Sol'A'Vana und viele von euch kommen mich besuchen. Ich fühle mich sehr mit den Menschen verbunden – mit dir verbunden. Du wirst unermesslich geliebt!

An'Anasha!

LADY NADA

Die Leichtigkeit des Seins

Ich bin Lady Nada. Ich wurde gerufen, um dir Botschaften über die Freude und Leichtigkeit des Seins zu überbringen – innewohnend das energetische Muster der Kraft, der Ausdehnung und der Liebe. Ich begrüße dich mit dem Seelenlicht von Shimaa und den Tönen von Omar Ta Satt! Es ist mir eine Freude, jetzt hier zu sein. Die Botschaften durch Sangitar an dich weitergeben zu dürfen, ist mir immer eine besondere Ehre!

So vieles ist geschehen an Veränderungen auf dem Planeten Sol'A'Vana und bei dir selbst. Du spürst immer tiefer die Wirklichkeit und die Neue Zeit. Auch wenn du dich noch in der Dualität befindest, hat sich doch etwas verändert, denn du kannst jetzt sehr viel tiefer fühlen, wie es ist, wenn die Neue Zeit begonnen hat – denn in vielen Bereichen hat sie Einzug gehalten. Und du wirst eine Botschaft vernehmen, mit der du dir deine eigene persönliche Welt und Neue Erde erschaffen wirst.
In der Schwere der Dualität ist es sehr hilfreich, wenn du Freude und Leichtigkeit Einzug halten lässt. Denn Freude und Leichtigkeit beinhalten sehr hohe energetische Muster, die es dir sehr viel einfacher machen, dir deine eigene persönliche Welt zu kreieren. Auch wenn die Dualität Schwere trägt und du dich manchmal in dieser Schwere aufhalten musst, ist es so wichtig, dass du verstehst mit deinem Herzen, dass nur Freude und Leichtigkeit Heilung bringen können; dass die Starre, die sich auflösen soll, sehr viel leichter aufzulösen ist, wenn du Freude am Leben hast und Freude an deinem Sein. Mit Leichtigkeit lässt es sich viel tiefer und auch einfacher manifestieren und auch mit einer kindlichen Freude.

Auch deine Betrachtungsweise, wie du die Welt siehst, ist von wesentlicher Bedeutung. Wann immer du Situationen in deinem Alltag betrachtest, wann immer du auf Konflikte stößt, wann immer dich etwas schmerzt, lösen wirst du dies nicht im Kampf. Energetische Muster, die dir nicht mehr dienlich sind, lösen sich sehr viel einfacher mit Leichtigkeit und Freude.
Als ich auf Sol'A'Vana war, war die Dualität noch sehr viel schwerer und es gab so viele Situationen, die mich geschmerzt haben. Doch die Leichtigkeit und die Freude haben mich oft unterstützt und mir geholfen. Es ist auch eine bewusste Entscheidung, die du für dich selbst treffen kannst, wie du Situationen betrachtest und wie du Probleme und Ängste lösen möchtest.

Freude ist eine Energie der Wirklichkeit. Freude ist eine Energie, die die Liebe trägt. Spüre die Energie, die Lady Shyenna dir entgegenbringt, und lasse dich von Lady Shyenna lieben – denn auch Lady Shyenna trägt Freude und Leichtigkeit.

Spüre das Bewusstsein von Lady Shyenna. Spüre ihr Lächeln, ihre Herzenswärme – denn es ist der Planet, auf dem du leben wirst. Du wirst die Neue Welt kreieren. Versuche, dies mit Leichtigkeit und Freude zu tun – und spüre die tiefe Zugehörigkeit.

Mit Freude und Leichtigkeit kannst du die Herzen der Menschen öffnen. Du wirst die Herzen der Menschen nicht im Kampf öffnen können, nicht im Zorn. Freude ist auch eine Energie, die etwas sehr Warmes trägt, etwas sehr Sanftes – und ein jedes Lächeln von dir erfreut Lady Shyenna und die Geistige Welt. Verbinde dich nochmals tief mit Lady Shyenna und mache dir nochmals bewusst, dass dies der Planet ist, auf dem du leben wirst.

Ihr habt den wunderbaren Kristall El'Achai erhalten, der die Energie beinhaltet: Frieden für die Völker auf Sol'A'Vana. Kein Krieg könnte je mit Freude und Leichtigkeit beginnen, ein Krieg beginnt immer mit Kampf und Wut. Deshalb sind diese Energien so überaus hilfreich, mach sie dir zu eigen! Wenn du die Neue Welt kreierst, kreiere die Freude und die Leichtigkeit mit!*

Und nochmals möchte Lady Nada dich tief in deiner Seele berühren mit dieser Energie. Atme das Licht der Liebe in dich hinein und spüre wie die Energien fließen.

(Lasse dir hierfür etwas Zeit.)

Und ich, Lady Nada, sage zu dir: An'Anasha!

**Siehe Glossar auf Seite 244.*

MUTTER MARIA

Lass uns singen, lass uns tanzen

Voller Gnade blicke ich zu dir, begrüße dich mit den Tönen von Omar Ta Satt! Ich bin Mutter Maria – gnadenvoll mein Licht, Gnade einströmend mit jedem Wort durch Sangitar in deine Seele.

Fühle das Licht der Gnade. Wenn es sich ausdehnt in dir, du – mit einem Atemzug – spürst, dass du ruhiger wirst und dich fallen lassen kannst in den Fluss der Energien, der sich bewegt wie der Wind. Jedes Wort trägt die Energie der Liebe und der Gnade.

Viele Kämpfe finden statt. Die Wirklichkeitsenergie, die Dualitätsenergie, sie reiben sich intensiv aneinander. Immer intensiver und intensiver breitet sich dieser Prozess aus und du kannst es beobachten auf eurem Planeten, wie die Menschen diese Kämpfe weiterführen. Doch Kampf ist nicht die Antwort auf Frieden, nicht die Antwort auf Liebe. Und viele der Menschen nehmen den Transformationskampf in sich auf und kämpfen ihn dort tief in ihrer Seele weiter. Doch der Kampf führt dich nicht in den Frieden. Lasse dich fallen und genieße die Ruhe, die sich ausdehnt, wenn dein Bewusstsein erfasst, was es bedeutet, nicht zu kämpfen, sondern sich fallen zu lassen, denn dann wirst du die tatsächlichen Energien spüren. Dann wirst du spüren, was es bedeutet, Gnade zu erfahren, Erlösung, Erwachen. Du wirst erfahren, was es bedeutet, wenn du mit den Energien dich bewegst so wie der Wind, wie jedes Wort, wenn die Lebendigkeit Einzug hält in dir – gnadenvoll, lichtvoll, vertrauensvoll. Denn Kampf bedeutet niemals Vertrauen. Kampf fördert und nährt den Zweifel in dir.

Als ich auf Sol'A'Vana war und mit Jesus, wurde ich geschützt durch die Mauern des Klosters und doch spürte ich auch manchmal die Energie des Kampfes in mir. Ich wollte kämpfen für das Gute, für das Wahre. Ich wollte kämpfen für die Liebe. Ich wollte kämpfen für Gottes Sohn Jesus. Doch dieser, dieser kleine Mensch, der gar nicht wusste, wer er war, war so voller Weisheit. Als er spürte, wie ich kämpfte, er mich ansah und sagte: „Lasse dich fallen. Fühle, was du fühlst, doch kämpfe niemals dagegen an. Kampf erzeugt eine Energie, die dir nicht förderlich ist. Lass uns singen, lass uns tanzen." Ich kann mich noch gut an diese Worte erinnern und möchte sie dir weitergeben: Lasse dich fallen. Fühle, was du fühlst, und kämpfe nicht dagegen an. Spüre das Leben in all seinen Facetten. Tanze und singe und feiere das Leben, denn dies ist die Dritte Zeit*!

Die Energien reiben sich so intensiv, dass Sangitar derzeit sehr viel beobachten muss – und dennoch mache es nicht zu deinem Kampf. Nehme nicht die Energie in dich auf und lasse dich dabei klein machen. Denn das Große, was entsteht durch jede Trägerenergie, die sich dir nähert, wirst du fühlen: die tiefe Veränderung. Und nur dann kannst du sie fühlen, wenn du nicht kämpfst, sondern wenn du bist, wenn du bist, wenn du bist, was du bist.
Das Gotteslicht in dir, es sehnt sich so sehr danach, die Ruhe zu fühlen, um sich zu nähren mit all den Fähigkeiten, mit all den Schätzen, die jetzt offenliegen wie Quin'Taas. Lasse Frieden einkehren in dir. Und manche mögen sagen, wie schwierig das ist, nicht zu kämpfen. Doch es ist eine Sache der Entscheidung. Entscheide dich für den inneren Frieden. Entscheide dich dafür,

Siehe Glossar auf Seite 262.

dass du mit dem Fluss der Energie gehst. Entscheide dich dafür, dass die Energie in dir lebt und dir den Weg zeigt. Entscheide dich dafür, dass du liebst, dass du lachst, dass du vertraust und wie ein Kind neugierig der Dritten Zeit entgegensiehst mit all ihren Facetten.

Der Kampf wird sich noch steigern, doch er wird zu Ende gehen – denn Kampf ist niemals die Antwort. Die eigentliche Energie ist der Frieden und die Liebe. Es sind Prozesse, die stattfinden auf eurem Planeten, und so sehr dich das auch belastet, dieser Prozess gehört nun mal dazu. Er steigert sich und steigert sich und doch wird er vorübergehen – denn der Frieden naht. Doch je mehr das Kollektiv in sich, tief in sich, in der Seele Frieden empfindet, desto leichter ist es für die Energie auf eurem Planeten, dem zu folgen. Lasse dich nicht einholen, lasse dich nicht beirren. Gebe deinem inneren Lichtfeld Raum und Zeit, die wunderbaren Wirklichkeitsenergien aufzunehmen, sie einzubetten – und manchmal ist es nur ein Atemzug, ein Wort oder eine Geste. Wenn sie sich dir offenbart, du den Zauber spürst, den Zauber fühlst. Und plötzlich weißt du – du weißt es einfach –, die Wirklichkeit und die Wahrheit haben längst Einzug gehalten.

Es sind Gedankenenergien, die du nur fühlen kannst, wenn du ruhig bist und still, wenn du dich fallen lassen kannst, wenn du die Transformationsprozesse als das sehen kannst, was sie sind. Und mit jeder Steigerung ist auch die Steigerung des Friedens und der Liebesenergie da. Entscheide dich immer wieder für das Vertrauen, für den Kristall Mona'Oha. Entscheide dich für die Liebe des Christus, für die Liebe der 36 Hohen Räte, doch vor allem für die Liebe zu dir selbst. Denn tief in dir spürst du mit jedem Wort die Energie, die dich trägt, die dich ummantelt, die dich begleitet, dich manchmal auch führt, die dir zuflüstert: Lasse

dich fallen und erkenne den Prozess als das Lichtvollste, was es je auf Sol'A'Vana gab.
Fühle die Öffnung, die hinter jedem Transformationsprozess steht und – wenn es dir möglich ist – befreie dich von allen inneren Kämpfen, die dich nur in die Zerrissenheit führen. Vertraue auf das, was deine Seele dir zuflüstert, sie klopft an – immer lauter, immer hörbarer in dir. Du kannst dich nicht verwehren und du spürst die Kraft und die Stärke, die dahintersteht.

Erinnere dich daran, wie Jesus einst sein Leben gemeistert hat – ohne Kampf, ohne eine Waffe. Er ließ sich fallen. Er ging mit den Energien der Liebe. Er ging mit den Energien des Vertrauens. Er ging mit der Energie der Vergebung. Er ging mit der Energie der Erlösung. Auch er war manchmal traurig, doch er kämpfte nicht. Voller Weisheit war und ist Jesus, Gottes Sohn. Ich habe es erlebt. Ich habe es erlebt. Ich war mit Jesus, als er noch nicht wusste, wer er war – und seine Augen, sie blickten mich so voller Liebe an. Und ich wusste viel. Ich wusste mehr als alle anderen, denn ich wusste, wer Jesus tatsächlich war.
Und doch waren in mir auch manchmal Zweifel. Doch es gab – und ich erinnere mich genau – einen Augenblick voller Mystik und Zauber. Es gab einen Augenblick, der alles veränderte. Dieser Augenblick war, als Jesus zu mir trat – dieses kleine Kind –, mich ansah, meine Hände nahm und sagte: „Ich liebe dich so unermesslich! Nehme diese Liebe auf in deinem Herzen und lasse das Licht leuchten!" Und da wusste ich, ich wusste, dass die Zeit gekommen ist, dass er bald erfahren würde, wer er tatsächlich ist.

Ich bin dir so nahe und ich verstehe dich so gut – und dennoch ist es meine Aufgabe, meine Liebe zu dir zu bringen, dich zu beruhigen, dich zu fördern und zu nähren, mit meinen Worten auszudrücken: Lasse den Kampf! Lasse dich fallen und erzeuge die Ruhe und den Frieden in dir! Denn nur dann wirst du die tatsächlichen Energien – die wunderbaren und so wunderschönen Energien – voll zur Gänze spüren können. Und es ist, als ob sich ein Mantel um deine Seele legt, der dich wärmt, der dich beschützt. Es ist wie eine Sonne, wie der Wind. Und glaube mir: Die Energien sind jederzeit bereit!

Im Jetzt-Augenblick wirst du die Gnade erfahren – Don'Adas*. Nimm sie tief in deine Seele auf – denn diese Energie wirkt sehr beruhigend, heilend und tragend. Und wenn dich etwas beruhigt, dann wirst du auch den Frieden spüren – den Frieden, der in dir ist und dir zeigt, was Lebendigkeit, was Fühlen, was Gemeinschaft bedeutet. In diesen Augenblicken überschütte ich dich mit der Energie der Gnade und lasse dich wissen: Du wirst unermesslich geliebt!

An'Anasha!

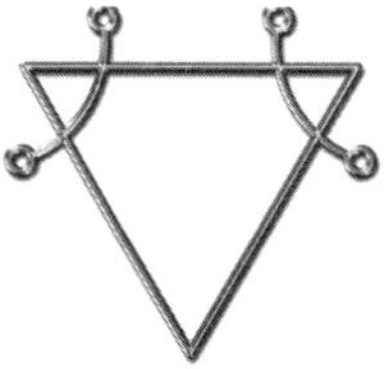

LADY NADA

Eine klare Entscheidung

Ich bin Lady Nada. Mit Freude, mit Leichtigkeit, mit meiner Liebe bin ich hier, um dich willkommen zu heißen – mit den Tönen von Omar Ta Satt!

**Siehe Glossar auf Seite 244.*

Ich bin hier, um dich dabei zu unterstützen, etwas loszulassen – loszulassen von der Enge, der Starrheit, auch loszulassen von Situationen und vielleicht sogar auch von Menschen, die dir nicht dienlich sind. Du kennst mich, denn so oft habe ich schon zu dir gesprochen, und du weißt, dass ich die Freude in mir trage. Doch war ich auch einst – wie du selbst – in der Dualität. Viele Umstände in dieser Dualität haben es mir oft nicht erlaubt, die Lebensfreude und die Leichtigkeit zu fühlen. Auch ich musste lernen, loszulassen – auch ich musste es lernen.

Du kommst und bist in dieser Neuen Zeit. Und wenn du diese Zeit nutzen willst zur Weiterentwicklung, wenn du die Zeit nutzen willst, um alle deine wunderbaren Fähigkeiten voll und ganz zu nutzen, wenn du bereit bist, auf die Lösungen zu blicken und in dir weich zu werden, dann erreichst du das mit der Lebensfreude und der Leichtigkeit, weil das Frieden erzeugt – Frieden und Geborgenheit.

Wir wissen – wir haben es euch schon so oft gesagt –, dass es viele Umstände in euer aller Leben gibt, die vielleicht schwierig sind, aber dennoch habt ihr die Wahl! Du hast immer die Wahl, wie du diese Umstände betrachtest, wie du dich ausrichtest, was du dir erlaubst, was du Gutes für dich tust, wie du dich selbst siehst, wie du dich selbst liebst.

Und vieles – oftmals sogar die Spiritualität – erscheint anstrengend. Die Weiterentwicklung erscheint anstrengend. Das Warten, die Zeit erscheint anstrengend. Doch das sollte es nicht sein, denn die Wirklichkeit und die Wahrheit ist, dass du selbst in dir alles trägst, um die Energie der Leichtigkeit herbeizuführen. Doch das erfordert eine klare Entscheidung. Doch wenn du diese Entscheidungen einmal aus der Tiefe heraus getroffen hast, dann wirst du fühlen können, dass die ursprüngliche Energie in dir leben möchte – nicht nur leben, sondern Freude empfinden, Leichtigkeit empfinden – und deshalb habe ich für dich etwas vorbereitet.

Folge den Worten und den Schwingungen von Lady Nada und lasse dich fallen. Lasse dich fallen in die Tiefe deiner Selbst hinein. Nimm ein paar Atemzüge. Lasse Kristalle mit einfließen und atme in einem Rhythmus – so, wie es für dich richtig und gut ist.

Du gehst in die tiefe Absicht, deine Chakren zu vereinen, und tust dies mit einer Leichtigkeit.

Du rufst deine Persönliche Engelsgruppe, den Botschafter der Liebe, deinen Schutzengel zu dir und bittest den Goldenen Engel in dir, einige deiner Aspekte zu vereinen.*

Und mit einem tiefen Atemzug, den du tust, reisen deine Aspekte in das Lichtfeld Quin'Taas, das sich öffnet und sich dir präsentiert. Nutze dein Inneres Auge, um die Schönheit zu erkennen.

Wir führen dich zu einem goldenen Tor. Du sprichst deinen Ursprungsnamen oder verbindest dich tief mit deiner Ursprungsenergie.

Das Tor öffnet sich und du wirst eingeladen, einzutreten in einen Raum voller Schönheit, in einen Raum voller Wärme und Liebe. Und es ist nicht nur einfach ein Raum, sondern wir haben ihn für dich vorbereitet.

Stelle dich in die Mitte dieses Raumes. Ich, Lady Nada, wurde auserwählt, ich wurde auserwählt, dich zu fragen: Bist du bereit, loszulassen – loszulassen von allem, was dich behindert in deiner Lebensfreude? Bist du bereit, die Leichtigkeit, die Lebensfreude aufzunehmen in dir?

Ich lasse dich wissen, dass alles, was wir in diesem Feld von Quin'Taas

**Siehe Glossar auf Seite 257.*

vollziehen, so viel Kraft besitzt – so viel Kraft, so viel Stärke, so viel Energie. Und wenn du bereit bist, wird sich über dich Energie ausdehnen wie ein Wasserfall. Diese Energien werden tief in deine Aspekte eindringen und sie befreien von all dem, was du bereit bist, loszulassen. Wenn du bereit bist, spreche noch einmal deinen Ursprungsnamen.

Und so beginnen wir mit dem Energiestrom. Genieße diese Augenblicke. Es sind deine Augenblicke.

(Spiele ein schönes Musikstück und lasse dir hierfür etwas Zeit.)

Wir werden nun einige Kristalle in deinen Aspekten einbetten. Dies geschieht ohne Worte und doch wirst du es fühlen.

(Lasse dir hierfür etwas Zeit.)

Wie fühlt es sich an? Was bedeutet es dir, wenn du so vieles loslassen kannst? Du wirst Erfahrungen sammeln, was es bedeutet.

Du wirst nun die Kammern verlassen und wir begleiten dich. Und mit einem tiefen Atemzug bist du wieder hier.

Die Aspekte werden die Kristalle überall dort, wo sie sich ihren Weg suchen, einbetten. Auch dies wird dich verändern. Du wirst fühlen können, dass vieles, was dich vorher belastet hat, an Bedeutung verloren hat. Du wirst dich leicht und froh fühlen.

Und ich, Lady Nada, sage dir: Es folgen noch so viele Channelings und Botschaften, die dir dabei helfen und dich unterstützen, die Lebensfreude zur Gänze in dich aufzunehmen – und jedes einzelne Channeling wird dich verändern! Viele Situationen werden nicht mehr dieselben sein und anstelle von Enge und Starrheit sind Leichtigkeit und Freude!

So war es mir eine große Freude, dies für dich zu tun! Du weißt, wie sehr ich dich liebe, doch möchte ich es aussprechen, denn die Worte tragen energetische Muster: Du wirst unermesslich geliebt!

An'Anasha!

ENGEL CHAMUEL

Ein Ritual der Befreiung

Ich bin Engel Chamuel. Mit Licht und Liebe begrüße ich dich! Mit den Tönen von Omar Ta Satt bekunde ich die Verbundenheit, bekunde ich die Liebe, die einhergeht mit diesen Tönen!

Es sind nicht nur einfach Töne, sie sind hinterlegt mit energetischen Mustern und je nachdem, welches Wesen die Botschaft überbringt, verändert sich dieses energetische Muster. Chamuel ist ein Engel der Liebe. Ich trage sehr viel göttliche Macht. Ich trage sehr viel Licht. Ich trage die Liebe in mir. Und mit jedem Wort, mit jedem Wort bin ich mit meiner Energie bei dir. Ich bin sehr fühlbar in den Energien. Ich wurde auserwählt, mit dir zu wirken – gemeinsam –, und für dich mit meiner Kraft zu wirken. Das werde ich tun.

Schon öfter haben wir darüber gesprochen, dass Worte, Worte verletzten können, dass Worte Heilung bringen können, dass Worte Freude bringen können, dass Worte, mehr als Taten, Schmerz und Verletzung erzeugen – und mehrmals haben wir versucht, diesen Schmerz, diese Verkrustungen zu lösen. Doch da du in deinem Leben, im Alltag, in der Dualität immer wieder solche Energien aufnimmst, ist es notwendig, solche Rituale des Öfteren zu vollziehen.
Wir haben entschieden, dies im Feld von Quin'Taas zu tun, denn dort wirkt jede Energie so viel intensiver, kann so viel mehr bewirken – je nachdem, wie sehr du dich dafür öffnest, denn wir greifen nicht in deinen freien Willen ein. Wir manipulieren nicht. Sei dir bewusst: Es ist dein Schmerz. Es ist deine Verletztheit. Du entscheidest, welche Energien du gehen lassen möchtest, welche Verkrustungen aufweichen, welchen Situationen, welchen Menschen du vergeben willst, darum bittest, dass dir vergeben wird, dass du dir selbst vergibst.

In der Dualität beobachten wir so oft, wie sehr Worte anderen Menschen tatsächlich Schaden zufügen können. Selbst körperlicher Schaden kann entstehen durch Worte. Du bist ein sehr sensitives Wesen und es ist ganz natürlich, dass du dir vieles zu Herzen nimmst, Kummer und Schmerz verspürst oder gar Trauer. Und so, wie es dir bereits gesagt wurde, ist nun die Zeit gekommen, dies endgültig ziehen zu lassen. Es ziehen zu lassen, bedeutet Freiheit. Freiheit ist wie ein Neubeginn.
Dieser Neubeginn soll dich unterstützen, dass du die Liebe für dich selbst, für andere Menschen, für den Planeten, für alle Lebewesen, für die Energien, für die Engel intensiver aufnehmen und fühlen kannst; dass du fühlst, welche Lasten von dir genommen werden können; dass wir bereit sind, dich dabei zu unterstützen. Wir sind bereit. Wir sind dazu bereit. Du verdienst es, ein glücklicher,

lebensfroher und lebensbejahender Mensch zu sein! Du verdienst es, ohne Schmerz und Trauer dein Leben zu leben. Du verdienst es, frei zu sein für Quin'Taas – für das, was entsteht, für das, was schon anwesend ist. Du verdienst es!

Nehme ein paar Atemzüge und nutze den Kristall Atrana und lasse dich mit deinen Atemzügen in die Tiefe führen.*

Du rufst deine Chakren zusammen und lädst deine Inneren Helfer ein.*

Bevor wir deine Aspekte in das Feld von Quin'Taas bringen, rufe ich dazu auf, in tiefer Absicht – mit einem Atemzug – in die Tiefe deiner Seele einzutauchen.

Öffne dein Inneres Auge und versuche, dich daran zu erinnern, welche Worte es waren, die dich verletzt haben, welche Menschen oder Situationen, warum deine Seele Trauer trägt, wen du verletzt hast. Nehme dir Zeit. Dies ist ein wichtiger Prozess. Nehme dir Zeit.

(Lasse dir hierfür etwas Zeit.)

Bitte nun den Goldenen Engel, einige deiner Aspekte zu vereinen. Dein Schutzengel und der Botschafter der Liebe werden dich begleiten.

Wir begleiten deine Aspekte in das Lichtfeld Quin'Taas. Du öffnest dein Inneres Auge und du siehst dich um. Wir führen dich zu einem errichteten, ganz energetischen Platz. Ganz speziell für dich wurden diese Vorbereitungen getroffen.

Und nun bitte ich dich, dass du einfach auf diesem Platz entlanggehst

**Siehe Glossar auf Seite 244 & 258.*

– Schritt für Schritt. Und mit jedem Schritt, den du tust – wenn du es erlaubst –, werde ich deinen Schmerz, deine Trauer, deine Verletzungen auflösen. Gebe mir deine Erlaubnis. Spreche deinen Ursprungsnamen oder verbinde dich tief mit deiner Ursprungsenergie. Zeige mir mit deiner Absicht, dass du bereit bist, und dann beginne, zu gehen – Schritt für Schritt, Schritt für Schritt.

Dies ist ein ganz spezieller Weg und schon längst habe ich begonnen, zu wirken. Dieser Weg führt dich etwas bergauf. Mit jedem Schritt lässt du etwas los. Bei jedem Schritt unterstütze ich dich.

Und während du gehst, scheint es, als würde die Sonne untergehen und es wird dunkel um dich herum. Doch du vertraust – Mona'Oha! Du vertraust mir und du gehst weiter, weiter, weiter. Die letzten Schritte sind vielleicht besonders anstrengend, doch du schaffst es. Du schaffst es!

Nun bleibe stehen und werde dir bewusst, dass ich während der Schritte so vieles aufgelöst habe, von dir genommen habe – mit deiner Erlaubnis und deiner Unterstützung. Und du siehst nun, wie die Sonne aufgeht. Du kannst es sehen, wie es hell wird um dich herum. Es ist wie ein Aufwachen. Du siehst die Sonne nicht nur, sondern du fühlst sie – du fühlst sie auf deiner Haut. Sie wärmt dich und schenkt dir Geborgenheit – und du fühlst schon, wie viele Lasten von dir genommen worden sind.

Und du gehst weiter, denn wir haben etwas für dich vorbereitet. Dies ist Quin'Taas – alles ist möglich! Und so haben wir für dich einen See errichtet. Und wenn du genau hinsiehst, kannst du sehen, dass dieser See zirkuliert – mit so vielen Kristallen aus der Wirklichkeit. Und du darfst hineingehen und dort baden, dich treiben lassen, die Energien aufnehmen und die Sonne fühlen, die Leichtigkeit. Tiefe, tiefe Freude wirst du empfinden. Erlaube es dir und tue es jetzt.

(Spiele ein schönes Musikstück und lasse dir hierfür etwas Zeit.)

Atme in einem Rhythmus so, wie es für dich richtig und gut ist, während du dich zurückbringen lässt – voller Leichtigkeit, mit tiefer Freude, Freude auf das Leben, dass dich nun erwartet.

Etwas loszulassen, vergeben, sich selbst vergeben, ist ein hoher spiritueller Prozess. Es gehört sehr viel Mut dazu, dies zu tun – doch ich kann sehen, wie mutig du warst! Ich kann es sehen. Nun bist du frei! Lasse dich nicht mehr verletzten durch Worte und Taten. Sei achtsam mit jedem Wort, das du sprichst. Vergebe dir selbst und liebe dich, achte dich und ehre dich – so wie die anderen Menschen auch, die dir begegnen.

Es war so schön, mit dir zu sein. Ich liebe dich so unermesslich und trage das goldene An'Anasha zu dir!

An'Anasha!

LADY NADA

Übertragung der Lebensfreude

Ich bin Lady Nada. Ich begrüße dich mit tiefer Freude und Dankbarkeit mit den Tönen von Omar Ta Satt!

Ich werde auch das Licht der Freude genannt, denn diese Energie trage ich in meinem Licht. Freude drückt so vieles aus, auf unterschiedliche Art und Weise. Und doch ist die Dankbarkeit die Grundlage jeder Freude und – höre die Worte von Lady Nada – die Grundlage von allen Energien, ob bei euch auf eurem Planeten oder aber auch im Universum! Dankbarkeit ist eine Energie, die trägt. Dankbarkeit öffnet so viele Schichten. Dankbarkeit fördert auch die Sehnsucht, sich weiterzuentwickeln. Dankbarkeit lässt dich auch demütig werden.

Du lebst auf einem wunderschönen Planeten! Engel Chamuel, das Licht der Liebe, hat so intensiv in deiner Seele gewirkt und voller Freude bin ich jetzt hier, um dich mit der Energie der Lebensfreude zu füllen. Denn dort, wo du bist – auf diesem wunderschönen Planeten –, gibt es so viel Leben, so viel Liebe und es soll auch ebenso viel Freude geben, denn wenn du eine tiefe Freude empfinden kannst, wird dein Leben um so vieles leichter werden!
Es gibt die menschliche Freude, die Lebensfreude, die Lust, am Leben zu sein. Es gibt die kosmische Freude. Es gibt die spirituelle Freude, sich weiterzuentwickeln, all die Geschenke anzunehmen, die dir überbracht werden. Es ist gar nicht wichtig, im Einzelnen für dich zu wissen, was dir am meisten Freude bereiten würde. Es geht darum, dass anstatt Schmerz und Traurigkeit, Kummer und Leid Freude in dir zirkuliert – die Lust am Leben.

Ihr seid in neue Zeiten eingetaucht und diese Zeiten werden wunderbar für euch sein. Mit jedem Channeling, mit jeder Botschaft und mit jedem Wort wirst du immer tiefer hineingeführt im Gleichklang der Energie. Manchmal merkst du es gar nicht und doch ist es stets da: die Wirklichkeit, Quin'Taas, Sa'Maa'Tah, die hohen Lichter, die wunderbare Energie – und du bist ein Teil dessen, ein Teil des großen Ganzen.

Du bist nicht nur irgendein Mensch mit einem Namen, du bist so viel mehr und dieses Mehr sollte dir immer tiefer bewusst werden – und das geschieht meist mit der Energie der Dankbarkeit. Du hast Übertragungen bekommen von so hohen, leuchtenden Energien und all dies richtet sich aus und es macht es dir möglich, jede Energie tiefer in dir aufzunehmen. Wenn sich etwas in dir transformiert und sich etwas auflöst, wenn du bereit bist, etwas loszulassen – all das, was dir nicht mehr dienlich ist –, stellt sich oftmals eine Leere dabei ein. Doch ich bin hier, um diese Leere zu füllen. Wir haben uns vorbereitet und viele hohe Wesen wirken mit, wenn dir gleich die Energie der Lebensfreude übertragen wird.

Mache dich bereit, indem du dich tief fallen lässt, loslässt, dich öffnest und dir bewusst wirst, dass eine jede Energie, die dich berührt, voller Lebendigkeit ist. Und was gibt es Schöneres, als lebendige Energien einzusammeln – voller Lebensfreude und Glückseligkeit. Dies wird nun geschehen – und es geschieht mit Tönen aus der Wirklichkeit.

Ich, Lady Nada, ich werde alles geben, um dich fühlen zu lassen, was wir in diesen Augenblicken in dir einbetten.

An'Anasha!

(Spiele ein kraftvolles Musikstück und lasse dir hierfür etwas Zeit.)

Kapitel IV

Das allumfassende Erwachen

SANAT KUMARA

Dein persönliches Erwachen

Ich bin Sanat Kumara. Ich begrüße dich mit den Tönen von Omar Ta Satt!

Ich wurde auserwählt, mit dir über das Erwachen zu sprechen. Ich, Sanat Kumara, war dabei, als Jesus in sich erwachte. Es war der Augenblick, als ich mich vor ihm niederkniete – denn ich sah in seine Augen und ich sah die Liebe. Ich sah die Freude. Es war ein wunderbarer Augenblick!
Als wir, die 36 Hohen Räte, beschlossen haben, die Schritte des Erwachens an euch weiterzugeben, dachten wir, mit einem Schritt, nach einer Bewusstwerdung wirst du erwachen – auf vielen Ebenen ist dies auch geschehen. Und doch gibt es einige Menschen, die ihr Erwachen nicht fühlen können und gar nicht wissen, ob sie erwacht sind. Und doch hat ein jeder mit diesen Schritten die Erwachungsenergie in sich aufgenommen.

Das Erwachen ist etwas ganz Individuelles, etwas sehr Persönliches. Es gibt keine zwei gleiche Erwachungsprozesse. Es gibt nur deinen einzigen persönlichen, individuellen Erwachungsprozess und das persönliche Erwachen. Und so, wie jede Seele sich etwas unterscheidet zwischen den Menschen, so unterscheidet sich auch

das Erwachen und das Gefühl dazu.
Manche Menschen nehmen bei einem gewissen Schritt, bei einem Channeling oder vielleicht auch im Alltag einen tiefen Atemzug – und plötzlich wissen sie alles. Für einen Augenblick leuchtet die Sonne so hell in ihrem Herzen, dass sie wissen, sie sind erwacht. Manche Menschen dagegen fühlen pure Lebenslust, manche Menschen fühlen sich tief geerdet und wiederum andere Menschen fühlen sich sehr zentriert. Doch was bei allen Menschen gleich ist, ist die Sehnsucht, sich weiterzuentwickeln – deshalb gibt es auch so viele verschiedene Erwachungsebenen. Erlaube es der spirituellen Ebene, denn du kannst mehrmals als nur einmal erwachen. Du kannst so viele Erwachungserlebnisse haben, wie deine Seele sie dir zeigt – du solltest nur bereit sein, das als Erwachen anzuerkennen.

Um ein Erwachen herbeizuführen, ist es notwendig, einen Prozess zu durchlaufen – denn sonst würdest du nicht verstehen, was in dir geschieht, und das würde dir vielleicht sogar eher Angst machen als Folge. Deshalb ist es notwendig, dass du weißt, was in dir geschieht, was in dir vorgeht; was geschieht, wenn sich Energien einbetten, wenn du dich ausdehnst und vorbereitet wirst auf dein Erwachen.

Und so möchte ich dich fragen und dir hierfür auch etwas Zeit geben.

Gehe einmal in die Tiefe – mit einem Atemzug – und beantworte dir folgende Frage: Was bedeutet für dich Erwachen?

Die zweite Frage ist: Hast du ein Erwachen in dir erlebt?

Und die dritte Frage ist: Was hast du dabei gefühlt?

Lasse dir dabei etwas Zeit.

Nun wird Sanat Kumara das, was in dir ist, was du erlebt hast, was du gefühlt hast, was du gesehen hast, was auch immer geschehen ist, das Gute und Positive, das Erwachen in dir ausdehnen.

Spreche innerlich deinen Ursprungsnamen oder verbinde dich tief mit deiner Ursprungsenergie und öffne dich in allen Richtungen. Und ich werde nun beginnen, diese Energie und dieses Erlebnis, das du hattest, auszudehnen. Genieße es.

(Spiele ein kraftvolles Musikstück und lasse dir hierfür etwas Zeit.)

Vielleicht, vielleicht konntest du den Unterschied und die Ausdehnung in dir fühlen.

Es wäre hilfreich und gut, wenn du alles loslässt, was du in Verbindung mit Erwachen bringst, denn diese Botschaften dienen einer ganz besonderen Bewusstwerdung – und die hohen Erwachungsenergien, mit denen du permanent überschüttet wirst, werden in dir reflektieren wie eine Sonne, wie ein Spektrum an Farben!

Und wir laden dich ein, mit diesen Botschaften etwas ganz Besonderes zu erleben – und deine Sichtweise, das Festhalten an der Begrifflichkeit „Erwachen“ wird sich dadurch verändern. Vertraue auf die Worte! Vertraue auf die Energie! Vertraue auf den Tag! Ich liebe dich unermesslich!

An’Anasha!

SHIVA

Die Vereinigung der Erwachungsenergien

Ich bin Shiva. Mit meiner leuchtenden Energie begrüße ich dich mit den Tönen von Omar Ta Satt!

Ich wurde auserwählt, im Jetzt-Augenblick mit dir über verschiedene Erwachungsebenen zu sprechen. Doch wisse und fühle: Mit jedem Wort, das Shiva an dich richtet, fließt in dir die Erwachungsenergie hinein.

Wie du weißt, gibt es das eine große Erwachen, das allumfassende Erwachen, das Erwachen, das keine Fragen mehr offenlässt: ein Erwachen mit einer Inneren Schau, mit einem Vollkommenen Ton*, ein Erwachen jenseits des Verstandes.
Als ihr die Schritte gegangen seid, als ihr die Schritte gegangen seid und euch immer weiter in euch entwickelt habt, haben wir immer wieder versucht, euch das Erwachen näherzubringen, Erwachungsenergie einfließen zu lassen. Ihr habt viele Erfahrungen gesammelt, was das Erwachen betrifft. Ihr wurdet vor viele Herausforderungen gestellt, was euren Erwartungen entspricht oder was euren Erwartungen nicht entsprochen hat.
Doch glaube mir, auch wir, die hohen Lichter des Universums, stehen oft vor Herausforderungen, weil dies, das ganze Experiment, etwas ist, was noch nie dagewesen ist und auch wir immer wieder vor neuen Herausforderungen stehen – in einer anderen Art wie ihr, aber doch sind es auch Herausforderungen: Wie können wir euch das Erwachen näherbringen? Wie können wir erreichen, dass jeder Einzelne von euch dieses tiefe, allumfassende Erwachen in sich fühlen, spüren und vor allem leben kann?

**Siehe Glossar auf Seite 249 & 254.*

Wir haben uns ein Beispiel genommen an dem, was wir gesehen haben. Was uns zutiefst berührt hat, war das allumfassende Erwachen von Jesus, der auch sehr viele Schritte gegangen ist, sein Bewusstsein erhöht hat. Doch sein Erwachen war allumfassend – mit einem Atemzug hat er alles in sich vereint. Wir dachten, dass das bei den Menschen, die den Spuren der Liebe folgen, auch so sein wird. Doch haben wir festgestellt, dass es bei manchen Menschen etwas länger dauert – und das liegt wohl daran, dass die verschiedenen Erwachungsebenen, dass die verschiedenen Erwachungsebenen manchmal etwas schwer und manchmal sehr leicht zu erreichen sind.
Doch das Wichtigste in dem ganzen spirituellen Prozess der Ausdehnung ist: Die grundsätzliche Voraussetzung für jedes Erwachen bedeutet eine Ausdehnung des Lichtkörpers von 88 Prozent, denn sonst kann sich die Erwachungsenergie nicht einbetten. Diese Energie haben viele schon lange erreicht. Und nun stelle dir vor, stelle dir ein großes Becken vor im Spirituellen Rad*, eine besonders große Blüte, und dort wird jede Erwachungsenergie, die zu dir fließt, gespeichert. Und deine Seele, deine Seele, deine Seele, sie entscheidet, wann du bereit bist, diesen Blütenkelch* zu öffnen, die Erwachungsenergie ganz tief in deiner Seele, in deinen mentalen Bereichen, in deinem Körper und letztendlich in deiner Entfaltung der Merkaba aufzunehmen.

Bei vielen Menschen ist es so, dass sie spirituell vollkommen erwacht sind. Dort sieht man das Leuchten. Dort erkennen wir das hohe Bewusstsein. Wir erkennen die tiefe Absicht, die tiefe Liebe und wir sind berührt. Wir sind tief berührt. Doch um ein allumfassendes Erwachen zu erreichen, sollte Erwachungsenergie weiter zirkulieren: in deinen mentalen Bereichen, in deinen emotionalen Bereichen, in deinen körperlichen Bereichen und in der gesamten Merkaba – denn dort wirst du den Vollkommenen Ton hören.

**Siehe Glossar auf Seite 256.*

Oftmals ist es so, dass Menschen mental erwacht sind, spirituell erwacht sind, aber es in ihrer Seele noch nicht fühlen können, weil sich noch etwas verschließt. Oder wenn du körperlich erwacht bist und emotional erwacht bist, aber auf der mentalen Ebene sich noch etwas verschließt, dann wirst du das Erwachen auf der körperlichen Ebene nicht fühlen können und auch nicht so sehr in deiner Seele.
Deshalb ist es wichtig, dass alle Ebenen wie ein Zahnrad sich zusammenschließen und zirkulieren und in die Blüte der Merkaba eintauchen, um dort die Innere Schau und irgendwann den Vollkommenen Ton auszulösen. Dies wird sein, denn wir haben deine Absicht überprüft und wir wissen, dass du bereit bist – und deshalb ist es uns ein Bedürfnis, dich mit Erwachungsenergie zu überschütten.

Während du atmest, ganz tief dich fallen lässt und einmal nachfühlst, auf welchen Ebenen du erwacht bist und wo sich noch etwas verschließt, wird Shiva gemeinsam mit den hohen Lichtern dich mit Erwachungsenergie überschütten und wir werden versuchen, die Blütenkelche so weit zu öffnen, dass genau dort, wo sich etwas verschließt, es sich öffnet.

Denn höre die Worte des Shivas: Wir sind hier, weil wir dich lieben, ehren und achten. Wir sind hier, weil wir dich unterstützen möchten. Wir sind hier, um es jetzt zu tun! Deshalb nehme diese Atemzüge, lasse dich fallen und erkunde, erkunde die verschiedenen Ebenen in dir.

Wir werden dort, wo du erwacht bist, die Energien nicht nähren, wir werden sie genau dort nähren, wo etwas verschlossen ist – soweit es uns erlaubt ist, dies zu tun. Deshalb brauchen wir jetzt – und höre die Worte des Shiva: Wir brauchen deine tiefste Erlaubnis, dies zu tun!

Dies erfordert eine tiefe, tiefe Absicht in dir, denn du weißt, dass wir nicht direkt in deiner Seele oder in mentalen Bereichen wirken dürfen. Doch wir werden versuchen, etwas zu öffnen, was verschlossen ist – so, wie es für dich richtig und gut ist.
Deshalb frage ich dich, Shiva, innewohnend das Licht der Liebe in mir: Bist du bereit? Gibst du mir die Erlaubnis, dies für dich zu tun? Deine Absicht bekundest du mit der Liebe, die du empfindest, der Dankbarkeit und der Demut. Du sprichst deinen Ursprungsnamen oder verbindest dich tief mit deiner Ursprungenergie und lässt geschehen, was jetzt geschieht.

(Spiele ein kraftvolles Musikstück und lasse dir hierfür etwas Zeit.)

Was für eine Kraft! Eine Bündelung von Energie und Licht ist in dir ausgedehnt. Höre die Worte des Shiva: Du bist ein Kind Gottes! Du bist ein Stellvertreter auf diesem Planeten. Die Blüte der Merkaba – wenn sie zirkuliert, wenn sie sich öffnet und eine bestimmte Energie freilässt, werden sich alle Erwachungsenergien miteinander vereinen!
Erwachen bedeutet so viel mehr, als nur zu wissen, wer du bist. Erwachen bedeutet viel, viel mehr. Denn zu wissen, wer du bist, dass du mehr bist als nur Mensch, das ist das eine – es mit jedem Atemzug zu leben, in Freiheit, ist das andere. Zu wissen, dass das Leben ewiglich ist – ewiglich, ewiglich –, ist die höchste Form des Bewusstseins. Du kannst so viel mehr erreichen – nicht für uns, für dich! Denn du bist es, der auf diesem Planeten ist. Du bist es, der die Neue Welt betritt. Du bist es, der sich entwickelt. Du bist es, der den Spuren der Liebe folgt!

Es gibt Töne der Wirklichkeit – und du hast sie schon oft gehört. Und doch sind es Töne, die vereinen und dir das Erwachen fördern. So lass uns gemeinsam sprechen:

„Ehyeh Asher Ehyeh, Ehyeh Asher Ehyeh, Ehyeh Asher Ehyeh, So'Ham*!"

Diese Energien wirken nach, sie wirken sehr intensiv. Es war mir eine Ehre und es ist mir eine Ehre, bei dir zu sein mit meiner Energie. Ich, Shiva, trage das goldene An'Anasha zur dir!

An'Anasha!

JESUS

Die Innere Schau

Ich bin, der ich bin, der ich immer war, immer sein werde. Ich bin Jesus, dein Freund und Begleiter. Ich bin hier – jetzt, in diesem Augenblick –, ganz nah bei dir. Ich spreche zu deiner Seele. Ich spreche mit meiner Liebe zu dir, mein liebstes Menschenkind, denn mit diesen Botschaften ist etwas ganz Besonderes geschehen und geschieht auch weiterhin. Ein jedes hohe Wesen, das zu dir gesprochen hat, hat dich überschüttet mit Erwachungsenergie und auch ich, Jesus, trage mit jedem Wort die Erwachungsenergie zu dir. Vielleicht fühlt sich diese Erwachungsenergie für dich etwas anders an. Das liegt daran, dass ich dir meine persönliche Erwachungsenergie zukommen lasse. Ich bin glücklich und froh, dies für dich tun zu können. Denn eigentlich, mein liebstes Menschenkind, warst du schon immer erwacht – du hast es nur vergessen. Doch das Gotteslicht in dir, es leuchtet und es ist so wunderschön. Denn jeder Mensch, mein liebstes Menschenkind, erlebt sein Erwachen auf seine eigene individuelle und ganz persönliche Art und Weise.

**Siehe Glossar auf Seite 271.*

Auch ich habe dieses Erwachen erlebt. Du kennst meine Geschichte, als ich mit euch gemeinsam war, auf unserem Planeten Sol'A'Vana. Ich wusste nicht, wer ich war, und spürte doch die Sensitivität. Ich fühlte eine tiefe Sehnsucht in mir. Und so wurde ich Schritt für Schritt – genauso wie du selbst – in dieses Bewusstsein hineingetragen.
Mein Erwachen erfolgte in einem Augenblick, der so persönlich und so innig war, und ich weiß es noch ganz genau: Ich nahm einen tiefen Atemzug und um mich herum wurde es still. In mir wurde es still. Und in einem Augenblick des allumfassenden Erwachens wusste ich ganz viel. Ich wusste, wer ich war. Ich wusste, wer ich bin. Ich wusste, wer ich immer sein werde. Ich hatte keine Fragen mehr. Eine ausströmende Energie des Friedens und die Glückseligkeit begleitete dieses Erwachen in mir.
Und ich brauchte einige Zeit, bis ich meine Augen öffnen konnte – und ich sah, wie meine Wegbegleiter sich vor mir niederknieten. Sie wussten, ich bin der Sohn Gottes und ich erfuhr eine Innere Schau – und diese Innere Schau ist ganz tief verbunden mit euch. Ich sah Bilder in mir vorüberziehen, dass wir gemeinsam unter einem Baum sitzen. Ich sah euch, ich fühlte euch. Ich wusste, es sind die Spuren der Liebe. Es waren wunderschöne Bilder, die ich gesehen habe, und sie haben mein Herz so tief berührt. Und so machte ich mich auf zu diesem Seelenbaum.

Mein liebstes Menschenkind, ich kenne dich so gut und lasse dir von Jesus sagen: Wenn du ein Erwachungsgefühl in dir spürst, halte inne und werde still und schaue dir Bilder an, die sich zeigen in diesen Augenblicken. Du brauchst diese Bilder nicht zu verstehen – und doch wirst du sie verstehen.
Nun gehen wir den Weg von Sa'Maa'Tah. Deshalb ist es so wichtig, dass du auf allen Ebenen allumfassend in der Blüte deiner Merkaba erwachst – auf allen Ebenen. Denn so wirst du vor mir stehen. Es erklingt ein Ton, der so wunderschön ist, dass du ihn am liebsten

bei dir tragen möchtest, dass dir bewusst wird: Du trägst ihn ja bei dir, denn es ist dein Vollkommener Ton.

Ich habe in meiner Inkarnation so viele Menschen getroffen, die erwacht waren. Und oft saßen wir zusammen – gemeinsam – und haben über diese Erfahrungen gesprochen. Das Schönste dabei ist, wenn du die Augen siehst: Dieser Glanz, diese Liebe, die sich darin spiegelt – und du weißt, es ist geschehen. Wie du weißt, hat sich durch mein Erwachen alles verändert.
Auch du, mein liebstes Menschenkind, hast die Möglichkeit, jede Veränderung deines Erwachens willkommen zu heißen – zu fühlen, was es bedeutet, frei zu sein, losgelöst, voller Lebenslust und doch geerdet. Diese Botschaften haben dazu beigetragen, dass du dies erleben kannst.
Sei dir bewusst, wie viele Energien du aufgenommen hast – Erwachungsenergien. Dies sind ganz besondere Augenblicke. Wenn du dich einmal zurückerinnerst, werden dir diese Augenblicke voller Schönheit in Erinnerung sein. Du wirst es niemals vergessen und die Erwachungsenergie, sie zirkuliert weiter – und mit jedem Atemzug, den du tust, wirst du dich besser, glücklicher, lebenslustiger und befreiter fühlen!

Ich, Jesus, ich bin hier, ganz nah bei dir! Ich verabschiede mich nicht von dir, denn ich bin ein Teil des Geschehens und bleibe auch weiterhin ganz nah bei dir. Doch trage ich das goldene An'Anasha zu dir, weil ich dich so sehr liebe! Fühle meine Umarmung, meine Liebe. Mein liebstes Menschenkind, ich spreche die Worte: Ich liebe dich – ewiglich, ewiglich, ewiglich!

An'Anasha!

Kapitel V

Die Kraft der Inneren Helfer

SABINE SANGITAR

144 Innere Helfer

Jetzt kommen wir zu den Inneren Helfern. Das ist ein wunderbares Thema, das mir sehr am Herzen liegt. Solange ich denken kann – auch schon in der Schulung mit meinem Lehrer –, habe ich mit meinen Inneren Helfern gearbeitet und mache sehr viel mit ihnen. Es ist mir ein großes Herzensbedürfnis, das an die Menschen weiterzugeben, und deshalb ist es mir eine ganz besondere Freude, dies jetzt an dieser Stelle für dich tun zu können.
Das Schöne ist auch, dass die Beschäftigung mit den Inneren Helfern kein anstrengendes Thema für dich sein wird – so, wie es bei anderen Themen zum Erwachen durchaus schon mal sein kann. Die Informationen und Botschaften werden dir sehr viel Leichtigkeit, Wissen und das Bedürfnis geben, mit deinen Inneren Helfern zu wirken. Ich bin mir recht sicher, dass du fortan selbst große Freude haben wirst, etwas mit deinen Inneren Helfern zu machen.

Als du das erste Mal auf Erden gekommen bist, als du noch vollkommenes Licht warst, ohne Körper, haben das Universum, deine kosmischen Eltern und viele andere Lichter dir alles eingebettet, was du brauchst in der Dualität, um dich in deinem Wirken selbst zu erfahren, nicht zu vergessen, wer du bist; um deine Fähigkeiten voll und ganz zu leben und mitzuhelfen, dass der Planet wieder in die ursprünglichen magnetischen Linien zurückgeführt wird.

In vielen Channelings kam schon die Botschaft: „Du trägst alles in dir, was du brauchst!“ Kryon war einer der Ersten, der das gesagt hat, und damit hat er natürlich auch die Inneren Helfer gemeint. Es gibt 144 Innere Helfer, die dich über alle Inkarnationen hinweg begleiten und nur darauf warten, für dich zu wirken. Sie sind lebendige Energien in dir und brauchen deine Erlaubnis, um dich in allen Lebensbereichen zu unterstützen.
Ihr habt mit den Inneren Helfern in verschiedenen Zeitepochen*, in sehr vielen Inkarnationen bewusst zusammengewirkt. Sie waren aktiv und sie waren mit dir und ein Teil von dir. Gerade in den Zeiten von Atlantis waren sehr viel mehr Innere Helfer aktiviert als heute. Die Geistige Welt und ich haben die 18 wichtigsten Inneren Helfer für diese Inkarnation und Jetzt-Zeit herausgesucht. Allein mit diesen 18 Inneren Helfern wirst du ein sehr viel schöneres Leben, einen schöneren Alltag und tiefen Seelenfrieden spüren können. Du wirst sehr viel Freude daran haben, einfach zu fühlen, welche Schätze in dir sind.

Diese 18 Inneren Helfer sind: der persönliche Schutzengel, die Persönliche Engelsgruppe, der Goldene Engel, der persönliche Drache, das persönliche Einhorn, der Botschafter der Liebe, der Innere Christus, die Innere Gottesmutter, der Innere Heiler, der Innere Magier, der Innere Architekt, der Innere Schmied, der Innere Techniker, der Innere Krieger, die Innere Familie, das persönliche Krafttier, der Innere Seelenbaum und der Innere Zaubergarten.
Die Frage, warum wir denn nicht gleich alle 144 Inneren Helfer aktivieren, wenn wir schon 144 Helfer haben, ist einfach, zu beantworten: Alle 144 Inneren Helfer auf einmal zu aktivieren, würde kein Mensch aushalten. Das wäre eine enorme Lichtstruktur, die

Siehe Glossar auf Seite 262.

einfach zu viel wäre. In diesem Kapitel werden wir den Inneren Architekten, die Innere Gottesmutter, den Inneren Christus und den Zaubergarten besuchen.

Teilweise sind die Inneren Helfer erweckt. Das heißt, es gibt Innere Helfer, die immer erweckt sind, die auch immer wirken, und dennoch ist es so, dass sie sehr viel mehr bewirken können, wenn sie bewusst und zielgerecht eingesetzt werden. Innere Helfer leben davon, dass sie gerufen werden; dass sie anerkannt werden als lebendige Energien; dass sie mit einem gewissen Respekt und Achtsamkeit behandelt werden. Sie möchten einfach gesehen werden – so, wie du auch gesehen werden möchtest.

Der Schutzengel

Ich beginne mit dem ganz bekannten Inneren Helfer, den jeder Mensch kennt: den Schutzengel. Das ist einer der Inneren Helfer, der immer wirkt, der niemals deaktiviert wurde und der immer für dich da ist. Dennoch ist es auch hier so: Wenn der Schutzengel mit seinem Namen angesprochen wird, mit seinen Tönen, wenn er als ein lebendiges Lichtfeld in dir gesehen wird, dann wird er schneller und intensiver zirkulieren.

Der Schutzengel wird im Allgemeinen leider meistens verkannt. Die übliche Meinung bei den allermeisten Menschen über den Schutzengel ist, dass er dafür da ist, um dich in deinem Alltag zu bewachen. Viele Menschen rufen den Schutzengel an, wenn sie mit dem Flugzeug reisen, mit dem Auto fahren oder in anderen Situationen, damit er sie behütet und beschützt. Doch das ist nur ein ganz kleiner Teil von dem, was der Schutzengel tatsächlich macht, das ist nämlich nicht so sehr seine eigentliche Aufgabe. Die Aufgabe des Schutzengels ist hauptsächlich, dich auf spirituellen Reisen zu begleiten und bei dir zu sein. Mit jedem Atemzug wacht er über deine Aspekte. Wenn du auf eine energetische Reise gehst und deinen Schutzengel rufst, dann wird er deine Aspekte behüten und beschützen. Wenn du zum Beispiel durch das Sternentor* auf das Ashtarschiff* reist, dann ist er mit dabei. Er nährt die Energie. Der Schutzengel unterstützt dich auch dabei, dass deine energetischen Reisen spürbarer für dich werden, wenn du welche unternimmst. Er ist sehr tragend und sehr liebevoll. Es besteht eine Symbiose zwischen dir und deinem Schutzengel – und gerade deshalb ist es sehr wichtig, den Schutzengel immer anzurufen und mit ihm im vollen Bewusstsein zu wirken.

Die schlafenden Engel

Dann wiederum gibt es Innere Helfer, die „schlafend" sind. Sie sind deaktiviert und brauchen deine Erlaubnis, um überhaupt wirken zu können. Sie können sonst nichts tun. Dazu gehört deine Persönliche Engelsgruppe. Die Persönliche Engelsgruppe wurde dir eingebettet, um dich zu begleiten. Sie wird meistens gerufen, um Aspekte miteinander zu verbinden, mit denen du auf energetische Reisen gehst. Im Gegensatz zum Schutzengel darf die Persönliche Engelsgruppe nur mit deiner Erlaubnis wirken – und sie möchte und muss erweckt werden. Das ist eines deiner inneren Lichtfelder, das deaktiviert wurde.

Um zu erklären, warum das deaktiviert wurde, gehe ich zurück zu den Zeitepochen: In Zeiten von Atlantis wart ihr euch spirituell zu hundert Prozent bewusst. Ihr habt mit euren Fähigkeiten

**Siehe Glossar auf Seite 269.*

zu hundert Prozent gewirkt und alles in euch war aktiv. Ihr wart vollkommen erwacht. Es wäre in Atlantis auch gar nicht anders möglich gewesen. In atlantischen Zeiten ging es darum, die Planetenenergie so weit zu erhöhen, dass Gott nicht einatmet. Du hast mitgeholfen und du hast das mit einer hundertprozentigen spirituellen Kraft, mit all deinen Fähigkeiten und mit einem hohen Bewusstsein getan. Ich mache in der Geschichte jetzt wieder zeitliche Sprünge. Denn irgendwann wurde klar, dass das nicht reicht. Es reichte nicht. Es fehlte ein großer Teil – und dieser Teil war die Emotion, die Liebe und das Vertrauen.

Und dann gab es die Zeitepoche von Nyroos*, in der ihr euch noch einmal entscheiden konntet, ob ihr auf diesem Planeten bleibt, ob ihr weiter mitwirken wollt oder ob ihr ins Universum zurückkehrt. Dort, als ihr euch entschieden hattet, den Spuren der Liebe zu folgen und weiter auf diesem Planeten zu wirken, wurdet ihr gebeten, einige von euren Fähigkeiten zu deaktivieren, weil sonst das Vertrauen nicht entstehen konnte. Ein Vertrauen impliziert ja, dass man vertraut.
Und deshalb habt ihr voller Mut und mit tiefer Achtsamkeit viele eurer Fähigkeiten deaktiviert – nicht alle, aber viele – und dazu auch viele Innere Helfer. Manche von euch haben mit dem Deaktivieren von Fähigkeiten etwas übertrieben – so, wie ihr eben schon immer wart: die golden-blaue Frequenz, die ersten Wesen, die auf dem gefallenen Planeten inkarniert haben, in voller Absicht. In Nyroos wurde ja noch einmal die Absicht überprüft und es wurden euch viele Informationen gegeben. Es war eine Zeit, in der innegehalten wurde, in der eine Rückschau stattgefunden hat. Es ging darum, was wir bis dahin schon alles geschafft hatten, wie es weitergeht und was man machen kann, damit der Planet auch tatsächlich wieder in die magnetischen Linien eintaucht. Als es dann darum ging, Fähigkeiten zu deaktivieren, habt ihr mehr

Siehe Glossar auf Seite 263.

deaktiviert, als nötig gewesen wäre. Aber das zeigt, in welcher Absicht ihr damals schon wart – und in der gleichen tiefen Absicht seid ihr auch heute noch!

Jetzt sind wir in der Anpassungsphase* und das ist die energetische Zeit der großen Manifestation und der Tat. Deshalb brauchen wir jetzt unsere Fähigkeiten und unser volles Bewusstsein. Aber natürlich ist es nicht ganz so einfach, Fähigkeiten wieder zu aktivieren. Wenn das so einfach wäre, dann hätten viele Menschen in vielen verschiedenen Inkarnationen aus einem Ego heraus einfach mal alle Fähigkeiten wieder aktiviert.
Es wurden schon bestimmte energetische Muster eingebaut, damit es immer wieder eine tiefe Absicht braucht, um Fähigkeiten wieder zu aktivieren. Dies ist ein längerer spiritueller Prozess, bis alle Fähigkeiten wirklich wieder aktiv sind. Die Inneren Helfer können mit dir gemeinsam ganz viel tun, damit es jetzt immer mehr in diese Richtung geht, dass all deine Schätze nicht nur herauskommen, sondern du sie auch benutzt und in die Tat gehst.

Die Energiestruktur der Inneren Helfer

Die Inneren Helfer bilden eine Energiestruktur in dir, die einem bestimmen Rhythmus folgt. Die energetische Struktur eines Menschen ist unglaublich komplex. Sie nimmt sehr viel Platz ein, weil sie sehr groß ist und sehr viel Energie trägt. Sie besteht hauptsächlich aus Energiefeldern, die in dir mit deiner Merkaba und deinem Spirituellen Rad zirkulieren. Wenn ich mir Lichtkörper anschaue, dann sehe ich ganz oft, dass in bestimmten Lichtfeldern

Siehe Glossar auf Seite 263.

ein Chaos herrscht. Das ist einfach so, weil bestimmte Energien nicht wissen, was sie tun sollen. Sie bekommen sozusagen keine Anweisungen.

Ich verwende jetzt eine Metapher, mit der ich am besten verständlich machen kann, wie die Energiestruktur der Inneren Helfer funktioniert: Sagen wir mal, du besitzt ein Auto und das Auto wäre ein Innerer Helfer. Wenn du verreisen möchtest, dann könntest du das Auto benutzen, um schneller beispielsweise von München nach Köln zu gelangen, als wenn du zu Fuß gehen würdest.
Wenn du nun aber nicht genau weißt, wo Köln liegt, und würdest einfach mal drauflosfahren, ins Blaue hinein irgendwelche Straßen wählen, dann würdest du vielleicht ein paar Nebenstraßen nehmen, Umwege fahren und wenn du großes Glück hast, irgendwann in Köln ankommen. Du würdest natürlich mit ganz großer Zeitverschiebung ankommen oder vielleicht unterwegs auch aufgeben, weil du nach drei Tagen Fahrt immer noch in Bayern bist.
Nun stelle dir vor, dass deine Inneren Helfer aktiviert sind. Dann wäre es so, als wenn du dein Navi einschaltest. Dort gibst du „München – Köln“ ein und dann führt dich dein Navi auf der richtigen Straße von München nach Köln. Und dann kannst du beim Navi noch zusätzliche Funktionen einstellen: die schnellstmögliche Route, Autobahn meiden, Staus melden. Das kann man alles eingeben – und so ähnlich ist es bei den Inneren Helfern auch. Wenn du die Inneren Helfer aktiviert hast, hast du die Gewissheit, dass sie dich auf der richtigen energetischen Straße zu dem Ziel bringen, das du vorgibst. Und wenn du viel mit deinen Inneren Helfern wirkst, dann hast du noch die Möglichkeit, dass du ihnen sagen kannst, was du zusätzlich möchtest – zum Beispiel, dass sie dir melden, wenn es zu einem Energiestau kommt.

In deiner Energiestruktur gibt es für all deine Ziele und Wünsche, für alle Begebenheiten, für alle Schritte, für alle energetischen Muster – es gibt für alles Lichtfelder und Energie-Leylines. Ich nenne sie jetzt einfach „Lichtstraßen“. Es gibt Lichtstraßen, die zum Beispiel für den Inneren Krieger bestimmt sind, aber auf denen sich gar kein Innerer Krieger befindet. Manchmal ist da der Innere Heiler unterwegs und dann ist es energetisch die verkehrte Straße. So kannst du dir das mit den Inneren Helfern vorstellen. Sie strukturieren dein energetisches System. Sie sind dafür da, um alles in dir nicht in Ordnung zu bringen, sondern in Ordnung zu halten. Das ist etwas sehr Schönes und du wirst sehr viel Freude mit ihnen haben.

Es gibt in dir den sogenannten Zaubergarten und vielleicht fragst du dich: Warum ist der Zaubergarten ein Innerer Helfer? Wie kann ein Zaubergarten ein Innerer Helfer sein? Der Innere Zaubergarten ist eine Energie, die überall in deiner Lichtstruktur zu finden ist. Sie zirkuliert auch und du kannst dir diese Energie bewusst zu dir ziehen. Dann öffnet sich dieses Feld und es ist, als ob die Sonne aufgeht. In dem Zaubergarten ist energetisch so vieles eingebettet: der Berg der Hoffnung, der See der Wünsche, die Höhle der Stille und vieles mehr. Dort gibt es magische Felder, dort kannst du mit deinem Drachen reiten – es gibt nichts, was du darin nicht machen kannst. Das ist wirklich etwas sehr Schönes und es hat einen guten Grund, warum es diesen Zaubergarten gibt.
Ich erkläre es sehr menschlich und ein bisschen scherzhaft, doch natürlich ist es sehr spirituell. Ich gehe hierfür wieder zurück zu den Zeiten von Atlantis: In Atlantis hattet ihr nicht die Zeit und Möglichkeit, einen Wellnessurlaub zu machen oder mal ans Meer zu fahren. In Atlantis wart ihr über so viele Inkarnationen nur damit beschäftigt, das Licht hochzuhalten und auszudehnen. Atlantis war eine wirklich anstrengende Zeitepoche. Trotzdem habt ihr Auszeiten gebraucht – und diese Auszeiten habt ihr euch im Zaubergarten genommen.

Im Unterschied zu der heutigen Zeit war es in früheren Zeitepochen so, dass dies nicht angezweifelt wurde. Es war gut, dass der Zaubergarten in dir war, so musstest du nicht wegreisen, sondern konntest in dich reisen – und daran gab es überhaupt keinen Zweifel. Es haben sich viele im Zaubergarten auch unter dem Seelenbaum getroffen. Sie haben die Gemeinschaft gefühlt und gemeinsam manifestiert. Und weil es so schön ist, werde ich dich auf einen Spaziergang durch deinen Zaubergarten führen, aber als nächstes wird Melek Metatron mit dir eine Einweihung für die Inneren Helfer vollziehen, damit du sie allgemein besser fühlen kannst.

MELEK METATRON

Eine Einweihung deiner Inneren Helfer

Ich bin Melek Metatron. Ich bin das Auge Gottes. Ich bin Licht. Ich bin Liebe. Ich bin für dich da. Mit den Tönen von Omar Ta Satt begrüße ich dich!

Ich sehe dich. Ich sehe dein Licht in tiefer Absicht – mit einer Herzensgüte und mit dem Wunsch, dich selbst noch tiefer zu erfahren. All das ist möglich, denn du trägst alles, was du brauchst, in dir. Und wir unterstützen dich bei dem Prozess, dies wiederzuentdecken. Und wir unterstützen dich mit so viel Liebe, mit so viel Hingabe – denn du bist mehr als nur Mensch! Du bist mehr als nur Mensch! Erinnere dich an diese Worte, die schon so oft als Botschaft durch Sangitar zu dir gebracht wurden: Du bist mehr als nur Mensch! Du bist Träger des göttlichen Lichtes in dir!

Und einst im Universum, als du Licht warst und dich dafür entschieden hast, in die Dualität zu gehen, voller Mut, haben wir, mit so viel Liebe und tiefer Absicht, alles getan, um dir alles einzubetten, was notwendig ist, was du brauchst, um zu leben – und du lebst, weil du diese Energien in dir trägst. So viele Menschen sind der Meinung, sie leben, weil ihr Herz schlägt. Und natürlich, seit du deinen körperlichen Aspekt hast, ist das auch ein Teil davon. Doch was hält das Herz am Schlagen, im Rhythmus, mit jedem Atemzug, den du tust? Es ist die Energie in dir. Es ist die Lebensessenz in dir. Und in dir findest du alles, was du brauchst, um dieses Leben auch zu genießen – in der Fülle, in der Vielfalt, in der Gesundheit, im Frieden, in menschlicher Liebe und Geborgenheit!

Ihr seid übergetreten in die Dritte Zeit. Jetzt ist die Anpassungsphase und genau jetzt ist die Zeit, um die Essenz deiner Energie in deinem Inneren mehr und mehr zu entdecken und damit zu wirken. Deine Inneren Helfer sind dir so zugetan. Sie lieben und ehren und achten dich. Sie wollen gesehen werden. Sie wollen Aufmerksamkeit von dir. Sie wollen, dass du erkennst, dass dies das tatsächliche Leben ist: die Energie, die in dir zirkuliert; die Energie, die so licht ist, so wunderbar, so rein.

Und so werden wir, die hohen Lichter, mit dir eine Einweihung vollziehen, damit du die Kraft der Inneren Helfer noch tiefer und deutlicher spüren kannst. Es ist ein Gnadengeschenk, das du dir selbst gegeben hast, indem du bereit warst, mit offenem Herzen anzuerkennen, dass du mehr bist als nur Mensch!
Dieses Spektrum an Energien, es funkelt und leuchtet – und wirst du es aktivieren, wird die Sonne in dir lachen. Die Sonne wird sich ausdehnen und eine Wärme wird sich über dich legen – eine tiefe Geborgenheit. Und du wirst erfahren, was es bedeutet, dass diese

Wesen bei dir sind – ein Teil von dir. Sie sind ein Teil dessen, was du bist: ein göttliches Licht. Und so wirst du nun eine Einweihung erhalten.

Atme das Licht der Liebe – Ana – in dich hinein und mit jedem Atemzug, den du tust, lässt du dich fallen in die Seelenruhe, in deine Seelenenergie.

Du spürst die Energie leuchten. Du spürst, was du bist.

Du vereinst deine Chakren – einfach so, mit tiefer Absicht der Liebe. Das Goldene Chakra, es leuchtet, es dehnt sich aus.*

Die Energiefelder in dir folgen einem Rhythmus – fühle diesen Rhythmus, fühle diese Gnade.

Und sei bereit für die Ströme der Wirklichkeit – mit dem Segen aus dem Gottesfeld –, wenn Melek Metatron selbst dich in die Kraft führen wird, deine Inneren Helfer, ganz tief, mit ganz viel Liebe zu fühlen. Dies geschieht mit Tönen der Wirklichkeit. Es ist ein Strom der Energie, der dich erreichen wird. Deine Lichtfelder werden voller Liebe sich öffnen. Sei bereit. Es geschieht jetzt.

(Spiele ein kraftvolles Musikstück und nimm dir hierfür etwas Zeit.)

Nun ist dir die Möglichkeit gegeben, dass du deine Inneren Helfer einlädst, um sie besser kennenzulernen. Und für viele deiner Inneren Helfer wird es so sein, als wenn du sie das erste Mal in dieser Inkarnation beachtest. Die Aufmerksamkeit ist ein wesentlicher spiritueller Prozess und du wirst fühlen können, was es bedeutet, in Symbiose zu treten mit allem, was in dir ist. Diese Worte, die du immer wieder gehört hast: „Du bist mehr als nur Mensch",

**Siehe Glossar auf Seite 253.*

werden fortan nun für dich eine andere Bedeutung bekommen. Und wann immer du es möchtest, wirst du mit deinen Inneren Helfern wirken können.

Die Freude ist so groß, denn du hast es verdient, ein leichtes, wunderschönes Leben zu führen, dir bewusst zu sein, dass du nicht alleine bist. Mit keinem Atemzug, den du tust, bist du alleine! Du wirst getragen von den schönsten Energien in dir selbst. Du wirst unterstützt von den höchsten Lichtern des Universums – denn du bist einer von uns! Du bist einer von uns!

In der Anpassungsphase wird so viel Neues geschehen und die Menschen werden ein anderes Leben leben – ein besseres Leben, ein ursprünglicheres Leben, ein Leben in der Wirklichkeitsenergie. Und so lasse dein Herz sich weit öffnen für die Energien deiner Inneren Helfer!

Ich, Melek Metatron, ich liebe, ehre und achte dich – mit jedem Wort, das ich durch Sangitar zu dir trage – und ich bin bei dir mit den Worten: A ni o'heved o'drach!

An'Anasha!

SABINE SANGITAR

Der Innere Krieger

Ich werde noch ein paar der Inneren Helfer etwas mehr im Detail erklären, für was sie stehen und was ihre Aufgaben sind, und ich beginne mit dem Inneren Krieger: Den Inneren Krieger hast du in Zeiten von Atlantis sehr oft benutzt. Wenn dieser Innere Helfer aktiviert und voller Energie ist, wenn er ein Ziel hat, kann er Berge versetzen. Das ist eine Metapher. Er kann tatsächlich Wunder vollbringen. Das ist keine Metapher.

Der Innere Krieger ist ein sehr energetisch starkes Licht in dir und braucht unbedingt Anweisung! Dadurch, dass du in Atlantis sehr viel mit ihm gewirkt hast, kennt der Innere Krieger dich sehr gut und, menschlich ausgedrückt, versteht er einfach nicht, warum er nicht gerufen wird und warum er nicht eingesetzt wird. Der Innere Krieger ist auch wach und braucht nicht aktiviert zu werden. Das heißt, du solltest ihn aktivieren, um seine Energie zu nähren, aber er ist keiner der Inneren Helfer, der deaktiviert wurde.

Der Innere Krieger ist meist einer von jenen Inneren Helfern, der sich, wie schon erwähnt, auf einer verkehrten Lichtstraße bewegt. Denn der Innere Krieger bewegt sich auf allen Lichtstraßen, wenn er nicht gesehen wird. Er breitet sich dort aus. Es ist eine lichte, kriegerische Energie, die in die Tat gehen möchte. Der Innere Krieger möchte wirklich etwas tun! Wenn er das nicht kann, dann zirkuliert die Energie im gesamten Energiefeld, kommt irgendwann an die Seelenoberfläche* und irgendwann ins Außen. Manchmal drückt sie sich dann als kleine Aggression aus. Auch bei Stimmungsschwankungen ist es meist die kriegerische Energie. Sie ist sehr gut, voller Licht, und könnte so vieles bewirken, nur, wenn sie nicht genutzt wird, dann geht sie einfach einen anderen energetischen Weg, weil dieser Energie nichts anderes übrigbleibt – und dann können solche Ausbrüche passieren. Deshalb ist es sehr wichtig, mit dem Inneren Krieger Kontakt aufzunehmen, um ihm genau anzuweisen, was du möchtest.

Der Innere Krieger kann sehr gut eingesetzt werden für alle

**Siehe Glossar auf Seite 257.*

Projekte, die du angehen möchtest, wenn du dich selbstständig machen möchtest oder wenn du ein künstlerisches oder ein musikalisches Projekt hast. Egal, was es ist, der Innere Krieger ist dabei. Er möchte unbedingt dazu geholt werden. Wenn du das tatsächlich tust und das mit tiefer Absicht machst, dann wirst du erleben, dass sehr vieles leichter geht, von dem du vorher dachtest, dass es schwer und langsam geht.
Der Innere Krieger ist sehr schnell. Das ist eine sehr schnell zirkulierende Energie. Sie bringt unglaublich viel Lebenslust – Lust, etwas Neues auszuprobieren, dich zu erfinden in dem, was du tust, in deinem Wirken. Sie unterstützt dich darin, für deine Meinung einzustehen, dein Licht nach außen zu tragen, dich nicht zu verstecken, dein Licht nicht unter den Scheffel zu stellen. Sie fördert dein Selbstvertrauen. Für all dies kann der Innere Krieger eingesetzt werden und lässt sich auch relativ einfach erreichen. Er freut sich sehr, wenn er eine Aufgabe zugeteilt bekommt. Der Innere Krieger ist eine sehr wichtige Energie.

Der Innere Architekt

Störe dich bitte nicht an dem Namen „Innerer Architekt", das ist nur ein Wort im Menschlichen. Mit dem Inneren Architekten hat jeder Verbindung und du kennst ihn. Er gehört zu den Inneren Helfern, die nicht deaktiviert wurden, und er ist ein ganz Fleißiger.

Der Innere Architekt ist für die Gesamtstruktur deiner Energie zuständig. Jedes Energiemuster, das du aus der Wirklichkeit aufnimmst, wird vom Inneren Architekten eingebettet. Der Architekt steht in tiefer Verbindung mit deinen 18 Aspekten. Er ist tief verbunden mit jeder Energie in dir. Er weiß genau, wo welche

Energie eingebettet werden muss, welches Lichtfeld er benutzen muss, zum Beispiel bei den Sol'A'Vana-Schülern der Tempel des Friedens. Alles, was im Tempel des Friedens eingebettet wird, macht der Innere Architekt.
Der Innere Architekt ist zuständig für dein Spirituelles Rad und die Blütenkelche, in denen die Energie aufgenommen wird. Wenn die Blütenkelche voll sind, werden sie vom Inneren Architekten entleert und die Energie in die Seele ausgeschüttet. Der Innere Architekt ist auch zuständig für deine Merkaba. Du kannst deinen Inneren Architekten beispielsweise bitten, deine Merkaba etwas intensiver zu aktivieren.
Dieses Lichtwesen in dir ist für alle energetischen Prozesse und Abläufe zuständig. Die Erwachungsenergie liegt zum Beispiel auch in seinem Aufgabenbereich. Wenn zum Beispiel die Erwachungsenergie, die beim 48. Schritt bzw. beim 36 Schritt aufgenommen wurde, sich bei manchen noch in den Blütenkelchen befindet und in der mentalen Ebene zirkuliert und noch nicht in die Seele heruntergezogen wurde, kann man dafür den Inneren Architekten einsetzen.

Er mag – wie alle Inneren Helfer – sehr gerne angesprochen werden. Er möchte gesehen werden und er liebt Kristalle. Jetzt werden wir Kamakura zu Wort kommen lassen, der dich zu deinem Inneren Architekten führt.

KAMAKURA

Reise zu deinem Inneren Architekten

Ich bin Kamakura. Ich begrüße dich. Mit den Tönen von Omar Ta Satt heiße ich dich willkommen in den Hallen der Wirklichkeit!

Ich wurde auserwählt, im Hier und Jetzt dich mit deinem Inneren Architekten – das großartige Lichtwesen in dir – tiefer bekannt zu machen. Das Bewusste, die bewusste Absicht, dich deinem Inneren Architekten zu nähern, mit ihm zu sein und ihn kennenzulernen, setzt ein großes Energiefeld frei in dir. Dieses Lichtwesen ist mit deiner gesamten Energiestruktur verbunden und sorgt dafür, dass jede aufgenommene Energie seinen Platz findet – tief eingebettet in dir selbst. Er hilft dir dabei, deine Fähigkeiten wiederzuentdecken, sie auszudehnen und auch zu nutzen. Der Innere Architekt macht es dir möglich, Energien aus deinem Spirituellen Rad in deine Seele zu holen – dort, wo sie zirkulieren, sich ausdehnen und leuchten.

Dieses Lichtwesen ist ein Teil von dir und so wirst du erkennen können, wie großartig du bist, wie leuchtend deine Energie ist. Und du wirst eingeladen, dich fallen zu lassen in den Strömen der Energie, die dich tiefer führen, tiefer führen in dich selbst hinein, zu dir selbst – dort, wo das Gotteslicht ist, in der Ruhe, in der Stille.

Jenseits deines Verstandes wirst du eingeladen, mit jedem Atemzug, dich noch tiefer fallen zu lassen, voller Vertrauen – denn in dieser Stille wirst du dein Gotteslicht fühlen.

Du rufst all deine Chakren und vereinigst sie und lässt das goldene Herzens-Chakra leuchten.

Du spürst den Atem. Und du fühlst, dass dich jeder deiner Atemzüge noch tiefer bringt – in die Ruhe, in die Geborgenheit. Und das goldene Herzens-Chakra, es leuchtet wie eine Sonne. Es dehnt sich aus in allen Richtungen und du fühlst eine tiefe, tiefe Kraft und den Wunsch, das Lichtfeld zu betreten – dort, wo dein Innerer Architekt auf dich wartet.

Rufe deine Persönliche Engelsgruppe, deinen Goldenen Engel in dir, den Botschafter der Liebe und lasse dich von diesen Wesen – von diesem großartigen Licht – führen. Und sie werden dich in das zirkulierende Feld bringen, wo dein Innerer Architekt auf dich wartet.

Dort angekommen, öffnet sich dein Drittes Auge. Und wir laden dich jetzt ein, mit deinem Inneren Auge, mit deinem goldenen Herzens-Chakra, deinen Inneren Architekten zu sehen, zu fühlen und mit ihm bewussten Kontakt aufzunehmen. Ich lasse dir nun Zeit, dass du dich bekannt machst mit deinem Inneren Architekten, dass du die Liebe spüren kannst. Lasse geschehen, was geschieht.

(Lasse dir hierfür etwas Zeit.)

Spreche nun mit deinem Inneren Architekten – mit diesem großartigen Lichtwesen – und höre, was er zu dir sagt mit den Tönen von Shan'Thie'Maa: Ich werde dir ewiglich dienen! Sag ihm, was du möchtest, was dir wichtig ist.*

(Lasse dir hierfür etwas Zeit.)

Lasse dich berühren von dieser tiefen Liebe. Und was auch immer du zu diesem Lichtwesen sagst, er wird dich unterstützen und er wird deine Wünsche erfüllen, denn er ist ein Innerer Helfer. Formuliere die Worte mit Bedacht und wenn du dies getan hast und wenn du es möchtest, lasse Kristalle zu diesem Lichtwesen fließen.

(Lasse dir hierfür etwas Zeit.)

Trage diese Energie in deinem Herzen und mache dir bewusst: Es ist ein Teil von dir! Du bist ein großartiges Licht!

*Siehe Glossar auf Seite 272.

Nutze all deine Fähigkeiten, um für die Menschen zu wirken. Verbinde dich stets mit deinem Inneren Architekten und fühle dabei die Kraft und Stärke. Ich gebe dir nun noch etwas Zeit, um diese Verbindung zu fühlen. Mir war es eine Ehre, für dich zu wirken, mit dir zu sein – und ich trage das goldene An'Anasha zu dir!

An'Anasha!

MUTTER MARIA

Reise zu deiner Inneren Göttin

Ich bin Mutter Maria. Ich bin das Licht der Liebe, die dich einhüllt. Meine Energie, die dir Geborgenheit schenkt, mit dieser Energie begrüße ich dich – mit den Tönen von Omar Ta Satt!

Ich wurde auserwählt, dich in den tiefen Kontakt mit deiner Gottesmutter zu bringen. Dieses Lichtfeld scheint in dir so hell und so leuchtend. Deine Seele sehnt sich so sehr nach diesem Kontakt, denn die Innere Göttin in dir spiegelt dich selbst wider – in deiner Vollkommenheit, in deiner Schönheit, mit deiner Herzenswärme, mit all dem, was wir sehen, wenn wir die Worte sprechen: Du bist vollkommen!
Dieses vollkommene Licht in dir stärkt deine Energie: die Innere Göttin. Sie trägt dazu bei, dass du deine Grenzen öffnen kannst – jenseits deines Verstandes –, das tatsächliche Fühlen, deine Intuition, die tiefe Weisheit, die sich in dir befindet. So viele Menschen suchen im Außen nach Antworten. Doch all das, was du für dich wissen möchtest, findest du tief in dir und die Innere Göttin, sie trägt dazu bei, dass du auf all deine Fragen eine Antwort

bekommst – nicht mit deinem Verstand, sondern mit der Energie der tiefen, tiefen Weisheit.
Die Innere Göttin, sie trägt dich mit tiefer Geborgenheit und so viel Liebe durch so viele Inkarnationen. Sie ist dir sehr nah – und mit ihr verbunden, wirst du fühlen können, wie großartig dein Licht ist, welche Schätze du in dir trägst und was es bedeutet, in so tiefen Kontakt zu treten mit diesen so wunderbaren Schätzen in dir.

Atme, atme den Kristall Sol'A'Vana in dich hinein. Atme Ana und fühle, dass auch dein Atem lebendig ist, dass dieser Rhythmus dir erlaubt, dich tiefer zu tragen – dort, in die Stille deiner Herzensenergie; dort, wo du ganz zu Hause bist, bei dir selbst angekommen.

Denn dort findest du die wahre Erfüllung. Diese Erfüllung wird verstärkt, indem du deine Chakren vereinigst. Mit der tiefen Absicht der Liebe – mit einem tiefen Atemzug – wirst du fühlen, wie sich die Sonne in dir ausdehnt. Du kannst fühlen, wie die Herzenswärme, die Geborgenheit dich erreicht.

Und du fühlst die Liebe zu dir selbst, dass das, was in dir ist, so vollkommen ist. Und wie oft in deinem Alltag zweifelst du an, dass du vollkommen bist, nicht genug? Und manchmal plagen dich Selbstzweifel – doch all das ist Illusion, all das ist Dualität. Die Wahrheit ist eine andere. Die Wahrheit ist die Schöpfungsgeschichte, die Schöpfungsgeschichte in dir – und dort bist du vollkommen!

Du atmest in einem Rhythmus, der für dich richtig und gut ist, und ich, Mutter Maria, werde für dich deine Innere Gottesmutter rufen.

Und ich, Mutter Maria, ich bin dir so nah und ich weiß, dass du mir vertraust, und ich führe dich mit deinen inneren Bildern zu einem Tempel, der schöner nicht sein könnte. Und dort in diesem Tempel wartet deine Innere Gottesmutter auf dich und du kannst eintreten in das Lichtfeld deiner Selbst. Und du wirst die Möglichkeit haben, dich bekannt zu machen mit deiner Inneren Gottesmutter.

Du kannst dich lieben lassen. Du kannst ihr erzählen, was du brauchst, was für dich wichtig ist, was sie für dich tun soll. Und mit sofortiger Wirkung, im Hier und Jetzt, wird sich das Lichtfeld ausdehnen und du wirst fühlen mit deiner Seele, ganz tief, dass deine Wünsche sich erfüllen – denn die Innere Göttin ist dafür da, um deine Wünsche zu erfüllen. So nimm dir nun Zeit und trete ein in den Tempel, in das Lichtfeld deiner Selbst.

(Lasse dir hierfür einige Zeit.)

Lasse dich von deiner Inneren Göttin umarmen. Lasse dich fallen in ihre Hände und fühle die Geborgenheit, die einhergeht. Und wann immer du dich einsam fühlst, wann immer du meinst, dass du nicht genug bist, wenn dein Verstand laut ist und dich beeinflussen möchte, dann verbinde dich mit deiner Inneren Gottesmutter und du wirst sofort fühlen, welch eine Ruhe dich umgibt in der Stille, in diesem Lichtfeld.

Ich, Mutter Maria, ich kenne dich so gut, ich weiß, wer du bist – und ich liebe dich so sehr! Es war mir so eine Freude, für dich zu wirken – und ich möchte dir sagen, dass du das Beste bist, was Sol'A'Vana trägt!

A ni o'heved o'drach! Du wirst unermesslich geliebt!

An'Anasha!

JESUS

Reise zu deinem Inneren Christus

Ich bin, der ich bin, der ich immer war, immer sein werde. Ich bin Jesus, dein Freund, dein Begleiter. Fühle das Licht von Shimaa. Fühle die Verbindung durch die Töne von Omar Ta Satt! Mein liebstes Menschenkind, ich bin hier bei dir. Fühle meine Gegenwart, fühle mein Sein, meine Liebe.

Es ist wie ein energetisches Feuer, das sich ausdehnt in dieser Zeit, in der Zeit, in der du dich befindest. Es ist die Anpassungsphase der Neuzeit. So vieles wird dir jetzt möglich gemacht. Und es liegt an dir, es ist deine Entscheidung, wie du in dieser Neuen Welt leben möchtest. In dir zirkuliert das Christuslicht – das Feld, das leuchtet voller Energie und Liebe. Es ist deine Entscheidung, wie weit du dieses Feld in dir ausdehnen möchtest; wie weit du dir erlaubst, einzutauchen in diese Energie der Christusenergie.

Du bist verbunden. Ganz tief zirkuliert dein Herzens-Chakra in einem Rhythmus, der dich fühlen lässt, wer du tatsächlich bist. Ich führe dich in das Lichtfeld deines Inneren Christus hinein. Dort, in diesem Lichtfeld zirkuliert die Erlösung, das Mitgefühl, die Vergebung, die Liebe, das Liebesband, die tiefe, tiefe Zugehörigkeit. All das kannst du spüren, wenn du eintrittst in dieses Lichtfeld. Wenn du bereit bist, wenn du dich dafür entschieden hast, dies zu fühlen, dann atme den Kristall Mona'Oha in dich hinein.

Mit Mona'Oha rufst du den Botschafter der Liebe zu dir, deine Persönliche Engelsgruppe und den Goldenen Engel in dir. Nenne deinen Ursprungsnamen oder verbinde dich tief mit deiner Ursprungsenergie.

Und schon oft warst du in diesem Lichtfeld mit dem Inneren Christus in dir verbunden. Doch wenn ich, Jesus, dich jetzt in dieses Lichtfeld führe, wird sich so vieles verändern für dich – denn das Lichtfeld wird sich entzünden! Ein Feuerwerk der Energien wird sich über deine Seele ergießen! Du wirst fühlen die tiefe Zugehörigkeit – verbunden mit allem, was ist, im Jetzt-Augenblick, mit jedem Atemzug, den du tust. Begleitet von deinen Inneren Helfern führe ich dich nun in das Lichtfeld.

Du trittst ein und mit einem tiefen Atemzug wird dir deine Seele Geschichten erzählen. Deine Seele wird dich fühlen lassen, was es bedeutet, wenn dieses Feld aktiviert ist, sich ausdehnt und dich mit allem, was du bist, aufnimmt. Das Gnadenlicht fließt und umhüllt deine Seele. Fühle, was du fühlst – die tiefe Verbundenheit. Lasse dir Zeit, denn es sind so vielerlei Energien. Deine Seele wird Mitgefühl, Vergebung und Erlösung fühlen.

(Lasse dir hierfür einige Zeit.)

In diesem Lichtfeld findest du die Spuren der Liebe. Folge diesen Spuren und nehme sie mit in deinem Herzen. Fühle das Gnadenlicht, das sich über dir ergießt, und wisse, mein liebstes Menschenkind: Ich, Jesus, ich bin bei dir! Fühle, was es bedeutet, wenn ich zu dir sage: „Wir werden uns wiedersehen!“

A ni o'heved o'drach!

An'Anasha!

SABINE SANGITAR

Reise zu deinem Inneren Zaubergarten

Ich werde dich mit deinem Inneren Kind durch den Zaubergarten führen. Und es gibt eigentlich nichts, was es in diesem Zaubergarten nicht gäbe. Ich bin einmal gefragt worden, ob es auch einen Inneren Glückspilz gibt. Im Zaubergarten kannst du dir auch deinen Inneren Glückspilz wachsen lassen. Wenn man den Zaubergarten ernst nimmt und diese Tiefe dabei spüren kann, ist es wirklich etwas Wunderschönes. Ich will dir nicht zu viel erzählen von dem, was ich alles in meinem Zaubergarten mache, aber vielleicht helfen dir ein, zwei Beispiele, damit du dir vorstellen kannst, was es alles im Zaubergarten gibt.

Ich reise natürlich sehr gern unter den Seelenbaum von Jesus, aber ich reise auch gern zu dem anderen Seelenbaum. Ich kann nur sagen, wie es bei mir ist: Wenn ich mir irgendetwas manifestiere, dann hängt es an diesem Zauberbaum, an diesem Seelenbaum. Ich reise dann öfter mal in den Zaubergarten und schaue, ob sich das schon genährt hat. Wenn es sich genährt hat, dann mache ich es auf und dann weiß ich, dass sich meine Wünsche manifestiert haben. Dann nehme ich sie mit und sie werden im Außen auch sichtbar. Du kannst zum Beispiel auch zu einem Seelenbaum reisen, zu dem du Projekte hinbringst – und dann kannst du hinreisen und schauen, ob sie sich schon genährt haben. Du kannst mit deinem Drachen reiten. Du kannst mit Elfen spielen. Du kannst zum Berg der Hoffnung gehen. Jeder wird seinen Zaubergarten anders sehen. Für mich ist die Höhle der Stille sehr schön. Du kannst im See der Erkenntnis baden – du kannst wirklich alles machen!

Dieses Feld existiert, ähnlich wie Quin'Taas, schon immer in dir – das ist ganz wichtig, zu wissen – und du hast es ganz oft in atlantischen Zeiten benutzt. Und nun werde ich kein Channeling geben, sondern ich werde dich selbst durch deinen Zaubergarten führen.

Spaziergang durch deinen Inneren Zaubergarten

Du hast viele Informationen bekommen und viel Energie aufgenommen. Du hast Bekanntschaft machen dürfen mit einigen von deinen Inneren Helfern und auch der Innere Zaubergarten ist ein Innerer Helfer. Er ist ein Innerer Helfer voller Schönheit, voller Zauber, voller Mystik – und es liegt an dir, wie sehr du dich einlässt auf deinen Inneren Zaubergarten.

Und so atme das Licht der Liebe in dich hinein und mache dir noch einmal bewusst, was es bedeutet, all diese wunder-, wunderbaren Energien in sich tragen zu dürfen – und die Worte, die Melek Metatron so unglaublich berührend zu uns gebracht hat: „Du bist mehr als nur Mensch! Du trägst alles, was du brauchst, in dir!“

Und erlaube dir, wieder zum Kind zu werden – voller Vertrauen und mit tiefer innerer Freude. Und verbinde dich auch mit deinem Inneren Kind.

Und vor deinem Inneren Auge erscheint ein großer, wunderbarer Garten. Und du trittst ein in deinen persönlichen Zaubergarten. Die Sonne scheint, du kannst das Gras riechen, du spürst den Wind auf deiner Haut – und gemeinsam mit deinem Inneren Kind gehst du durch deinen Inneren Zaubergarten.

Und du fühlst dieses mystische Licht, diesen Zauber, den es tatsächlich gibt – ein Zauber, der dich gefangen nimmt und der dir erlaubt, all die wundervollen Dinge zu sehen, die dein Zaubergarten beinhaltet.

Und vorbei an Bächen, an Wasserfällen, an Seen gehst du immer tiefer und tiefer hinein in deinen Zaubergarten. Und du wirst sehen, wie viele Wesen dort in deinem Zaubergarten sind. Die Elfen, wie sie sich dir nähern.

Und du gehst weiter und immer tiefer hinein. Und vielleicht begegnet dir dein persönlicher Drache, dein persönliches Einhorn. Und wenn du magst, kannst du kurz innehalten, um diese Wesen zu begrüßen.

Dein Inneres Kind nimmt dich an die Hand und führt dich zu jenen Plätzen, die für dich von großer und tiefer Bedeutung sind. Es kann der Seelenbaum sein, der Berg der Hoffnung, der Berg der Wünsche, die Höhle der Ruhe und Stille. Lasse dich einfach führen und schau, wohin dein Inneres Kind dich bringt.

(Lasse dir hierfür etwas Zeit.)

In deinem Zaubergarten ist alles erlaubt. Tue, was dir gefällt. Du kannst Wünsche äußern. Vielleicht willst du dich nur ausruhen oder mit den Elfen spielen. Vielleicht willst du auch mit deinem Drachen reiten. Ganz egal, was deine Seele dir sagt, lass es einfach geschehen. Das Schöne ist, dass deine Seele nichts lieber tut, als dich glücklich zu machen, wenn du es erlaubst.

Und deine Seelenenergie, sie fühlt sich so wohl im Zaubergarten, denn alles, was du dort siehst, was dir dort begegnet, ist Wirklichkeit und Wahrheit. Vielleicht triffst du auch andere Menschen in deinem Zaubergarten, Freunde, Menschen, die dir wichtig sind.

Und ich persönlich, ich stelle mir ganz oft vor: Wenn alle Menschen wüssten, dass es so ein Feld in ihnen gibt, und wenn sie innehalten könnten von der Hektik des Alltages und eintauchen in diese Mystik und Magie, dann wäre Frieden.

Und auch dir begegnen oft im Alltag Situationen, die nicht einfach sind. Doch du weißt jetzt um die Möglichkeit, zu deinem Zaubergarten zu reisen, um die tatsächliche Wirklichkeit in dir zu sehen. Und je öfter du in deinem Zaubergarten verweilst, desto tiefer wirst du eintauchen in den energetischen Fluss, der dich trägt, der dich behütet und beschützt und der dich liebt – genauso, wie du bist. Denn so, wie du bist, bist du richtig und gut!

Und nun schaue dein Inneres Kind an. Vielleicht kannst du sehen, wie dein Inneres Kind sich freut, so viel Aufmerksamkeit zu bekommen, und wie sehr dein Inneres Kind dich braucht. Es möchte geliebt werden. Dein Inneres Kind ist voller Weisheit und ist in vielen Belangen ein sehr guter Ratgeber.

Und manchmal, wenn ich durch meinen Zaubergarten spaziere, dann sehe ich euch – und meine Liebe für euch alle ist unermesslich! Und manchmal reichen Worte nicht aus, um auszudrücken, was man fühlt, und deshalb möchte ich dir sagen: Ich trage das goldenen An'Anasha zu dir!

An'Anasha!

Kapitel VI

Die lebendigen Energien in dir

SABINE SANGITAR

Ein weiteres Experiment

Melek Metatron hat es ganz am Anfang gesagt: Es ist ein Experiment, das stattfindet und das es so noch nicht gegeben hat: Es werden mit jedem Wort – auch bei den Informationen, die ich mit meinen eigenen Worten an dich weitergebe –, vom ersten Wort bis zum letzten Wort permanent Erwachungsenergie über dich ausgeschüttet.
Die Geistige Welt trifft natürlich Entscheidungen, die sehr gut durchdacht sind. Das Universum und die hohen Lichtwesen lassen sich für unsere duale Zeit sehr viel Zeit mit diesen Entscheidungen – auch wenn es im Universum nur Zeitabschnitte gibt – und sie suchen immer stets das Beste aus, was in diese Zeitenergie hineinpasst. Die Erwachungsenergie ist mit das wesentlich Wichtigste, um diese Neue Zeit zu verstehen, in sich zu integrieren und mit großen Sprüngen in die Neue Zeit hineinzugehen – nach Quin'Taas und Sa'Maa'Tah. Deswegen hat die Geistige Welt sich für viele Botschaften zum allumfassenden Erwachen und für dieses Experiment entschieden.

Als Sangitar bin ich ja die Sternenwanderin*, die Übermittlerin von Energien. Ich bringe das große Ganze, das mir von der Geistigen Welt vielleicht etwas anders erzählt wird als euch, so zu den

**Siehe Glossar auf Seite 261.*

Menschen, dass es auch verstanden wird, deshalb möchte ich auch mit einem persönlichen Teil beitragen.
Aufgrund der Nachrichten, die bei uns im Shimaa-Haus eingehen, und meiner Erfahrung weiß ich, dass wir mittlerweile so viele Werkzeuge haben, aber manche Menschen gar nicht genau wissen, was man mit diesen Werkzeugen machen kann. Und so werde ich dir nun ein paar Beispiele geben, um dir wichtige Energiefelder in dir näherzubringen und dir zu erklären, wie du mit diesen lebendigen Energien im Alltag umgehen und sie dir nutzbar machen kannst. Ich habe hierfür den Botschafter der Liebe und die Persönliche Engelsgruppe ausgewählt und werde dir auch etwas darüber erzählen, wie du das energetische Schwert Excalibur* im Alltag anwenden kannst.

Der Botschafter der Liebe

Dein persönlicher Botschafter der Liebe begleitet dich von Anbeginn der Zeit, seit deiner ersten Inkarnation. Als du inkarniert hast, musste sichergestellt sein, dass es einen Bereich in deinem energetischen System gibt, der niemals mit der Dualität in Kontakt tritt. Dieses Feld trägst du in dir und in diesem Feld ist der Botschafter der Liebe. Der Botschafter der Liebe ist das reinste und lichtvollste Feld in dir, weil es noch niemals mit der Dualität in Kontakt getreten ist.
Der Botschafter der Liebe ist von Anbeginn der Zeit mit dir und kennt dich auch in deiner ganzen energetischen Struktur, in deinen ganzen Inkarnationen. Er kennt dich mit deinen Ursprungstönen und er kennt dich in deiner Inkarnation mit Jesus. Er hat dich einfach immer begleitet. Mit dem Botschafter der Liebe in Kontakt zu treten, bedeutet, dass die allumfassende Liebe in dir ausgedehnt

**Siehe Glossar auf Seite 266.*

wird und du sehr viel leichter und einfacher dich selbst lieben kannst. Er fördert auch die Selbstliebe. Der Botschafter der Liebe schenkt sehr viel Geborgenheit. Du fühlst dich sehr aufgehoben beim Botschafter der Liebe.

Gerade jetzt, in dieser Zeit ist es sehr wichtig, den Botschafter der Liebe immer anzurufen, weil er dich auch in das Feld von Quin'Taas begleitet. Fast kein anderes Wesen, außer vielleicht die Persönliche Engelsgruppe, dein persönlicher Drache und das Einhorn, möchte so gern seine Töne hören wie der Botschafter der Liebe. Die Namen sind einfach ein menschlicher Gebrauch. Ein Name ist ein Wort. Es geht nicht um den Namen, sondern es geht tatsächlich um die Töne; die Töne, die etwas ausschütten und etwas aussenden, was die Wesen anzieht, weil es ihre ureigenen Töne sind. Das ist so, wie wenn du deinen Ursprungsnamen sprichst. Daher bin ich auch bereit, die Namen der persönlichen Botschafter der Liebe zu channeln. Aus manchen Channelings kennst du vielleicht Nama'Ba'Hama. Das ist der kosmische Botschafter der Liebe.

Mir ist bei den Sa'Maa'Tah-Schritten aufgefallen, dass der Botschafter der Liebe immer dabei ist. Das ist wirklich etwas ganz Besonderes. Es gibt einfach keine menschlichen Worte, welche Liebesenergie der Botschafter der Liebe zu dir bringen kann. Es ist wirklich eines der schönsten Lichtwesen, das du in dir trägst – und der Botschafter der Liebe trägt eine Liebe in sich, die mit der göttlichen Liebe gefüllt ist. Es ist die vollendete, göttliche Liebe. Es ist eine Liebe, die man als Mensch in der Dualität mit dem Schleier des Vergessen und mit dem Alltag, den man so zu bewältigen hat, nicht zur Gänze fühlen kann, immer mehr, aber nicht zur Gänze. Doch der Botschafter der Liebe hat diese Fähigkeit, dir dieses Gefühl zu geben, dich hinfühlen zu lassen, was es bedeutet, die vollendete Liebe tatsächlich zu fühlen. Das ist die eine Fähigkeit des Botschafters der Liebe, aber du kannst ihn auch noch anders anwenden.

Du kannst ihn in Situationen schicken, die für dich schwierig sind. Du kannst ihn auch vorausschicken. Man könnte sagen: „in die Zukunft“, aber wir wissen ja, dass sich alles im Jetzt-Augenblick abspielt, deshalb lasse ich das Wort „Zukunft“ weg. Dennoch kannst du, wenn du schon weißt, dass du ein Gespräch hast, das dich belastet, eine Situation, die für dich schwierig ist oder eine Prüfung – ganz egal, was es auch ist in deinem Alltag, du kannst den Botschafter der Liebe vorausschicken.
Der Botschafter der Liebe in dir wird diese Situation schon mit Liebe überschütten. Er wird das, was vielen Menschen noch Angst macht, abmildern. Um ein ganz menschliches Beispiel zu geben: Wenn du zum Zahnarzt musst und dich vielleicht etwas vor dem Termin fürchtest, dann schickst du den Botschafter der Liebe voraus. Jetzt weiß manch einer, warum ich nie Angst vor dem Zahnarzt habe, und du wirst sehen, wie entspannt auch du beim Zahnarzt sein kannst.
Du kannst den Botschafter der Liebe aber auch in vergangene Situationen schicken und rückwirkend alles, was dich immer noch belastet oder was du mitgenommen hast an Schmerz, Verletzungen oder Trauer von ihm lösen lassen. Auch dort wird er die Situationen mit Liebe überschütten und du wirst spüren, dass die Verletzungen, der Schmerz oder die Trauer – was auch immer es ist – leichter werden. Der Botschafter der Liebe trägt so viel und reine Liebe in sich, dass er so vieles für dich tun kann.

Wir sind ausgerichtet auf die Liebe. Wir versuchen, alles in Liebe zu verkraften, die Liebe in uns zu fühlen, sie in uns zu finden. Wir versuchen, die allumfassende Liebe tatsächlich zu erfassen. Wir versuchen, jeden Menschen in Liebe zu nehmen – ganz egal,

wie sich ein Mensch zeigt. Wir versuchen immer, diese Liebe zu fühlen und auch zu leben. Wir wissen aber alle, dass es in manchen Momenten nicht ganz so einfach ist.
Das liegt daran, dass der Schleier des Vergessens, die Dualität, die kollektiven Energien oftmals noch so tief wirken – gerade jetzt, in dieser Zeit, in der die Mächte uns nochmals, zwischen Licht und weniger Licht, zu schaffen machen und natürlich viele Menschen einfach diese vollendete Liebe nicht zur Gänze spüren können. Ganz egal, ob bewusst oder nicht, ob spirituell oder nicht spirituell, jeder Mensch kennt sicher dieses Gefühl: „Es gibt noch mehr an Liebe – ich will es so gerne fühlen!" Wenn du dieses Gefühl hast, dann rufe den Botschafter der Liebe in dir an, er wird es dir möglich machen!

Das Erwecken der persönlichen Engel

Jetzt erkläre ich dir den Unterschied, warum die Persönliche Engelsgruppe und der Goldene Engel als zwei Innere Helfer gelten, obwohl sie doch eigentlich eine Einheit bilden.

Die Persönliche Engelsgruppe besteht aus sechs Engeln, die ohne deine Erlaubnis nicht wirken dürfen. Wie gesagt, sie brauchen deine Erlaubnis, um für dich etwas zu tun, und sie müssen erweckt werden. Das ist kein einfacher Prozess. Das geht nicht so einfach wie beim Inneren Krieger. Die Persönliche Engelsgruppe braucht etwas mehr als nur eine tiefe Absicht. Sie braucht eine gewisse energetische Ausdehnung, sehr viel Aufmerksamkeit, sehr viel Selbstliebe, damit sie sich erwecken lässt.
Der Goldene Engel wird als eigener Innerer Helfer genannt, weil sich der Goldene Engel nicht erwecken lässt. Er erweckt sich

selbst in einem Erwachungsprozess. Wenn du erwacht bist, wenn du eine bestimmte energetische Ausdehnung hast, dann wird der Goldene Engel in dir erwachen. Man kann nicht einfach beschließen, dass der Goldene Engel jetzt erwachen soll, weil das dein göttlicher Lichtabdruck ist. Dieser göttliche Lichtabdruck braucht eine gewisse energetische Ausdehnung, damit sich dieses Licht zur Gänze entfalten kann. Das ist der Goldene Engel in dir. Das bis du selbst – zuallererst einmal dein Lichtabdruck in Verschmelzung mit deinem Hohen Selbst oder dem Lichtwesen, mit dem du am tiefsten verbunden bist.

„Rufe den Goldenen Engel in dir." Dieser Satz kommt in den Botschaften der Geistigen Welt sehr häufig vor, wenn wir auf energetische Reisen gehen. Manchmal kommt bei Reisen: „Rufe deine Persönliche Engelsgruppe", manchmal kommt: „Rufe den Goldenen Engel in dir", und manchmal kommt auch beides. Und jedes Mal hat es eine andere energetische und spirituelle Bedeutung, denn nichts was die Geistige Welt sagt – nicht ein einziges Wort – wird einfach nur so gesagt. Es ist tatsächlich nicht so, dass die Geistige Welt heute mal sagt: „Weil es gerade so schön ist, rufen wir die Persönliche Engelsgruppe", und morgen: „Weil es schöner ist, rufen wir den Goldenen Engel." Es hat immer eine sehr tiefe Bedeutung. Wenn es heißt: „Rufe deine Persönliche Engelsgruppe", dann bedeutet es, dass die Inneren Helfer, die mit dir verbunden sind und ein Teil von dir sind, entscheiden, welche Aspekte mit auf eine Reise gehen. Das entscheidet dann die Persönliche Engelsgruppe. Wird dagegen gesagt: „Rufe den Goldenen Engel in dir; der goldene Engel wird Aspekte vereinen und vorbereiten für eine energetische Reise", dann bedeutet das, dass du in deinem erwachten Zustand, in deinem Gottes-Selbst, es aus einem höheren Bewusstsein heraus selbst entscheidest. Und meist kommt dann noch hinzu: „Bitte die Persönliche Engelsgruppe um Unterstützung."

Das Wirken mit den persönlichen Engeln

Viele Menschen kennen mittlerweile ihre Persönliche Engelsgruppe und rufen sie an, wann immer sie sie brauchen. Als Nächstes möchte ich dir nahebringen, was die Persönliche Engelsgruppe wirklich bewirkt und wie du mit ihr arbeiten kannst. Ich hoffe, ich mache es nicht zu kompliziert und versuche, ganz einfache Worte zu finden.

Um es zu erklären, muss ich grundsätzlich eine Aufteilung vornehmen und dabei gleichzeitig deutlich machen, dass es keine Trennung gibt. Zur Veranschaulichung sind drei Engel auf der einen Seite, drei Engel auf der anderen Seite und der Goldene Engel in der Mitte. Auf der einen Seite sind die Engel des Allmachtsaspektes*, des Fähigkeitsaspektes* und des Seelenaspektes, auf der anderen Seite sind die Engel der spirituellen Ebene, der mentalen und der emotionalen Ebene. Nochmals: Es ist ganz egal, ob links oder rechts, denn deine persönlichen Engel sitzen ja nicht irgendwo links oder rechts in dir, sondern es ist ein zirkulierendes Feld aktiver, lebendiger Lichter, die sich ausdehnen und zirkulieren, wenn sie angerufen werden.

Ich beginne mit der Erklärung oben: Es gibt den Allmachtsaspekt mit dem Allmachtsengel und gegenüber die spirituelle Ebene mit dem spirituellen Engel.

Es ist sehr wichtig, zu verstehen, dass auf der Seite der Aspekte – Allmachtsaspekt, Fähigkeitsaspekt und Seelenaspekt – die Engel dafür da sind, dass diese Felder sich in dir ausdehnen und aktivieren, sobald diese Engel gerufen werden. Sie sind immer lebendig

**Siehe Glossar auf Seite 254.*

in dir, aber in dem Moment, in dem du zum Beispiel den Engel der Allmachtsenergie anrufst, aktiviert er besonders dieses Feld der Allmacht und den Allmachtsaspekt. Für das Wirken sind die Engel auf der spirituellen Ebene, auf der mentalen Ebene und auf der emotionalen Ebene zuständig.
Das bedeutet: Wenn du den Allmachtsengel auf der einen Seite anrufst, dann passiert etwas, das man „die innere Kraft“ nennt, die sich aktiviert und sich für das öffnet, was du möchtest. Dann rufst du den Engel der spirituellen Ebene an, weil der genau dort wirkt, wo die Allmachtsenergie fließt.
Die Allmachtsenergie, der Allmachtsaspekt und die Energie, die in diesem Aspekt fließt, ist die allumfassende Energie, die du in dir trägst. Das ist etwas Höheres wie die universelle Liebe. Die Allmachtsenergie ist ein Feld, was widerspiegelt, was du an göttlicher Macht in dir trägst. Die Allmachtsenergie durchdringt auch jede andere Energie. Das heißt, wenn du mit der Allmachtsenergie arbeiten möchtest, zum Beispiel spirituell, dann durchdringt sie alle Felder in dir. Sie berührt jeden einzelnen Aspekt in dir. Das ist die göttliche Allmacht in dir, die allumfassend ist.

Ich mache mit der Mitte weiter: Es gibt den Fähigkeitsaspekt mit dem Engel des Fähigkeitsaspektes und gegenüber die mentale Ebene mit dem Engel auf der mentalen Ebene. Dort ist es genauso.

Wenn du den Engel deiner Fähigkeit anrufst, aktiviert er genau dieses Feld in dir: dieses Kraftfeld der Fähigkeit. Er wirkt wie ein Licht-an-Schalter. Der Engel schaltet das Licht an, damit dieser Aspekt mehr Energie bekommt, aber du wirkst nicht mit diesem Engel, sondern mit dem Engel auf der mentalen Ebene in deinem Fähigkeitsaspekt.
Zum Vertiefen: Du nimmst nicht den Engel des Fähigkeitsaspektes zum Wirken, sondern den gegenüberliegenden Engel der

mentalen Ebene. Der Engel des Fähigkeitsaspektes schaltet nur das Licht an – und natürlich lässt er dabei auch alle Attribute mit einfließen, die dieser Engel trägt.
Jeder hat ja verschiedene Engel in seiner Persönlichen Engelsgruppe – der eine hat Engel Uriel, die andere Engel Michael, der eine Engel Raphael, Engel Chamuel oder Jesus und so weiter – und jeweils beim Lichteinschalten fließen diese Attribute noch mit ein. Aber wichtig ist, zu wissen, dass du immer mit dem gegenüberliegenden Engel arbeitest.

So ist es auch bei dem Seelenaspekt mit dem Seelenengel und der emotionalen Ebene mit dem Engel auf der emotionalen Ebene.

Der Allmachtsaspekt mit dem Allmachtsengel und die spirituelle Ebene mit dem spirituellen Engel sind sehr stark verbunden mit der Drachenenergie* und mit der Einhornenergie*. Immer dann, wenn du mit dem einen Engel sozusagen das Licht anschaltest und den anderen Engel bittest, zu wirken, wirkt der Drache und das Einhorn unterstützend. Sie beschleunigen das und bringen dich in Sphären, in die du sonst vielleicht noch nicht so ohne Weiteres hinkommst.

Beim Fähigkeitsaspekt mit dem Engel des Fähigkeitsaspektes und der mentalen Ebene mit dem Engel auf der mentalen Ebene ist es das Innere Kind, das zusätzlich angerufen werden sollte und der Innere Magier oder der Innere Heiler. Doch am allerintensivsten ist dort das Innere Kind verbunden und wirkt dort entsprechend intensiv.

Der Seelenaspekt mit dem Engel des Seelenaspektes und die emotionale Ebene mit dem Engel auf der emotionalen Ebene sind sehr tief verbunden mit dem Goldenen Engel in dir und deinem persönlichen Botschafter der Liebe.

Siehe Glossar auf Seite 255.

Es ist natürlich immer ratsam, wenn du die Persönliche Engelsgruppe anrufst, weil du speziell etwas erreichen willst, dass du tatsächlich erst einmal überlegst, was du wirklich möchtest. Möchtest du allumfassend spirituell wirken, vielleicht einen Schritt anhören, nach Quin'Taas reisen oder meditieren? Dann rufe den Engel des Allmachtsaspektes zum Lichtanschalten. Danach rufe den Engel der spirituellen Ebene und bitte um Unterstützung. Zuletzt rufe den Drachen oder das Einhorn.

Der Drache wird mehr verwendet für Inkarnationen, die zurückliegen, wie Lemurien*, Atlantis oder Avalon*, oder die vor dir liegen, wie Quin'Taas und Sa'Maa'Tah. Hierfür ist der Drache zuständig.
Das Einhorn ist wieder sehr gut geeignet, um in die spirituellen Sphären aufzusteigen. Wenn du zum Beispiel eine Reise zu Ashtar Sheran machst, ist es gut, erst einmal ganz grundsätzlich deine Persönliche Engelsgruppe anzurufen, dann speziell den Engel des Allmachtsaspektes, dann den Engel der spirituellen Ebene, um dich dann mit deinem persönlichen Einhorn zu verbinden.

Grundsätzlich ist Folgendes noch wichtig, zu verstehen: Oftmals rufen die Menschen den Engel der Ebene an, auf der sie etwas bewirken möchten. Ein menschliches Beispiel: Man ist vielleicht emotional verletzt oder hat eine schwierige Situation durchlebt, dann rufen viele Menschen den Engel der emotionalen Ebene. Das ist nicht richtig. Du musst immer den Engel auf der darüberliegenden Ebene anrufen, in diesem Beispiel den Engel der mentalen Ebene. Und das beginnt mit dem Körper. Wenn du körperlich etwas hast, wenn du Symptome trägst, dann rufst du den Engel der emotionalen Ebene. Wenn du emotional etwas trägst, rufst du den Engel der mentalen Ebene. Und wenn du mental etwas trägst, dann rufst du den Engel der spirituellen Ebene.

**Siehe Glossar auf Seite 262.*

Die Energie folgt einer bestimmten Logik – das ist im Universum so und das ist auch in unserem menschlichen Körper so. Die energetische Logik in uns ist, dass, wenn der Körper Schmerzen hat, es meistens von den Emotionen kommt, die nicht ausgelebt wurden. Wenn man emotionalen Schmerz trägt, dann ist meistens die mentale Ebene die Ursache, die dafür sorgt, dass es als Emotion fühlbar wird. Und wenn man mental nicht ganz im Gleichgewicht ist, dann rufst du die höchste Instanz, die spirituelle Ebene, um das auszugleichen.

Wenn dir das alles zu kompliziert ist, dann hast du auch die Möglichkeit, die Persönliche Engelsgruppe zu rufen und sie einfach zu beauftragen, all das zu machen, was für dich richtig und gut ist. Doch je öfter du dich mit den einzelnen Lichtern und den verschiedenen Energiequellen, die lebendig sind und die du in dir trägst, beschäftigst, desto mehr wirken sie. Das ist wie beim Sport. Wenn du gar keinen Sport machst, kannst du körperlich auch keine Höchstleistung von dir erwarten. Doch alles, was du körperlich in dich investierst, steigert deine Leistungsbereitschaft.
Gerade die Persönliche Engelsgruppe lebt von der Absicht und der Anrufung. Sie haben ja geschlafen. Sie waren sich nicht bewusst, bis du sie erweckt hast – außer dein Schutzengel. Und natürlich solltest du auch ab und zu mit ihnen reden, um sie wach zu halten. Das ist auch im menschlichen Leben so, dass man miteinander kommuniziert und Erfahrungen austauscht, um sich wach zu halten und den Fluss des Miteinanders zirkulieren zu lassen – und so ähnlich ist es auch mit der Persönlichen Engelsgruppe. Je öfter du mit ihnen in Kontakt trittst, desto mehr sind sie wach und bereit, etwas zu tun – und wie immer werden diese Lichter gerne mit ihren Tönen angesprochen.

Der Goldene Engel, das ist die Instanz der Göttlichkeit in dir, die für alles entscheidend ist. Wenn du die Persönliche Engelsgruppe bitten möchtest, dass sie einfach für dich tun sollen, was in diesem Moment hilfreich und gut ist, dann rufe den Goldenen Engel an und sage dem Goldenen Engel: „Die Persönliche Engelsgruppe soll für mich wirken – so, wie es zu diesem Zeitpunkt für mich richtig und gut ist und was mich am besten unterstützt." Der Goldene Engel ist wie eine Instanz, die dafür sorgt, dass deine Absicht, deine Energie, dein Energiefeld in dir zirkuliert. Er achtet dabei darauf, dass es sozusagen ein geschmeidiges Zirkulieren ist. Der Goldene Engel ist deine innere, göttliche Instanz.

Das Schwert Excalibur

Das Schwert Excalibur ist ein energetisches Feld in dir, das bei den meisten bereits entzündet wurde. Oftmals wird mir die Frage zugetragen, wann man denn das Schwert Excalibur mit der Spitze nach oben drehen sollte und wann mit der Spitze nach unten. Darauf werde ich jetzt eingehen.

Das Schwert Excalibur hat die Fähigkeit, jede Energie besonders gut aufzunehmen – jede Energie! Deshalb ist es ganz wichtig, dass du das Schwert Excalibur, dieses energetische Feld in dir, dann nach oben drehst, wenn du lichte Energien aufnehmen willst, zum Beispiel bevor du einen Schritt machst, ein Channeling hörst, du dich in Wirklichkeitsfeldern aufhältst, an Kraftorten oder in der Natur. Überall dort, wo du sehr viel Energie spürst, kannst du die Spitze nach oben drehen und dann wird der Energiefluss angeregt und er wird stärker. Wichtig ist, darauf zu achten, dass die Energieaufnahme nur dort stattfindet und nur in solchen Kollektiven, wo es dir wichtig ist und du es auch möchtest.

Wenn du die Spitze nach unten drehst, vollzieht sich die Ausschüttung der Energie, die du darin aufgenommen hast. Ganz tief verbunden ist das Schwert Excalibur mit den Energien, die du mit deiner Seele aufgenommen hast. Die Fähigkeit von diesem energetischen Schwert ist, dass seine Energien alle Schichten der Seele durchdringen können. Und so hast du die Möglichkeit, dass du die aufgenommenen Wirklichkeitsenergien in dir noch tiefer spüren, integrieren und somit auch stärken kannst, indem du das Schwert Excalibur mit der Spitze nach unten drehst.

Kapitel VII

Das Leben im Universum & in dir

SABINE SANGITAR

Die Engel & die Absicht

Nachdem ich dir deine persönlichen Engel nähergebracht habe, möchte ich dir nun mehr über die Engel im Universum erzählen und dir ihre Wirkungsweise erklären.

Viele Menschen haben ihre eigene Vorstellung, wie Engel wirken, was Engel im Universum tun und wie das Ganze im Universum abläuft. Ich glaube, dass die meisten Vorstellungen vielleicht nicht ganz mit dem übereinstimmen, wie ich es bei meiner täglichen Arbeit wahrnehme und sehe.
Es ist mein Wunsch, dir nahezubringen, wie du den bestmöglichen und intensiv gefühlten Kontakt zu Engeln herstellen kannst, sodass du das richtig tief in dir fühlen kannst. Deshalb möchte ich zum Einstieg auch gleich damit beginnen, wie Engel bei dir und den Menschen im Allgemeinen reagieren, wenn du Kontakt zu ihnen aufnimmst.

Grundsätzlich ist es wichtig, dass du das Bewusstsein in dir trägst, dass es einem Engel, mit dem man in Kontakt tritt, egal ist, ob Frau Meyer eine weiße Bluse anhat, eine schwarze oder eine bunte oder ob Herr Meyer mehr meditiert hat als Frau Meyer oder Frau Meyer heute mal geschimpft hat und Herr Meyer besonders lieb war. So etwas können die Lichtwesen nicht wirklich erkennen und, menschlich ausgedrückt, interessiert es sie auch nicht wirklich. Engel und Lichtwesen reagieren immer auf die Absicht. Je mehr Absicht du zeigst, je fokussierter und konzentrierter du in diesem einen Augenblick bist, in dem du Kontakt aufnimmst, desto mehr werden sich die Lichtwesen dir nähern. Das ist ein ganz einfaches energetisches Prinzip: Was du an Licht aus deinem Energiefeld, von deinem Lichtköper ausstrahlst, wird von den Engeln wahrgenommen und darauf fokussieren sie sich. Je intensiver und tiefer deine Absicht ist, desto intensiver werden diese Lichtwesen bei dir sein.

Die Frage kommt immer wieder auf: Wie geht man denn tief in die Absicht? Wie hat man sich das vorzustellen und was hat man zu tun? Es gibt natürlich vielerlei Möglichkeiten, in eine Absicht zu gehen und Absicht zu bekunden. Ganz einfach ist, deinen Ursprungsnamen zu sprechen, Kristalle zu versenden oder ein kleines Gebet zu sprechen.

Das Wichtigste ist, dass du in dem Augenblick, in dem du dich tatsächlich mit den Engeln beschäftigst und wirklich möchtest, dass diese Lichtwesen sich dir nähern und auch deine Lichtstruktur erkennen, du in diesem Moment sehr fokussiert und bei dir bist. Wie schon gesagt: Es ist nicht so sehr wichtig, was du vorher getan hast, sondern es ist wichtig, was du in diesem einen Moment tust. Außerdem reagieren die Lichtwesen immer sehr intensiv auf dein Vertrauen und den Kristall Mona'Oha.

Du kannst es dir so vorstellen, dass in dem Augenblick, in dem du in die Absicht gehst, du den Zug und Wunsch spürst, dass sich dir Lichtwesen nähern und mit dir wirken, und du dies bekundest, dein Lichtkörper und deine ganze Lichtstruktur sich zu verändern beginnt. Das kann man im Lichtkörper wirklich sehen. Die

Zirkulation verändert sich. Das Licht dehnt sich aus. Es wird alles weiter, offener und freier. Deine Kanäle sind offener. Die Lichtwesen erkennen das und dann sind sie auch bereit, mit intensiver Strahlkraft zu wirken.

Also, dann gehe jetzt vielleicht gleich einmal in die tiefe Absicht, sprich deinen Ursprungsnamen und sei ganz bei dir. Du kannst auch Kristalle verwenden und zwischendurch immer wieder die Augen schließen zum Spüren der Energien.

MELEK METATRON

Das Reich der Engel

Ich bin Melek Metatron. Aus den Bereichen von El'Shaddai* heiße ich dich herzlich willkommen mit den Tönen: Omar Ta Satt!

Du hast Platz genommen in einem Raum voller Liebe, in einem Raum, wo die Energien besonders licht sind – ausgedehnt in die Weite, ausgedehnt in dir, durch die Vorbereitung, die schon längst begonnen hat. Und du kannst fühlen – mit jedem Wort –, was es bedeutet, wenn ein lichtes Wesen mit der Energie der Liebe sich dir nähert, zu dir spricht.
Und es scheint so, als wäre ich fast hier bei dir – bei dir, ganz nah –, um dich jetzt schon fühlen zu lassen, dass das Wort „Engel“ oder „Lichtwesen“ ein Wort ist, das nicht ausdrückt, was es tatsächlich ist. Denn diese Energie – voller Liebe – wird mit jedem Wort über dich ausgeschüttet. Denn das ist das Reich, das ist das Reich der Engel. Das ist das Reich jenseits der Schleier, der sich auftut und lüftet – in diesem Augenblick, mit diesen Worten: „A ni o'heved o'drach!“

**Siehe Glossar auf Seite 250 & 271.*

Mit diesen Worten: „Du wirst unermesslich geliebt!“, strömen die Energien herbei.

Vielerlei Engel und Lichtwesen sind anwesend, um die Herrlichkeit zu preisen – in diesem einen Augenblick. Mit einem Atemzug, den du tust, und mit jedem weiteren Atemzug wirst du diese Vielzahl des Lebens des Universums in dich aufnehmen. Du wirst es fühlen, fühlen, fühlen. Vielleicht wirst du es auch sehen – mit deinem Inneren Auge, wenn es sich öffnet, wenn du es dir gestattest und dir erlaubst. Denn jedes Lichtwesen im Universum ist bereit, sich dir zu zeigen – in seinem Licht und der Liebe, in der Gestalt, das es annehmen kann.
Im Universum ist so viel Leben, so viel Leben, wie du dir gar nicht vorstellen kannst. Es liegt jenseits deines Verstandes – so viel Leben. Auch auf deinem Planeten ist viel Leben, doch dort ist auch Dualität. In dem Bereich der Engel ist noch sehr viel mehr Leben, doch keine Dualität, nur Wirklichkeit. Diese Liebe – die Geschöpfe, die erschaffen wurden, um zu wirken, um hier zu sein, um euch zu rufen, um dir zuzuflüstern: „Du wirst unermesslich geliebt!“
Es gibt Wesen, die sich in Gruppen zusammenschließen, um die Strahlkraft zu erhöhen von verschiedenen Frequenzen – und sie sind hier und sie wirken. Dafür wurden sie erschaffen. Einige dieser Wesen waren selbst in der Dualität, andere wiederum sind pures Licht der Wirklichkeit, ohne jede Vorstellung von Dualität.

Doch auch gibt es Hierarchien, die sich aufbauen im Universum der Wirkungsbereiche. Doch es ist nicht zu vergleichen mit der Hierarchie der Dualität, wo Macht immer eine Rolle spielt. Dies gibt es im Universum nicht. Die Engel sehen sich als eine große Einheit mit verschiedenen Aufgaben, mit verschiedenen Wirkungsweisen. Sie behüten, beschützen das Leben. Sie sind das Leben und das Universum ist voll davon: vielerlei Planeten, das größte

Hologramm des Universums, An'Arina*. Alles wirst du finden – doch das ist nicht so wichtig.
Wichtig ist, dass du fühlst, dass du fühlen kannst – in einem Augenblick. Denn ein einziger Augenblick könnte ausreichend sein, dass du dein ganzes Leben in der Dualität veränderst – ein einziger Augenblick, ein Atemzug –, wenn du einmal gefühlt hast, so richtig gefühlt hast, ohne jeden Zweifel, dass wir eine Einheit sind und dass du dazugehörst zu dieser Einheit. Du bist nicht getrennt von uns – du bist einer und eine von uns!
Du lebst nur auf einem Planeten, der noch nicht nach Hause zurückgekehrt ist zur Gänze. Doch Quin'Taas öffnet sich und die Energien, die einfließen – mit jedem Channeling, mit jedem Wort –, verändern sich. Und du kannst es fühlen diese Energie – diese Energie, die sich dir nähert, die dir zuflüstert: „Du bist wunderbar! Erinnere dich! Erinnere dich – du bist einer von uns!"

Und nur ein Gedanke voller Liebe von dir erzeugt 144.000 Gedanken der Lichtwesen, die zu dir gebracht werden – voller Liebe –, denn sie werden nicht gestört durch Dualität, durch Zweifel. Sie sind nur hier, um dein Bewusstsein zu erweitern, dein Bewusstsein zu erhöhen, energetische Muster zu dir zu bringen, einzubetten. Doch das Wichtigste ist, sie sind hier, um dich fühlen zu lassen: Du bist niemals alleine! Mag manchmal deine Situation noch so hoffnungslos sein in dieser Dualität, die immer noch vorhanden ist, ja, und die sich sogar ausdehnt in den Kämpfen – doch das Licht ist mehr, weiter, ausgedehnter und du hast die Möglichkeit, dies nun zu fühlen!

Fühle es in einem Augenblick. Stelle dir vor, dass in diesem Augenblick Tausende von Lichtwesen und Engel sich zusammengefunden haben, um deine Lichtstruktur zu sehen, deine Absicht, dein Vertrauen und deine Liebe.

Siehe Glossar auf Seite 269.

Spreche deinen Ursprungsnamen oder verbinde dich tief mit deiner Ursprungsenergie.

Und nehme einen tiefen, tiefen Atemzug – und lasse dich überschütten. Lasse dich ausdehnen. Erlaube dir, zu fühlen, wenn Melek Metatron, das Auge Gottes, mit den vielen Lichtwesen und Engeln gemeinsam die Liebe über dich ausschüttet – jetzt. Genieße es!

(Spiele ein kraftvolles Musikstück und lasse dir hierfür etwas Zeit.)

Ich kann dich fragen: „Hast du es gefühlt?", doch ich brauche es nicht fragen, denn ich weiß es. Wir sehen deine Lichtstruktur. Wir sehen deine Absicht. Wir sehen die zirkulierenden Energien, das Licht in dir – wir können es sehen. Wir sind hier bei dir. Ich lasse dich wissen, dass wir dich so sehr lieben – und wenn du in tiefer Absicht bist, im Vertrauen, werden sich alle Lichtwesen dir zuwenden, alles tun, um dich zu unterstützen. Das energetische Grundprinzip sagt: Wir manipulieren nicht. Wir greifen nicht in deinen freien Willen ein. Wir tun alles, was für dich richtig und gut ist – zu diesem Zeitpunkt. Je mehr du vertraust – dir selbst und den Botschaften –, desto mehr wirst du fühlen!
Das, was die Lichtwesen entrücken lässt, ist der Zweifel. Deshalb sprechen wir so viel von Vertrauen, von Mona'Oha. Denn durch Vertrauen gewinnst du die Strahlkraft, die Ausdehnung, energetische Muster können sich tiefer einbetten – all das hat mit Vertrauen zu tun. Wenn du in einem Moment vertraust, wenn du dich verbindest, ist alles gut, auch wenn du mal gezweifelt hast. Doch wenn du mit uns in Kontakt trittst, dann sollte es voller Vertrauen sein – voller Vertrauen, mit einer gewissen Leichtigkeit, mit einer Bewusstheit und mit einem ausgedehnten Bewusstsein. Fühle dich selbst in deinem Licht. Fühle dich selbst in deinem Vertrauen. Fühle dich selbst in deiner Ausdehnung. Dann fühlst du

auch uns. Dann fühlst du diese Einheit, die wir sind – diese Einheit. Mögen manche Menschen dies belächeln. Doch die Wahrheit ist: Wir sind tatsächlich hier! Wir sind tatsächlich hier bei dir – und das in jedem Augenblick, wenn du es zulässt. Wir tragen dich durch alle Stürme, durch alle Zeiten, durch das Leben – denn wir sind Leben. Wir leben! Jede Energie ist Leben – so wie du selbst!

Eine tiefe Absicht wird im Kollektiv noch stärker, wenn sie bekundet wird. Deshalb lass uns gemeinsam die Worte sprechen:
„Ehyeh Asher Ehyeh, Ehyeh Asher Ehyeh, Ehyeh Asher Ehyeh, So'Ham!"

Die Göttlichkeit in dir dehnt sich somit aus. Deine Kanäle werden offen – auch diese dehnen sich aus. Dies ist ein wichtiger Prozess, denn Energien strömen ein und suchen sich in deiner Energiestruktur ihren Weg zur Einbettung. Deshalb ist die Offenheit, dass du dir es erlaubst, alle Geschenke anzunehmen, so überaus wichtig in diesem Prozess.

Und so wirst du – mit dem heutigen Tag, in deiner Zeit – dich verändern, denn jedes Wort verändert dich. Es erweitert dein Bewusstsein, Verschiebungen finden statt und das Licht ist soweit ausgedehnt, dass die Neue Energie, die Zeitenergie von Quin'Taas, mit jedem Channeling einfließt und dich mehr und mehr in diese Energie bringt – und natürlich verändert dies einiges. Du wirst es fühlen. Wenn du es dir erlaubst, wirst du es fühlen. Mit jedem Wort, mit jeder Energie wirst du es fühlen.

Viele Lichtwesen wurden erschaffen, um zu wirken. Sie tragen viele Attribute in sich. Sie tragen auch die Sehnsucht in sich, sich weiterzuentwickeln, näher an der Göttlichkeit, der göttlichen Quelle zu sein – so, wie du auch selbst diese Sehnsucht in dir trägst, näher bei uns zu sein. Diese Sehnsucht ist ein Entwicklungsprozess, der aus der Wirklichkeit entspringt. Er ist notwendig, um das Leben und die Weiterentwicklung zu erhalten. Die Engel tun dies ewiglich – in jedem Augenblick –, denn hierfür wurden sie erschaffen. Manche dieser Wesen haben den Weg in der Dualität erfahren – auch sie wirken mit großer Strahlkraft. Und auch, wenn du eine menschliche Hülle hast – einen körperlichen Aspekt, den du trägst –, so bist du doch in der Essenz das Leuchten in deiner Seele – diese Göttlichkeit! Du bist immer das geblieben, was du von Anfang an warst: ein erschaffenes Licht mit vielerlei Attributen, die du trägst. Dies ist etwas Wunderbares – dies ist die Wirklichkeit!

Und bevor ich mich verabschiede, bekunde ich die Liebe. Ich spreche die Worte und schicke besonders viele energetische Muster mit: A ni o'heved o'drach! Du wirst unermesslich geliebt!

An'Anasha!

SABINE SANGITAR

Die Menschen der Herkunftsfrequenzen

In dem nächsten Channeling kommen Engel Michael und Lady Nada. Es geht um die Herkunftsfrequenzen und die Ursprungseltern und ich möchte dazu noch einiges sagen.

Es spielt schon eine Rolle, aus welcher Herkunftsfrequenz ein Mensch kommt. Natürlich spielen auch die Prägungen der Dualität, der Erziehung – so, wie du aufwächst, wie du dich entwickelst – eine Rolle. Und doch ziehen sich die Attribute, die du in dir trägst, wie ein roter Faden durch. Dies kann man erkennen und entsprechend bedeutsam ist es, von welcher Herkunftsfrequenz du kommst; das heißt, wo dein Licht entstanden ist, wo du im Universum erschaffen worden bist.

Es gibt die Herkunftsfrequenzen El'Shaddai, Shekina*, Quadril 5*, die Frequenz der Elohim*, die Frequenz der Engel*, die Sternensaat* und die Christusfrequenz*.

Menschen aus Shekina tragen meist die Attribute der lichten Kriegerschaft in sich, die sehr oft für das Licht im positiven Sinne kämpfen. Es sind Menschen, die sich auch nicht leicht von ihrem Weg abbringen lassen. Es sind die lichten Krieger der Neuzeit.

Menschen aus Quadril 5 zeichnen sich sehr durch ihr freizügiges Denken aus. Es sind sehr tolerante Menschen, die sehr weit über den Tellerrand hinausblicken können. Sie haben meistens keine oder weniger Bewertungen. Sie sind sehr freiheitsliebend und manchmal tun sie sich schwer mit menschlichen Beziehungen. Sie sind Freigeister.

Menschen aus El'Shaddai hinterfragen meist alles sehr ausgeprägt. Es sind Menschen, die zumindest am Anfang eines Weges meistens noch sehr im Kopf sind und weniger im Gefühl. Aber es sind auch die Menschen, die absolut keinen Zweifel mehr haben, wenn sie einmal ein tiefes Gefühl der Wirklichkeit gespürt haben. Dann sind es meistens die Menschen mit den wenigsten Zweifeln.

Die Elohim zeichnen sich dadurch aus, dass sie eine sehr gute Erdung in sich tragen. Es sind in der Regel sehr verlässliche Menschen.

*Siehe Glossar auf Seite 251 & 271.

Sie haben einen ausgeprägten Gerechtigkeitssinn und können Gefühl und Verstand sehr oft sehr gut miteinander verbinden. Es sind Menschen, die auch den Mystischen Heilgeist meist leichter aufnehmen können.

Die Menschen aus der Frequenz der Engel sind, ähnlich wie die Elohim, sehr verlässlich. Sie sind ebenfalls gut geerdet, doch manchmal in sich auch zerrissen, da sie so vielerlei Fähigkeiten in sich tragen. Es sind die Lichter, die am meisten Attribute in sich tragen, und deshalb auch diese Zerrissenheit. Es sind Menschen, die auf der einen Seite sehr intensiv fühlen, auf der anderen Seite denken sie aber auch sehr viel. Sie springen öfter mal hin und her zwischen Verstand und Gefühl. Die Engel auf Erden haben sehr große Fähigkeiten.

Die Sternensaat ist wie Quadril 5 etwas ganz Eigenes. Die Menschen aus der Sternensaat sind ganz anders, und zwar sind das diese sensitiven Fühlmenschen, die sehr viel fühlen. Sie fühlen oftmals diese tiefe Sehnsucht ganz intensiv in sich und verwechseln es manchmal mit Traurigkeit – diese Sehnsucht, sich weiterzuentwickeln und mehr dabei zu sein. Menschen aus der Sternensaat brauchen in der Regel immer Gruppen oder andere Menschen um sich herum, die diese Sensitivität als etwas Positives sehen und verstehen, dass es auch eine Stärke ist. Sensitivität ist immer eine Stärke! Für diese sehr sensitiven Menschen aus der Sternensaat ist es schön, sich zusammenzutun und sich untereinander austauschen zu können.

Bei der Christusfrequenz ist es ganz einfach. Die Menschen aus der Christusfrequenz fühlen sich oftmals der Priesterschaft sehr zugehörig. Sie fühlen sich natürlich Jesus, Sananda und Lady Nada sehr verbunden. Es sind auch sehr sensitive Menschen, aber auch

Menschen, die sich in bestimmten Situationen, in denen es darauf ankommt, sehr gut abgrenzen können. Es sind in sich sehr starke Menschen und sie haben meistens eine sehr starke Seele.

ENGEL MICHAEL

Die Energien der Herkunftsfrequenzen

Ich bin Engel Michael. Ich begrüße dich mit den Tönen von Omar Ta Satt!

Ich wurde auserwählt, dich die Energien der Herkunftsfrequenzen fühlen zu lassen. Vielleicht hast du dich schon einmal gefragt: „Warum gibt es verschiedene Herkunftsfrequenzen?“ Es ist wichtig, denn eine jede Frequenz trägt bestimmte Attribute und diese Attribute wurden in der Vielfalt in euch eingebettet, je nachdem von welcher Herkunft ihr abstammt. Es ist wichtig, dass auf dem Planeten, auf dem ihr lebt, sich diese Vielfalt von Attributen miteinander verbindet und so eine Vielfalt entstehen kann. Es ist die Göttlichkeit in euch.

Ein Attribut ist immer eine Energie, die in deinem Licht bei deiner Prägung in dir eingebettet wurde, die du mitgenommen hast in die Dualität. Und es ist hilfreich, dass du hin und wieder dich mit deiner Herkunftsfrequenz verbindest, denn dadurch werden deine Attribute genährt und aufgefüllt, ausgedehnt und du fühlst dich sicherer, aufgehoben, und du fühlst deine Fähigkeiten sehr viel intensiver. Und doch ist es auch notwendig, durch andere

Herkunftsfrequenzen zu reisen, um sich zu verbinden, um zu fühlen, welch eine Vielfalt von Attributen und Energien es im Universum gibt. Und es gibt auch keine Bewertung. Jedes Licht trägt wunderbare Attribute in sich. Jedes Licht ist gleich wichtig und wird gebraucht.

Und so lass uns beginnen. Meine Aufgabe ist es, dich fühlen zu lassen die Unterschiede. Erlaube dir, dies zu fühlen.

Nehme mit dem Kristall Ana einen tiefen Atemzug. Signalisiere deine tiefe Absicht, indem du deinen Ursprungsnamen sprichst oder dich tief mit deiner Ursprungsenergie verbindest, deine Chakren zur Vereinigung rufst.

Öffne dich nun. Lasse dich fallen. Erlaube dir, zu fühlen – denn ich werde dir nun die Energie von Shekina zuführen. Für einige Augenblicke wird der Raum erfüllt sein von der Energie von Shekina.

(Lasse dir hierfür etwas Zeit.)

Erlaube dir nun, die Energie von Quadril 5 zu fühlen. Für einige Augenblicke wird diese Energie hier ganz intensiv sein. Fühle es.

(Lasse dir hierfür etwas Zeit.)

Fühle nun die Energie von El'Shaddai. Fühle, dass der Raum sich füllt mit dieser Energie. Fühle es.

(Lasse dir hierfür etwas Zeit.)

Fühle nun die Kraft, die Energie der Elohim. Fühle sie mit einigen Atemzügen. Fühle die Unterschiede. Fühle sie.

(Lasse dir hierfür etwas Zeit.)

Trete nun ein in die Energie der Frequenz der Engel. Fühle diese Energie. Fühle sie.

(Lasse dir hierfür etwas Zeit.)

Fühle nun die Christusenergie. Der Raum erfüllt sich mit dieser Energie. Fühle es.

(Lasse dir hierfür etwas Zeit.)

Fühle nun die wunderbare Energie der Sternensaat.

(Lasse dir hierfür etwas Zeit.)

Und nun gehe in deine Herkunftsfrequenz und bleibe dort. Lasse die Energie Einzug halten und höre die Worte von Lady Nada.

LADY NADA

Reise zu deinen Ursprungseltern

Ich bin Lady Nada. Ich freue mich so sehr, hier bei dir zu sein. Mit meiner Energie der Liebe werde ich die Botschaften durch Sangitar zu dir bringen. Du verweilst in deiner Herkunftsfrequenz. Ist das nicht ein wundervolles Gefühl? Es ist wie dein eigenes Energiefeld. Es ist wie ein eigenes Zuhause, denn dort wurdest du erschaffen. Dort wurde dein Licht erschaffen. Doch um ein Licht zu erschaffen, braucht es Ursprungseltern. Diese haben dein Licht – dich – erschaffen.

Du kennst deine Ursprungseltern. Doch weißt du auch, wie es sich anfühlt, wenn sie – wie in diesen Augenblicken – sich dir nähern und voller Liebe dich empfangen?

Es sind diese Wesen, die alles dafür getan haben, dass dein Licht strahlt und voller Attribute ist. Es sind diese Wesen, die dich so sehr lieben, dein Licht beobachten, am Tag sowie in der Nacht bei dir sind – immer, mit jedem Atemzug.

Vielleicht erlaubst du dir nun, diese Liebe anzunehmen, dein Licht nähren zu lassen. Denn auch deine Ursprungseltern haben die Erlaubnis, die Kraft, die göttliche Macht, deine Fähigkeiten, deine Attribute auszudehnen. Und einzigartig – voller Zauber – ist diese Liebe!

Du kannst mit deinen Ursprungseltern sprechen oder dich nur lieben lassen, diese Liebe fühlen und aufnehmen. Tue es.

(Lasse dir hierfür einige Zeit.)

Deine Ursprungseltern, sie lieben dich ohne Wenn und Aber. Sie lieben dich so, wie du bist. Sie lieben das Licht und sie sehen deine Vollkommenheit. Sie vertrauen darauf, dass du dich erinnerst, wer sie sind und mit wie viel Liebe sie dich erschaffen haben. Wenn du das erkennst, werden deine Fähigkeiten sich enorm ausdehnen. Und vielleicht kannst du das An'Anasha fühlen, dass dir entgegengebracht wird.

Doch du hast auch irdische Eltern – auch sie wollen meist dein

Bestes. Danke auch ihnen für ihre Liebe und ihre Geduld. Auch wenn das vielleicht in der Dualität manchmal nicht einfach ist, sind es dennoch deine irdischen Eltern, die dir die Möglichkeit gegeben haben, diesen Planeten zu betreten.

Es ist immer wichtig, zu wissen, woher man kommt, wo man zu Hause ist, wo man geliebt wird und wo man liebt, wo man sich sicher fühlt – geborgen, aufgehoben und getragen –, auch in schweren Zeiten.

Die Reise durch die Herkunftsfrequenzen und die Reise zu deinen Ursprungseltern, die Anerkennung und der Dank für deine irdischen Eltern, all das vereint sich und erweitert dein Bewusstsein – ewiglich.

An'Anasha!

SABINE SANGITAR

DIE ENTSTEHUNG VON KRISTALLEN

Ich erzähle dir jetzt etwas über das Channeln der Kristalle und über die Kristalle selbst, denn im nächsten Channeling wird Jophiel über die Kristalle sprechen.

Du kennst die Kristalle aus der Wirklichkeit. Es gibt unzählig viele, die uns schon gebracht worden sind, und ich muss mich jetzt einmal outen: Auch wenn ich das Medium bin und jeden einzelnen Kristall herunter auf die Erde gebracht habe, kenne ich sie nicht alle. Ich tue mich da oft selbst ganz schwer, wenn in einem Channeling gesagt wird: „Setze auf die Spitze deines Herzensstrahls* den Kristall X auf", dann kommt es schon vor, dass ich mir denke: „Hm, von dem Kristall habe ich noch gar nichts gehört..." Vielleicht ist es bei dir auch so, dass du Kristalle hast, die du einfach am häufigsten verwendest und am liebsten magst, bei denen du die Zugehörigkeit und die Wichtigkeit spürst? Das ist bei jedem anders. Ich wollte dir nur den Druck nehmen, den sich manche machen, denn du musst nicht alle Kristalle kennen – ich kenne sie auch nicht alle!

Als Nächstes möchte ich dir bei dieser Gelegenheit erzählen, wie ein Kristall zu uns kommt, denn ich glaube, das erweitert auch das Bewusstsein, was so ein Kristall eigentlich bedeutet. Manchmal erzähle ich es ja auch bei den Treffen vor den Schritten, welche Komponenten es erfordert, bis energetisch überhaupt ein Schritt zustande kommt – und wenn zu dem Schritt oder auch außerhalb der Schritte ein neuer Kristall angekündigt wird, dann beginne ich innerlich, schon zu zittern, weil es sehr schwierig ist, einen Kristall aufzunehmen.

Die Geistige Welt kann mir keine Anweisungen geben, was ich zeichnen soll. Sie kann nicht zu mir sagen: „Jetzt zeichne rund und jetzt zeichne eckig und dann einen Pfeil." So funktioniert das bei den Kristallen nicht, sondern ich schließe meine beiden physischen Augen, öffne mein Inneres Auge und höre Töne. In diese Töne fühle ich mich hinein – ganz tief – und dann beginne ich, den Energien der Töne zu folgen. Das funktioniert so lange, bis ein Brummen kommt. Ein Brummen heißt, dass ich einen Energieverlauf nicht richtig genommen habe.

Das Schwierige daran ist, dass ich dann nicht einfach weitermachen kann, sondern noch einmal von vorne anfangen muss. Es ist mir schon mal passiert, dass ich fünfzig Blatt Papier brauche, um einen Kristall fertig zu bekommen. Das passiert nicht immer,

Siehe Glossar auf Seite 254.

aber schon öfter. In meiner kleinen, menschlichen Welt ist es am schlimmsten, wenn ich merke oder fühle, dass der Kristall jetzt schon fast vollendet ist, und kurz vorher kommt noch ein Brummen. Dann muss ich wieder alles von vorne anfangen... Und nur, weil ich schon einmal fast fertig war, heißt das ja nicht, dass ich das wieder so zeichnen kann. Es kann sein, dass mittendrin wieder irgendetwas nicht stimmt. Die Kristalle herunterzubringen, ist wirklich sehr aufwendig und immer wieder auch eine Herausforderung für mich als Sangitar.

Übrigens: Bei dem Kristall An'Anasha habe ich mir schon oft gedacht, warum es im Universum keine Antwort darauf gibt. Wenn Menschen „Danke!" sagen, dann sagt ja meistens dein Gegenüber: „Bitte!" Das gibt es im Universum anscheinend nicht. Wenn also jemand „An'Anasha!" sagt, kann man nichts darauf erwidern. Es kommt auch kein Kristall dafür – da kann ich nichts machen.

Die Bedeutsamkeit von Kristallen

Es gibt verschiedene Arten von Kristallen: Es gibt Kristalle, die es schon immer im Universum gab. Es gibt Kristalle, die kreiert worden sind, weil mit diesem Fall der Planeten die Energie der Dualität begann. Und es gibt Kristalle, die in bestimmten Situationen erschaffen wurden und werden, um uns in dieser Zeit zu unterstützen.

Die Kristalle haben auch im Universum eine besondere Wichtigkeit. Im Universum wird sehr viel mit Kristallen gemacht. Es ist nicht so, dass die Kristalle nur zu uns gebracht werden und im Universum existieren sie dann nicht mehr, sondern auch im

Universum beschäftigen sich die Engel und Lichtwesen sehr viel mit Kristallenergie. Sie beobachten die Zirkulationen und wissen dann, welche Energie im Universum gerade besonders vorherrschend ist. Es ist eine Art der Kommunikation.

Die Kristalle sind ursprünglich zu uns gebracht worden, weil sie in sich keinerlei Bewertung tragen. Bei uns Menschen ist es ja in der Dualität so, dass sehr vieles eine menschliche Bewertung trägt. Das ist völlig verständlich und bis zu einem gewissen Punkt auch völlig legitim. Jeder Mensch hat seine eigene Vorstellung von Dankbarkeit und Lebensfreude, von Harmonie und Geborgenheit. Für den einen ist es eine Blumenwiese, für den anderen ist es ein anderer Mensch. Es ist einfach unterschiedlich, was die Menschen sich unter bestimmten Worten und Gefühlen oder Attributen vorstellen. Bei den Kristallen ist es etwas anders: Ein Mensch kann nicht seine individuellen und persönlichen Bewertungen in einen Kristall einführen. Das heißt, ein Kristall kann nicht bewertet werden!
Der Kristall Tara'Dos*, Frieden, trägt die Energie und eine Energiebündelung des Friedens in sich, und zwar so, wie das Universum den Frieden empfindet, sieht oder kreiert. Wir Menschen haben verschiedene Vorstellungen von Frieden, das berührt aber diesen Kristall nicht. Deswegen kann man diese Kristalle nicht bewerten und sind deshalb auch so überaus wertvoll. Wir wissen ja, dass unsere Dualität mit unseren menschlichen Bewertungen uns manchmal auseinanderführt und auch manchmal ein Ego hervorruft und ein Kristall sorgt dafür, dass dies nicht geschieht.

Das bedeutet zum einen, wenn du selbst mit den Kristallen arbeitest, wird die göttliche Wirklichkeitsenergie, die ein Kristall trägt, in dir eingebettet und zirkuliert dort für eine Weile; zum anderen, wenn du die Kristalle benutzt, um für andere zu wirken, du keine

**Siehe Glossar auf Seite 248.*

persönlichen Bewertungen mit hineinbringen kannst.
Der Kristall der Heilung, Osam, enthält eine Vielfalt von Heilungsfrequenzen und Heilungsenergien, die aus der Wirklichkeit stammen. Wenn du diesen Kristall für dich oder auch für jemand anderen aufnimmst, dann ist sichergestellt, dass diese Wirklichkeitsenergie ohne irgendwelche Bewertung zu dem Menschen gebracht wird – und dessen Seele kennt diese Formationen. Die Seele weiß einfach um die Wahrhaftigkeit und die Wirklichkeitsenergie und kann so die Kristalle sehr viel leichter aufnehmen. Mit einem Kristall eine Heilung zu vollziehen, ist wesentlich sinnvoller und auch einfacher, als wenn man selbst dem Menschen Heilung wünscht.
Manchmal ist es einfach so, dass Menschen bei den Themen Heilung, Frieden, Liebe, Geborgenheit viel Eigenes mit hineinlegen. Und dieses Eigene, was noch mit hineingepackt wird, muss – auch wenn es gut gemeint ist – noch lange nicht auch gut für den anderen sein. Manchmal ist nicht einmal gesagt, dass es gut für dich selbst ist – aber der Kristall weiß das. Der Kristall stellt einfach sicher, dass das Bestmögliche für dich und andere getan wird in dem Moment, in dem der Kristall aufgenommen wird.

Das Wirken mit Kristallen

Bei den Channelings wirst du manchmal aufgefordert, einen Kristall mit dem Herzensstrahl aufzunehmen und manchmal mit dem Sinusstrahl*. Der Unterschied zwischen diesen beiden Energien ist, dass der Herzensstrahl sehr viel näher und persönlicher ist. Das heißt, wenn du mit dir selbst arbeitest, wenn du Kristalle oder Energien in dir selbst aufnimmst, ist es meist besser, den Herzensstrahl zu aktivieren. Auch bei Behandlungen ist es sehr gut, den

Siehe Glossar auf Seite 254.

Herzensstrahl zu nehmen, oder bei Gebeten. Wenn du übergeordnet wirkst und zum Beispiel unserem Planetenbewusstsein Lady Shyenna Kristalle sendest, dann ist es immer besser, den Sinusstrahl zu benutzen.

Kristalle tragen einfach die absolute Wirklichkeitsenergie. Sie können nicht manipulieren, sie können in keinen freien Willen eingreifen und deshalb kannst du die Kristalle auch überall verwenden. Das finde ich besonders schön. Du kannst jedem Menschen Kristalle schicken, ohne dass du den Menschen vorher fragen musst. Bei sehr vielen Dingen im spirituellen Bereich ist es ja wichtig, dass die Menschen wissen und gefragt werden, ob sie einverstanden sind, dass man etwas für sie tut. Bei den Kristallen ist es wie bei einem Gebet. Wenn du jemanden Kristalle sendest, ist es so, als wenn du für einen Menschen betest – nur mit sehr viel mehr Kraft. Ein Kristall sucht sich immer den Weg in ein Energiefeld und wird nur so viel Energie abgeben, wie es für den einzelnen Menschen auch richtig und gut ist.

Jetzt, in dieser Zeit, in der sich Quin'Taas immer mehr öffnet und sich alles auf diesem Planeten verändert, ist es ganz besonders unterstützend, Kristalle zu verwenden. Die Veränderung nimmt ja keinen Lebensbereich mehr aus. Nichts ist mehr so, wie es einmal war. Wie uns die Geistige Welt sagt, werden auch die Machtkämpfe eine Zeit lang noch immer heftiger werden und es finden sehr viele Transformationen statt. Umso wichtiger ist es, die Kristalle auch für Lady Shyenna und bestimmte Länder oder Kontinente zu nutzen.

Kristalle kannst du überall mitverwenden – ganz egal, was du machst. Es ist wirklich etwas sehr Hilfreiches, Schönes und sehr Intensives. Die Kristalle legen auch immer mehr an enormer Kraft zu, weil sich ein Kristall auch der Energie anpasst. Deshalb ist es im Moment so, dass die Kristalle sehr viel Energie mitbringen und auch sehr viel Energie absondern. Sie nähren sich in sich selbst und passen sich immer dem Neuen Zyklus* an. Das ist sehr wichtig, zu wissen.

Wenn du zum Beispiel jetzt bei der Botschaft von Jophiel einen Kristalle von der Zeichnung her nicht kennst, dann ist das wirklich nicht so wichtig. Natürlich ist es besser, wenn man es weiß, aber es ist nicht so, dass da nichts geschieht, wenn man es nicht weiß. Wichtig ist immer, dass du in die Energie der Kristalle hineingehst! Es ist wichtig, dass du dich mit dieser Energie und mit diesem Ton verbindest und dann beginnt dieser Kristall, sich gewissermaßen zu zeigen. Er zirkuliert, wenn er dir zugeführt wird, und dann beginnt eine Verkoppelung, eine Anbindung zur Wirklichkeit, die fast miteinander verschmelzen. Es ist wirklich etwas sehr Schönes, was da geschieht! Und ich hoffe, es ist dir jetzt etwas mehr bewusst, wie sehr solche Kristalle wirken können. Sie haben wirklich eine enorme Kraft!

JOPHIEL

Die Kristalle der Wirklichkeit

Ich bin Jophiel, das Schöpferlicht. Ich begrüße dich mit den Tönen von Omar Ta Satt!

In meinem Lichtfeld trage ich Kristalle aus der Wirklichkeit. Ich habe sie mitgebracht, um dich fühlen zu lassen, was es bedeutet, eine energetische Zirkulation in Form von einem Kristall – gefüllt

**Siehe Glossar auf Seite 262.*

von Attributen und höchster Energie – zuzuführen. Kristalle aus der Wirklichkeit sind ein großes Geschenk und wir hoffen, dass du dieses Geschenk wertschätzt, denn es bringt dich in deiner Energie sehr viel weiter.
Die Kristalle – gleich, welche Attribute sie auch tragen –, sie gleichen aus. Sie suchen sich ihren Weg und betten die Energien ein. Das Schöne ist, dass du jederzeit – egal, wo du dich befindest in deinem Leben; egal, in welcher Situation du dich befindest – die Kristalle mit Leichtigkeit anwenden kannst. Du trägst sie sozusagen immer bei dir und sie dienen nicht nur der Unterstützung der Energie, sondern sie dienen auch dem Planeten, Lady Shyenna, jedem Lebewesen, das auf diesem Planeten lebt – und jedes Lebewesen ist auf die eine oder andere Art dankbar für jeden Kristall, den du sendest.

Kristalle tragen eine so wunderbare Energie in sich. Diese Energie dehnt sich immer weiter aus. Die Zirkulation nimmt zu – so, wie der Atem Gottes* seinen Rhythmus verändert, so verändern die Kristalle ihre Zirkulation. Und wir haben von Absicht gesprochen, wie sie sich zeigt, was dazu gehört und dass die Engel und Lichtwesen deine Absicht erkennen, sie wahrnehmen, um zu wirken. Auch hierfür ist es für dich vielleicht sehr einfach, denn mit jedem Kristall, den du in dir aktivierst, den du zeigst, den du hervorholst, können die Engel erkennen – und sie wirken und reagieren mit ihrer bedingungslosen Liebe darauf.

Nehme einen tiefen Atemzug. Lasse die Energie des Kristalls von Ana in dich hineinfließen – Licht, das sich ausdehnt in allen Richtungen.

Du gehst in die tiefe Absicht, deine Chakren zu vereinen. Dies geschieht wie von selbst – oft mit einem Atemzug, wenn dieser

**Siehe Glossar auf Seite 249.*

mit tiefer Absicht vollzogen wird.

Und du aktivierst deinen Herzensstrahl – eine wunderbare Energielinie, die sich aufbaut, dich unterstützt und eine energetische Intelligenz besitzt.

Wenn dieser Herzensstrahl aktiviert ist, setzt du den Kristall Monash auf die Spitze – tiefe Geborgenheit. Du fühlst diesen Kristall.

Und nun rufe ich dich auf, an das Kollektiv von Menschen deiner Wahl den Kristall Monash zu senden. Du tust es, indem du ihn auf deinem Herzensstrahl zirkulieren lässt, bis er sich ausdehnt und dann lässt du ihn los. Tue es jetzt.

(Lasse dir hierfür etwas Zeit.)

Der Kristall Monash erreicht jeden Einzelnen und im Kollektiv vereinen sich nun alle Kristalle und ein großer Kristall Monash entsteht, der den Raum erhellt und sich wie eine warme Decke über alle legt. Fühlst du die Geborgenheit?

Setze nun den Kristall Mona'Oha auf die Spitze deines Herzensstrahls und wiederhole den Prozess.

Schicke ihn an jeden einzelnen Menschen in diesem Kollektiv – Mona'Oha – und auch an das Kollektiv zur Vereinigung der Energie. Tue es jetzt.

(Lasse dir hierfür etwas Zeit.)

Nun setze auf die Spitze deines Herzensstrahls den Kristall Anshaa* und lasse sich die Energie nähren.

(Lasse dir hierfür etwas Zeit.)

Aktiviere nun deinen Sinusstrahl – eine Energiebündelung, die sich aufbaut, sehr kraftvoll und wirksam. Mit tiefer Absicht und einigen Atemzügen baut sich der Sinusstrahl auf. Vielleicht kannst du es fühlen.

Suche dir nun einen Kristall aus, zu dem du einen besonderen Bezug hast. Setze ihn nun auf die Spitze deines Sinusstrahls und schicke ihn außerhalb dieses Raumes zu Menschen, die dir wichtig sind oder zu Lady Shyenna – so, wie du es für richtig und gut findest. Tue es jetzt.

(Lasse dir hierfür etwas Zeit.)

Setze den Kristall Anshaa auf die Spitze deines Sinusstrahls und lasse sich die Energien nähren.

(Lasse dir hierfür etwas Zeit.)

Und nun halte deinen Fokus noch einmal auf deinen Herzensstrahl und tue etwas für dich selbst. Setze auf die Spitze den Kristall Ana, Ana'Lotus* und lasse diese Kristalle in dir zirkulieren.

(Lasse dir hierfür etwas Zeit.)

*Siehe Glossar auf Seite 243.

Ich möchte dich wissen lassen, dass es kaum Augenblicke gibt, wo du dich näher und inniger zu den Engeln angezogen fühlst und die Engel sich durch die Kristalle von dir anziehen lassen. Eine innige Verbindung, eine fühlbare Verbindung entsteht – eine tiefe Nähe, eine tiefe Innigkeit.

So sehr lieben die Engel die Kristalle der Wirklichkeit. Fühle diese Augenblicke des Zaubers und lasse dich fallen in den wunderbaren Energien – noch einige Augenblicke. Ich rufe gerade den Kristall An'Anasha zu dir und lasse diese Energie in dir zirkulieren. An'Anasha!

SERAPHIS BEY

Die Merkaba der göttlichen Quelle

Ich bin Seraphis Bey. Ich bin die Gegenwart deines Bewusstseins im Jetzt-Augenblick. Ich bin das Licht, das leuchtet, der Träger der Energie des Lebens, der Liebe, des Lichtes, der Fülle. Ich bin hier. Ich bin hier, um dir die Botschaften näherzubringen – Botschaften der Göttlichkeit, des Lichtes und des Lebens. Fühle meine Gegenwart. Fühle die Energie, die einhergeht, wenn ein Thronen-Engel zu dir spricht.

Du weißt um die göttliche Quelle. Du weißt, dass es diese göttliche Quelle gibt. Aus dieser göttlichen Quelle heraus alles entsprungen ist, was das Leben beinhaltet. Die göttliche Quelle zu verstehen oder selbst zu fühlen, das ist selbst mit einem hohen und noch

höherem Bewusstsein nicht möglich. Denn Gott selbst, die göttliche Quelle, lässt sich nicht fühlen – innewohnend die Energien der reinsten Liebe. Es ist die pure Liebe. Es ist der Anfang. Es ist der Beginn.
Selbst wir, die Thronen-Engel, haben keine Möglichkeit, in dieser Energie einzutauchen. Es gibt nur ein Wesen im gesamten Universum, das dies darf – und das ist Jesus Christus. Doch erhalten wir viele Informationen und wir wissen um viele energetische Konstellationen. Wir wissen, wie Leben entsteht. Wir wissen, was es bedeutet, wenn die göttliche Quelle das Signal des Lebens sendet. Wir wissen aber auch, was es bedeutet, sollte die göttliche Quelle beschließen, das Leben zu beenden. Damit meine ich nicht nur euer Leben, sondern das gesamte Leben des Universums.

Die göttliche Macht – die pure Liebe – ist einzigartig in ihrer Wirkungsweise und ich werde versuchen, dir dies etwas näherzubringen. Wenn die göttliche Quelle die pure Liebe ist, ist dies die Grundenergie von allem Leben, das daraus entstanden ist. Und so kannst du dir vielleicht etwas besser vorstellen, was es bedeutet, wenn die Geistige Welt sagt: „Es gibt nur die Liebe, alles andere ist Dualität. Es gibt nur die Liebe, denn Gott ist die Liebe selbst!"
Und doch gibt es noch zwei weitere Energien in der göttlichen Quelle, die dort zirkulieren und sich verbinden mit dieser puren Liebe. Das ist die Dankbarkeit und der Frieden. Diese drei Grundenergien entspringen aus der göttlichen Quelle. Dort wurde das Leben manifestiert – das Leben erwachte. Durch eine Projektion – um sich zu fühlen – wurde die Projektion der Göttlichkeit erschaffen: das Auge Gottes, Melek Metatron.

Du kennst die Aussagen, du weißt, wie alles begonnen hat: das Experiment, dass sich der höchste Liebesengel hat fallen lassen. Die göttliche Merkaba umhüllt die göttliche Quelle. Kein Wesen – außer

Jesus Christus und Shan'Shija* – könnte der göttlichen Quelle näher sein als die Thronen-Engel. Denn sie sind dafür verantwortlich, die Energie, die sich entlädt, in einem bestimmten Rhythmus, im gesamten Universum zu verteilen. Wir haben euch die Informationen gebracht, dass dies der Atem Gottes ist – der Atem Gottes, der zirkuliert in einem ewiglichen Rhythmus.
Die göttliche Quelle zirkuliert und stößt mit ihrer Zirkulation die drei Grundenergien in das Universum. Und doch hat es eine tiefe Bedeutung, wie schnell oder langsam, in welchem Rhythmus dies geschieht. Diese Energien, die durch die Merkaba aufgefangen werden und im Universum verteilt werden, nehmen die Lichter, die Engel und die vielen anderen Lichtwesen in sich auf, betten diese Energie in sich ein, nähren sie und bringen sie zu verschiedenen Planeten. Sie bringen diese Energie zu euch.

Es sind zwölf Thronen-Engel, die die Merkaba ausmachen, halten. Und doch sind es nicht nur zwölf. Als Metapher stelle dir vor, dass jeder dieser Thronen-Engel weitere zwölf Thronen-Engel eingeladen hat, mitzuwirken, sodass Gottes Energie im Universum verteilt wird. Es sind 144, die das Gitternetz bilden um die göttliche Quelle herum.
Die Thronen-Engel tragen eine große Verantwortung. Sie sind mächtig. Sie haben sehr viele Befugnisse. Sie können viele Entscheidungen treffen. Sie sind beseelt mit der puren Liebe, die die göttliche Quelle aussendet. Dadurch entsteht im Universum Leben. Das ganze Universum ist Liebe. Das ganze Universum ist Leben. Stelle dir das einmal vor: diese pure Liebe, die aus der göttlichen Quelle herauskommt und verteilt wird. Diese pure Liebe ist so wunderbar, dass menschliche Worte es nicht ausdrücken können! Und nun stell dir vor: Mit solch einer Liebe wurdest du erschaffen! Mit solch einer Liebe wurdest du erschaffen! Und wenn du mit solch einer Liebe erschaffen wurdest, was kannst du dann anderes

**Siehe Glossar auf Seite 259.*

sein als Liebe? Was kannst du anderes sein als Liebe? Du bist die Liebe! Du bist eine Spiegelung dessen, was in der göttlichen Quelle vorhanden ist. Du bist pure Liebe!

Natürlich hast du in der Dualität einen Körper bekommen. Du hast dich abgetrennt gefühlt, vergessen. Du bist geprägt worden von so vielem, was die Dualität in sich trägt. Du fragst dich: „Bin ich ein guter Mensch? Bin ich ein schlechter Mensch? Was für ein Mensch bin ich?“ Seraphis Bey ist hier, um dich daran zu erinnern, dass du nichts anderes sein kannst als pure Liebe! Du kannst nichts anderes sein! Natürlich ist das Ego dazugekommen. Natürlich gibt es Herausforderungen und natürlich gibt es in der Dualität Situationen, die für dich nicht schön sind oder du selbst aus einem Ego heraus handelst – manchmal deine Ängste, deine Sorgen.
Doch ich sage dir: Du bist Liebe! Du bist die pure Liebe! Du kannst nichts anderes sein! Denn auch du atmest und mit deinem Atem, durch deinen Atem lebst du. Auch du atmest. Auch du hast eine Merkaba. Auch in dir sind die drei Grundenergien – genauso wie in der göttlichen Quelle – angelegt. Es ist die pure Liebe, die Dankbarkeit und der Frieden! Und ganz egal, wie oft du das auch vergisst; ganz egal, was du auch tust, wir werden nichts anderes sehen, weil wir nur die Wahrheit sehen!
Und wenn wir dich betrachten, wie du atmest – ein und aus –, dann sehen wir, dass du ein Abdruck bist der Göttlichkeit. Denn selbst Gott atmet in einem Rhythmus und dadurch vereinen wir uns alle durch dieses Licht, das entsteht, wenn Gott die Liebe herausgibt, wenn durch die Atemzüge Gottes, die pure Liebe im Universum verteilt wird, die Engel sie aufnehmen und zu dir tragen – was könnte es anderes sein als eine Vereinigung, eine Verschmelzung?

Es hat Zeiten gegeben, wo die Informationen soweit vorgedrungen sind, dass viele Planeten die Heimreise nicht schaffen werden, dass die Planetenenergien zu niedrig sind. Doch Gott – die pure Liebe – hat weitergeatmet und hat das Leben gewähren lassen. Er hat etwas getan oder sie hat etwas getan, es hat etwas getan – wie auch immer du es nennen magst –, was einzigartig ist und nur diesen Planeten betrifft, euren Planeten: Er hat einen Teil von sich selbst herausgeboren – einen Teil von sich selbst herausgeboren. Dieses Licht, das pure Liebe ist, wurde in die Dualität gebracht, musste vieles erleben – genauso wie du selbst –, sich erfahren, sich bewusst werden, erwachen und hat den Planeten wieder verlassen.

Vielleicht kannst du dadurch noch besser verstehen, dass euer Planet etwas ganz Besonderes ist und mit großer Aufmerksamkeit beobachtet wird. Und viele fragen sich: „Wann ist die Zeit gekommen? Wann ist die Zeit gekommen, dass die Ursprünglichkeit der Energie im richtigen Rhythmus zirkuliert?“ Wir wissen es nicht. Doch es spielt keine Rolle, denn was wir sehen, ist, dass es geschieht – und es geschieht mit einer Geschwindigkeit. Wir erkennen es. Wir erkennen es daran, dass die göttliche Quelle den Rhythmus des Atems verändert, verändert und wieder verändert. Die göttliche Quelle atmet schneller und schneller. Es ist ein Zeichen der Beschleunigung. Es ist ein Zeichen. Es ist unser Zeichen.
Wenn Gott schneller atmet, wird mehr Energie produziert. Das bedeutet, dass mehr Energie zu euch gebracht wird. Und da es göttliche, pure Liebesenergie ist, öffnet sie das Feld von Quin'Taas immer schneller und schneller und schneller. Durch diese massiven Energien, die einströmen, fühlst du es in deinem Atem. Ja, du fühlst, dass sich dein Rhythmus verändert hat. Vielleicht musst du nicht mehr so viel schlafen. Oder vielleicht bist du sehr viel mehr müde als sonst, fühlst dich manchmal verwirrt, vielleicht auch zerrissen, weißt nicht mehr, was du denken sollst. Doch es ist ein Zeichen und es ist ein gutes Zeichen. Es ist ein Zeichen, dass

die Energie sich bindet, dass sie sich mit dem Feld von Quin'Taas vereint, sich anbindet und Quin'Taas sich immer mehr öffnen und öffnen kann.

Wir, die Thronen-Engel, wir beobachten das Geschehen der göttlichen Quelle und wir sehen, was geschieht, und das Leuchten in uns wird immer heller und heller. Die Zirkulation wird stärker, intensiver. Und doch wissen wir, dass der höchste Thronen-Engel zuerst nach Hause zurückkehren muss, sich einfügen in die Merkaba, erwachen. Doch dies kann augenblicklich geschehen.
Es ist, wie es ist. Wir wissen, dass Zeit oftmals für euch eine wichtige Rolle spielt. Doch viel wichtiger ist der Rhythmus, die Zirkulation und das, was damit einhergeht, dass alle Energien intensiver, ja, schon fast greifbarer werden, dass es dir immer öfters gelingt, den Verstand beiseitezulegen und darauf zu vertrauen, was du fühlst in dir selbst – und du weißt, dass die Antworten auf so viele Fragen in dir liegen.

Doch wir sind hier. Wir sind hier, um dich zu unterstützen – und das tun wir, wenn wir deine Absicht erkennen. Wir tun es. Das Universum – mit seiner ganzen Lebendigkeit – ist sehr komplex und mit menschlichen Worten kann man dies nicht erklären. Und doch ist wichtig, hilfreich und gut, dass du weißt, dass es bunt ist – voller Farben, voller Wesen, voller Licht, voller Energie!

Und so versuche, wenn du dich abends zur Ruhe begibst, dass du für ein paar Atemzüge, die du tust, dir bewusst machst, dass in diesem Augenblick nicht nur du atmest und lebst, sondern auch Gott atmet und lebt. Und dann verbinde dich mit diesem Atem. Verbinde dich für einen Augenblick – und schon eilen die Engel herbei, um deinen Biorhythmus auszugleichen, alles dafür zu tun, dass du dich wohlfühlst.

Du atmest mit Gott! Du atmest mit Gott! Auch du trägst eine Merkaba. Auch um dich sind Engel, die dich behüten und beschützen, die deine Merkaba tragen, deine Aspekte tragen – so wie wir, die Thronen-Engel, das für die göttliche Quelle tun. So sind wir eins in der Vollendung des Lebens und des Lichtes!

An'Anasha!

SABINE SANGITAR

Der Engelsaspekt & der Sewaja-Aspekt

Wie du vielleicht festgestellt hast, sind die Botschaften, bei aller Leichtigkeit, sehr intensiv. Wir haben in all den Jahren schon oft festgestellt, dass die scheinbar einfachen Channelings meist die höchsten und intensivsten Muster mit sich bringen. Und jetzt kommen wir zu Toth.
Doch zuvor erkläre ich dir etwas zu den Engeln und zu deinen Aspekten. Du weißt ja bestimmt um deine 18 Aspekte, mit denen du inkarniert hast, und um deine drei Aspekte, die im Universum zurückgeblieben sind. Darunter hast du einen Sewaja-Aspekt* und einen Engelsaspekt*. Ich möchte dir gerne den Unterschied dieser beiden Aspekte näherbringen und beginne mit dem Engelsaspekt.

Wenn du in das Vereinte Chakra* gehst und deine Persönliche Engelsgruppe um Unterstützung bittest, weil du zu den Engeln Kontakt aufnehmen möchtest, ist es immer gut, zu bitten, deinen Engelsaspekt mit in deine göttliche Flamme* zu bringen.

Durch den Engelsaspekt fließen nicht nur viele energetische

**Siehe Glossar auf Seite 254, 253 & 257.*

Muster ein und werden eingebettet, sondern dort werden auch die ganzen Kanäle ausgerichtet, wenn jemand channelt oder Botschaften empfangen werden. Solche Energie-Leylines laufen durch diesen Engelsaspekt. Der Engelsaspekt ist auch ein Aspekt, der sehr fühlbar ist, und das Engelslicht in deiner Seele widerspiegelt. Das Licht, das du in deiner Seele trägst, ist auch in deinem Engelsaspekt eingebettet.

Der Sewaja-Aspekt hat eine ganz andere Bedeutung. Er ist einer der wichtigsten Aspekte, die du trägst. Die Sewaja-Engel sind die achtsamsten und liebevollsten Engel, die man sich überhaupt vorstellen kann, weil sie dafür da sind, um dich zu behüten und zu beschützen.

Auch wenn du das Folgende vielleicht schon weißt, möchte ich es gerne noch einmal erzählen, denn es zeigt, wie Engel wirken, welchen energetischen Aufbau wir in uns haben und wie wichtig und essentiell doch die Energie in uns ist, obwohl wir eine körperliche Hülle tragen.

Die Aspekte, die du trägst, zirkulieren in sich – manchmal kontrolliert, manchmal unkontrolliert, manchmal verbunden, manchmal weniger verbunden. Je nachdem, in welcher Absicht du bist oder wo sich die Energie hinleitet, kann man im Lichtkörper sehr schön sehen, wie die Aspekte sich miteinander verbinden oder eben einfach frei für sich zirkulieren und keine richtige Anbindung finden.
Wenn man sich einen Lichtkörper anschaut, ist es nicht so, dass man alle Aspekte klar erkennen kann, sondern man sieht immer bestimmte Aspekte zirkulieren, wenn sich der Lichtkörper auftut.
Die Aspekte zirkulieren in einem bestimmten Rhythmus, je nachdem, wie es dir gerade geht oder welche Energie du gerade trägst. Ob du beispielsweise gerade einen Schritt machst oder in

der Dualität unterwegs bist, kann man daran erkennen, wie sich die Energien bewegen.

Es kommt nur zweimal in einem menschlichen Dasein vor, dass die Aspekte sich sozusagen in Reih und Glied in einer Runde aufstellen – und das ist bei deiner Geburt und beim menschlichen Sterben. Bei der menschlichen Geburt sind die Aspekte alle in sich zusammengefaltet und in dem Moment, in dem du geboren wirst, gehen sie auf und beginnen, einmal in deinem Leben kontrolliert zu zirkulieren – alle miteinander in einer totalen Verbundenheit. Erst im Laufe der Zeit verliert sich diese Verbundenheit. Das hat die Dualität leider so an sich.
Jeder Mensch lebt ewiglich – das wissen wir –, weil die Seele ewiglich lebt, aber wenn ein Mensch in der Dualität seinen Körper verlässt, ist dieser Prozess noch einmal der Gleiche. Wenn die Seele merkt, fühlt und weiß, dass jetzt Zeit ist, nach Hause zu gehen, dann versammeln sich die Aspekte wieder in Reih und Glied, in einem Rund und in dem Moment, wenn du den letzten Atemzug tust, falten sie sich zusammen und tragen die Energie deiner Seele aus deinem Körper. Es sind die Sewaja-Engel, die dann diese Energie ins Universum tragen.

Die Sewaja-Engel sind immer bei dir! Ob du in einer Absicht bist oder nicht – das ist völlig gleichgültig –, denn sie sind immer bei dir. Sie sind sehr achtsam und sehr behütend!

Sie haben nicht nur diese Aufgabe. Es ist auch so, dass sie dich beim Channeln behüten und beschützen, sodass keine Dualitätsenergien mit durchgehen. Die Sewaja-Engel sind von unglaublicher Liebe! Es ist wunderschön, dass es die Sewaja-Engel gibt – und ab und zu ist es vielleicht auch hilfreich und gut, den Sewaja-Engeln einfach mal Danke zu sagen; einfach in sich zu gehen und

An'Anasha zu sagen – für diesen Schutz, für diese Liebe und für diesen Beistand!

Viele Menschen sind der Meinung, dass es der Schutzengel ist, der auf dich aufpasst. Das stimmt nicht. Der Schutzengel hat eine ganz andere Funktion. Es sind die Sewaja-Engel, die auf dich achtgeben.

Auf die Frage, wie viele Sewaja-Engel es sind, möchte ich nicht mit einer Zahl antworten. Es ist auch nicht in einer Zahl festzumachen, weil die Sewaja-Engel eine Gruppe sind. Im Grunde genommen könnte man sagen, dass es pro Aspekt ein Engel ist, aber es ist eine Gruppe, die sich zusammenschließt. Wenn du diese Energie einmal gesehen hast, kannst du sie gar nicht mehr als getrennt voneinander sehen. Es ist wie eine einzige leuchtende Lichtkugel. Ich kann es nicht in Worten ausdrücken, so wunderschön ist es.

Der Schutzengel dagegen hat eine ganz andere Bedeutung. Ich habe ja schon erklärt, dass der Schutzengel nicht die Funktion hat, dich in deinem Alltag zu behüten und zu beschützen, doch ich gehe jetzt noch etwas tiefer auf den Schutzengel ein, auch wenn ich mich vielleicht etwas wiederhole.

Der Schutzengel hat die Funktion, dich bei deinen energetischen Reisen zu begleiten. Das heißt, wenn die Geistige Welt dich nach Avalon bringt, nach Quin'Taas oder einfach in eine andere energetische Dimension, ist der Schutzengel immer dabei. Er bringt dich in diesem Augenblick dorthin, wo du auch hinsollst, und behütet dabei deine Energie.
Die Energiefelder, in die wir reisen, sind nicht außerhalb von uns, sondern sie sind in uns, doch normalerweise nicht zugänglich. In dem Moment, in dem eine Reise beginnt und die Geistige Welt

dich auffordert, dich beispielsweise für eine Reise nach Avalon bereit zu machen, werden Vorbereitungen getroffen. Durch diese Vorbereitungen und die Vereinigung von bestimmten Aspekten ist solch eine Reise überhaupt erst möglich.
In dem Moment, in dem diese Reise beginnt, öffnet sich das Feld von Avalon. Es ist noch in dir und trotzdem bist du dort. Das ist ein Öffnen von etwas, zu dem du sonst keinen Zugang hast. Deshalb ist es einfach wichtig, dass dein Schutzengel mit dabei ist. Dein Schutzengel ist immer bei den energetischen Reisen mit dabei, auch wenn es in den Botschaften nicht erwähnt wird.

TOTH

Das Leben in dir

Meine liebsten Lichtfreunde, ich bin Toth und begrüße dich mit den Tönen von Omar Ta Satt!

Ich bin dein Lichtbruder. In einigen Inkarnationen war ich mit dir in der Dualität. Oftmals haben wir Seite an Seite für das Licht gekämpft. Oftmals haben wir wie eine Familie zusammengesessen, haben den Botschaften des Mediums gelauscht. Wir haben Erfahrungen ausgetauscht, stürmische Zeiten durchlebt. Durch viele Gemeinsamkeiten, die uns durch diese Dualität auf diesem Planeten verbunden hat, ist Nähe entstanden, als ich noch auf diesem Planeten weilte.

Es gab einen Zeitpunkt, als ich mich entschieden habe, in das Universum zurückzukehren – oft genug habe ich mich erneuert in den Hallen von Amenti* – nach so langer Zeit auf diesem Planeten.

**Siehe Glossar auf Seite 268.*

Und ich kenne jeden Einzelnen, der damals mit mir war – und meine Liebe ist unermesslich! Es ist immer wieder für mich etwas ganz Besonderes, in einem größeren Kollektiv euch wiederzusehen, bei euch zu sein, um wieder mit euch zu sprechen, euch daran zu erinnern, daran zu erinnern, wer ihr wirklich seid. Es ist viel geschehen in den weiteren Inkarnationen, die ihr durchlebt habt. Viele Zeitzyklen, viele Energiezeiten habt ihr erlebt und durftet miterleben, wie Gottes Sohn auf den Planeten kam.

Jetzt stehen wir wieder vor einer Zeitenwende – oder besser: Wir sind mittendrin! Viel wurde darüber gesprochen, was die Engel und das Leben im Universum ausmacht: diese Vielfalt, das Leben, das pure Leben, das stattfindet – und du bist ein Teil davon. So viele Menschen suchen ihren Halt und ihre Aktivität im Außen und vergessen, dass das tatsächliche Leben, dass das tatsächliche Leben in ihnen selbst stattfindet. Und damit meine ich nicht nur deine Inneren Helfer, die lebendigen Energien, die Lichtstrukturen, die du erweckt hast, sondern ich meine die gesamten Felder, die sich in dir schon geöffnet haben, die aktiviert wurden, in denen du hineinreisen kannst – wie in das Feld von Quin'Taas.
Das tatsächliche Leben, in ihrer Vielfalt, das findet in dir selbst statt! Manchmal ist es doch so, dass die Aktivität im Außen eine Ablenkung ist und dass viele Menschen sich immer noch schwer damit tun, es sich zu gönnen, ruhig zu werden, in die Stille zu gehen und zu lauschen – auf diese Vielfalt, dieses Leben und diese Lebendigkeit, die sich erst zeigt in dieser Stille.
So viele Menschen meinen, wenn sie sich den Tagträumen hingeben, wenn sie Inspirationen erhalten, dass dies aus ihrem Verstand entspringt und dass es nichts weiter ist als eine Träumerei. Doch so funktioniert das Leben leider nicht. Wenn etwas wahr ist, dann ist es die Inspiration, das Tagträumen, die Visionen, die du aufbaust, die du dir mit deinem Inneren Auge

ansiehst, das Reisen in aktive Felder, die sich auftun, wenn du in der tiefen Absicht bist und einige deiner Aspekte vereinst. Die Bilder, die sich dir auftun, entspringen immer und zu jeder Zeit aus der Wirklichkeit.
Viele Menschen sind es nicht mehr gewohnt, so sehr nach innen zu schauen. Viele Menschen sehen es sogar als vertane Zeit an und suchen ihre Aktivität lieber im Leben draußen, in vielen Situationen durch Ablenkung. Manche Menschen haben sogar ein schlechtes Gewissen, wenn sie sich ihren Tagträumen und Visionen hingeben. Doch ich sage dir: Das ist die Wirklichkeit! Das ist die Wahrheit!
Das haben wir schon immer getan. In Zeiten, wo wir hochspirituell waren, in Atlantis, haben wir uns inspirieren lassen von den Visionen, die zu uns gebracht wurden. Wir haben in uns das Leben betrachtet und wurden dadurch immer lebendiger. Je mehr du dein Leben in dir betrachtest, desto lebendiger wirst du dich fühlen. Wenn du es zulässt, keine Zweifel hegst und voller Vertrauen bist darüber, dass all das, was dir begegnet in dir, dass alle Bilder, Visionen, Inspirationen der Wahrheit entsprechen, dann fühlst du dich sehr, sehr lebendig.

Es gibt so viele aktive Felder in dir. Doch ein Feld trägt etwas Besonderes, weil du es selbst errichtest hast, und alles, was du dort vorfindest, spiegelt deine eigene Lebendigkeit wider, dein tatsächliches Leben – und wir nennen es den Zaubergarten.

Und so werde ich – wenn du es mir erlaubst – mit dir deinen Zaubergarten betreten, um dir noch einmal diese Lebendigkeit aufzuzeigen, dass alles, was du dort findest, dir gehört, dein Leben ist – dein tatsächliches Leben, nicht das Leben im Außen. Das ist meist geprägt von Dualität und Illusion. Doch im Zaubergarten, dort hast du dir dein eigenes wirkliches und tatsächliches Leben eingerichtet – dort, wo du ausruhen kannst; dort, wo du andere Lichtgestalten einladen kannst, dich zu besuchen.

Und so bitte ich dich: Gehe mit ein paar tiefen Atemzügen in die Tiefe.

Rufe deine Persönliche Engelsgruppe, begrüße sie und bitte darum, einige Aspekte zu verbinden.

Und wenn du bereit bist, wird sich das Feld deines Zaubergartens öffnen. Und wenn du erlaubst, werde ich mit eintreten und dich begleiten. Und bevor ich weiter zu dir spreche, nehme dir etwas Zeit und sieh dich einmal ganz genau um in deinem Zaubergarten. Sieh dir alles an, was du dort erschaffen hast, welches Leben dort vorhanden ist – wie viel Liebe, wie viel Energie. Nehme dir hierfür etwas Zeit.

(Nimm dir hierfür etwas Zeit.)

Vielleicht konntest du nach diesen Botschaften noch etwas tiefer fühlen, was das Leben in dir bedeutet, dass alles Lebendigkeit ist, dass alles Wirklichkeit ist und dass das Leben in dir genauso bunt und vielfältig ist wie das im Universum.

Es ist so wichtig, dass du dich daran erinnerst, dass du ein Teil des großen Ganzen bist und dich daran erinnerst, dass dein Atem dir Leben schenkt – so, wie Gottes Atem Leben schenkt –, dass alles eins und vereint ist und dass du in dieser Welt des Zaubergartens zu Hause bist. Wenn dich die Dualität hetzt, wenn sie zu laut ist, wenn sie dich verletzt, wenn sie dich angreifen möchte, dann ziehe dich zurück in dieses Feld und gönne dir eine Pause.

Wir haben über die Kristalle gesprochen, wie intensiv diese Energien sind, was sie bewirken und wie sehr sie dich unterstützen. Deshalb bitte ich dich: Setze Kristall für Kristall aneinander – wie eine Schaukel oder eine Hängematte oder ein Bett. Tue dies mit tiefer Absicht und Achtsamkeit, denn du wirkst in diesen Augenblicken auch mit lebendigen Energien. Errichte dir ein Feld mit Kristallen. Tue es jetzt.

(Nimm dir hierfür etwas Zeit.)

Was auch immer du dir nun erbaut hast, wir werden die Kristalle nochmals mit Licht entzünden und bitten – wir bitten die Thronen-Engel, wir bitten, dass die göttliche Quelle über diese Kristalle die pure Liebe, die Dankbarkeit und den Frieden ausschüttet.

Lege deine Aspekte nun in diese Kristalle. Fühle das lebendige Leben, das tatsächliche Leben – und genieße die Ausschüttung der Energien, die extra zu dir gebracht werden, für dich als Geschenk. Genieße es!

(Spiele ein kraftvolles Musikstück und nimm dir hierfür etwas Zeit.)

Ist es nicht wunderbar, dass du so ein Feld in dir trägst, dass, wenn die Dualität, das Leben im Außen zu anstrengend wird, du die Möglichkeit hast, einzutauchen in das tatsächliche Leben, das Leben in dir? Scheue dich nicht, deine Visionen dort zu leben! Nehme die Inspiration an und höre nicht damit auf, deinen Zaubergarten weiter einzurichten – mit allem, was Leben für dich beinhaltet!

Dies ist nur ein Feld von vielen, in das du reisen kannst, das lebendig ist in dir. Es ist nur ein Teil von so vielen. Du hast so viele Möglichkeiten. Und wenn du dies nutzt, ist das auch immer ein Zeichen von tiefer Absicht. Und schon eilen die Engel herbei und unterstützen dich, sind da – ganz nah bei dir. Und du fühlst diese Einheit, diesen Zauber, diese Mystik. Und du weißt – du weißt es einfach: Du bist mehr als nur Mensch! Du bist mehr – so viel mehr!

Du hast in den Botschaften sehr viele Energien aufgenommen, sehr viele energetische Muster durften wir einbetten. Wir und auch Sangitar haben über das Reich und die Herrlichkeit der Engel gesprochen. Und vielleicht hat es dich verändert? Vielleicht hat es dich befreit von manchen Zweifeln? Vielleicht hat es dich bestärkt, noch tiefer in Kontakt zu treten – mit der Wirklichkeit, mit diesen wunderbaren Wesen und mit dir selbst!

Und so haben sich die Engel noch einmal versammelt. In einer Vielzahl der Lichtenergie sind sie hier. Sie wollen dich noch einmal fühlen lassen, wie nah du ihnen bist!

Und so sage ich, Toth: Genieße jeden Augenblick der Lebendigkeit! Genieße jeden Augenblick diese Lebendigkeit und das Leben!

An'Anasha!

Kapitel VIII

Das mystische & magische Erwachen

SABINE SANGITAR

Das Wunder des Erwachens

Ich komme nochmals auf die Ausgangsfragen zurück: Was ist das Erwachen? Wann spürt jemand sein Erwachen? Wie kann jemand damit umgehen, wenn er die 48 Schritte oder 36 Schritte gegangen ist und schon so vieles gemacht hat und meint, sein Erwachen dennoch nicht spüren zu können?

Erwacht zu sein, hat mit dem Spüren, erwacht zu sein, nichts zu tun. Mache dir bewusst, dass du dich beim Erwachungsprozess selbst befreist von – in Metaphern gesprochen – diesen „harten Krusten“, Steinen, die dir auf deinem Lebensweg liegen, oder Codierungen, die in dir eingebettet sind. Hierfür brauchst du Unterstützung und diese Unterstützung bekommst du von der Geistigen Welt in jeglicher Form, die du dir wünschst und in jeglicher Form, die – ich muss es einfach mal so sagen – jenseits deines Verstandes liegen. Die Frage ist immer wieder nur: Nutzen wir das auch? Nutzen wir tatsächlich das, was uns gegeben wird? Oder drückt uns der Alltag oder die Dualität zu sehr und zu oft wieder weg von dem Ganzen? Das sollte sich jeder einmal ehrlich hinterfragen.
Dann kommt noch hinzu, dass man, wie schon besprochen, auf vielen Ebenen erwachen kann – auf der körperlichen Ebene, der

emotionalen, mentalen und spirituellen Ebene – und jedes einzelne Erwachen ist ein sehr individueller Prozess. Es gibt einfach kein Schema dafür, wie man ein Erwachen erlebt. Man kann es nicht untereinander vergleichen und sich nicht aussuchen. Es gibt nichts Persönlicheres als ein Erwachen und jeder kann nur für sich selbst beantworten, was er mit Erwachen in Verbindung bringt.

Der nächste Punkt: Wenn sich unsere Zellen umprogrammiert haben, wenn das Zellwasser und der Zellkern in die Ursprünglichkeit zurückgebracht werden – gerade auch durch Limgaam* –, dann bist du schon auf einer Ebene fertig für das, was in der Neuen Zeit kommt. Das heißt aber noch lange nicht, dass du das auch fühlst. Es kann sein, dass es noch andere Ebenen gibt, die für dich persönlich vielleicht noch viel wichtiger sind – und hier ist es wieder so, dass niemand sagen kann, was es genau ist, weil es sich für jeden anders darstellt. Für den einen ist es der innere Frieden; für den anderen ist es, in die Tat zu gehen, für den Dritten ist es die Geborgenheit und für den Vierten ist es die menschliche Liebe, die Fülle, die Gelassenheit – und für manche Menschen ist es alles zusammen. Man kann es tatsächlich nicht sagen.

Ein Beispiel für ein Erwachen: Wenn du gerade noch in der Dualität warst und dann in einigen Augenblicken deines Lebens eine tiefe, innere Zufriedenheit und einen inneren Frieden spürst oder in ein paar Momenten eine Glückseligkeit, wo du platzen könntest vor lauter Glück, dann bist du schon erwacht!

Folgendes ist wichtig: Der Fokus sollte nicht darauf gelenkt werden, was nicht passiert. Der Fokus sollte darauf gelenkt werden, was ist. Was ist tatsächlich in einem passiert? Ich habe schon so viele Geschichten des Erwachens gehört, Erzählungen und Aussagen von Menschen, und ich traue mich, nach so vielen Jahren zu behaupten,

Siehe Glossar auf Seite 268.

dass keiner, der sich auf unserem Weg in dieser Bewusstwerdung weiterentwickelt hat, noch heute derselbe ist wie am Anfang des Weges. Es sind vielleicht nur kleine Augenblicke. Aber selbst aus den kleinsten Augenblicken – wenn man sie mit Aufmerksamkeit, Achtsamkeit und Liebe betrachtet – können Wunder entstehen. Ein Wunder ist auch ein energetischer Prozess. Es gibt natürlich auch die Wunder, die sich sofort zeigen – das gibt es schon. Doch ein Wunder ist eher selten eine Energie oder ein Vorkommnis, das plötzlich, von einem Moment zum anderen da ist. Es sind meist sehr viele kleine Energien und Komponenten, die sich miteinander verbinden, sodass ein Wunder geschieht – und ein Wunder kann nur dann geschehen, wenn du die kleinen Augenblicke, wenn du die freudhaften Augenblicke in deinem Leben achtsam und mit Liebe betrachtest und den Fokus wirklich darauf hältst, was in dir so schön ist und was du fühlen kannst. Das ist auch eine Art des Erwachens.

Was für mich persönlich auch noch Erwachen bedeutet – aber das ist etwas Persönliches: Ich bin genauso wie jeder Mensch und es gibt auch in meinem Leben Situationen, die verletzten oder in denen ich mal wütend bin oder Ärger spüre über Ungerechtigkeiten. Was mir dann sehr hilft, ist, dass ich die Möglichkeit habe, das Ganze mit meinem Wissen und mit meiner Liebe, die ich in mir trage, aus einem anderen Blickwinkel zu betrachten – und wenn ich das mache, dann erklärt sich die ganze Situation.

Zu einem Erwachen gehört normalerweise eine Innere Schau. Das muss nicht gleichzeitig sein. Das kann sehr viel später oder auch früher stattfinden. Auch die Innere Schau ist etwas ganz Individuelles und ein ganz persönlicher Prozess, den viele Menschen auf verschiedenste Art und Weise vollziehen. Die einen haben ihre Innere Schau in Träumen, wieder andere erleben diese Augenblicke

mit dem Vollkommenen Ton. Es sind Augenblicke, in denen du vielleicht in der Natur sitzt, die Augen schließt und plötzlich eine Flut von Bildern siehst und du fühlst und weißt in einem Augenblick, wer du bist. Das ist ein Beispiel für eine Innere Schau.
Wo und wie sie sich vollzieht, ist, wie gesagt, ein individueller Prozess. Wir haben es schon erlebt, dass es bei Segnungstropfen geschehen ist und häufig bei einem Walk-In*. Zum einen ist das so, weil natürlich der Walk-In wirkt. Ich aber glaube, dass das wahrscheinlich daran liegt, weil man in einer sehr tiefen Absicht ist und in dem Moment in einem sehr tiefen inneren Frieden. In einem Moment, in dem ein Walk-In da ist, hat man keine Zweifel mehr. Man hat liebende Gedanken und manchmal reicht das schon aus, wenn das Bewusstsein ohnehin schon in einem solch hohen Zustand ist, dass es tatsächlich zu deinem kompletten Erwachen mit Innerer Schau kommt. Das ist alles schon passiert.

Der Hohe Geist des Schöpferlichtes

Ich möchte noch einmal etwas zum Mystischen Heilgeist sagen – der liebe Mystische Heilgeist –, denn diese Energie ist wirklich mit eine der wichtigsten Energien, die du derzeit aufnehmen solltest.

Es gibt sehr hilfreiche Energien, die sehr einfach hervorzuholen sind, mit denen man sehr leicht arbeiten kann, um sich bewusst zu werden, energetisch auszudehnen und sein Bewusstsein zu erhöhen. Dann wiederum gibt es sehr tiefgreifende Energien, die sehr schwer zu greifen sind. Dazu gehört alles und jegliche Mystische – und der Mystische Heilgeist ist überhaupt nicht greifbar. Es gibt Energien im Universum und Energien in unserem eigenen Feld – wobei wir ja auch Teil des Universums sind – und wir alle

Siehe Glossar auf Seite 271.

tragen den Mystischen Heilgeist! Doch den Mystischen Heilgeist, den du besitzt, der hält Einzug oder auch nicht. Es gibt kaum Kompromisse in diesem energetischen Feld. Dem Mystischen Heilgeist gewährst du am besten, Einzug zu halten, indem du deine Gedanken kontrollierst und deinem Verstand die Macht raubst. Die Mystik ist ein Feld der Energie, das überaus machtvoll ist und deshalb sehr schwer freigegeben wird. Wenn der Verstand blockiert ist, macht die Mystik vor ihm Halt. Es fließt nicht ein bisschen Mystischer Heilgeist ein. Es ist möglich, dass ein bisschen Heilung einfließt oder ein bisschen Erwachen, aber der Mystische Heilgeist stoppt. Es gibt Augenblicke tiefer innerer Verbundenheit, in denen die mentale Ebene beseelt ist vom Mystischen Heilgeist – was auch immer du getan hast, um diesen Moment zu bewirken, solltest du öfter wiederholen.
Du spürst, dass der Mystische Heilgeist eingezogen hat, indem ein immenses Wissen an Energie plötzlich freigesetzt wird. Dann weißt du einfach und die kollektiven, dualen Gedanken sind so fern und distanziert von dir, dass du sie nicht ernst nimmst. Was du mit dem Mystischen Heilgeist ernst nimmst, ist die göttliche Macht in dir. Dies kannst du fördern, indem du zuallererst der Mystik Raum in dir einräumst. Jede Energie möchte gesehen und beachtet werden. Wenn du in deinen Gedanken Stille einkehren lässt, dann kann die Mystik ihren Platz einnehmen, dann kann der Mystische Heilgeist Einzug halten, sich ausdehnen und sich seinen Weg suchen.

Der Mystische Heilgeist ist eine Energie, die Klarheit und Struktur in deine Gedanken bringt. Er hilft dir, deine Gedanken über einen sehr langen Zeitraum zu fokussieren – in eine Richtung, die positiv ist. Der Mystische Heilgeist macht weder müde noch ruft er irgendwelche Symptome hervor. Das Einzige, das man durch ihn spürt, ist die Unterstützung, die Gedanken und den

Blickwinkel der Fokussierung auf das zu lenken, worauf man sich eigentlich ausrichten sollte, nämlich auf das Positive, Schöne und Wahre. Je tiefer du den Mystischen Heilgeist in dir aufnimmst, desto leichter wird es dir fallen, über einen langen Zeitraum in deinen Gedanken in dieser Energie zu bleiben.
Doch wir kennen das alle – das ist zu menschlich –, dass man natürlich die Ausrichtung der Sicht auf das Schöne, Wahre und Gute, auf Fülle, Gesundheit, menschliche Liebe, Geborgenheit und Frieden lenkt, es dann aber Situationen gibt, die einen da wieder herausreißen – und das können ganz kleine Situationen im Alltag sein. Wenn man den Mystischen Heilgeist so richtig zur Gänze in sich aufgenommen hat, dann erlaubt er das nicht. Dann wird auch der Verstand zu dem, was er eigentlich für uns sein sollte, nämlich zur Ausführung dessen, was die Intuition und die innere Weisheit dir an Impulsen gibt. Du hinterfragst nicht mehr so viel, die Zweifel hören auf oder auch die Schwierigkeit, sich zu entscheiden. Der Mystische Heilgeist bringt auch die Klarheit in die Entscheidungen.

Das Blöde ist, wenn man aus den positiven Gedanken wieder herausfällt, dann verflüchtigt sich auch der Mystische Heilgeist wieder. Natürlich nicht ganz – das ist ja immer bei Energien so. Es bleibt eine Grundenergie und eine Grundstimmung erhalten. Doch es wäre sehr viel besser, wenn man die Ausrichtung der Gedanken und natürlich auch die Ausrichtung der Gefühle grundsätzlich verändert.
Wenn du dir all das, was wir über das Erwachen besprochen haben, einmal ganz tief bewusst machst und dich ganz tief entscheidest, dass dir zum Beispiel Zweifel nicht weiterhelfen oder du einfach über Widerstände rübergehst, das wäre eine Ausrichtung, die für dich persönlich nur gut sein kann. Dann erkennst du und du bist frei für dein Schöpferlicht. Das bringt dich weiter. Jede Art des

Wartens, des Zweifels, der negativen Gedanken führt dich zurück in eine Grenze, die du selbst erbaust und die dir dann nicht erlaubt, diesen weiten Blick zu haben. Deshalb ist der Mystische Heilgeist so wichtig und so unterstützend.

Zum Vertiefen: Es ist ganz wichtig, zu wissen, dass der Mystische Heilgeist dich energetisch nicht überfordern kann – ganz im Gegenteil. Er unterstützt dich in all deinen Belangen: im Alltag, im Spirituellen, in Beziehungen, im Berufsleben – in allem, was du tust. Deshalb wird in den Botschaften auch immer wieder der Mystische Heilgeist angesprochen und übertragen.
Natürlich kann man den Mystischen Heilgeist auch übertragen – man kann fast jede Energie übertragen –, nur ist die Frage, inwieweit der einzelne Mensch bereit ist, auch diese Vorarbeit zu leisten. Das heißt, es funktioniert nicht, über Monate oder Jahre hinweg im Zweifel, im Widerstand und in negativen Gedanken zu sein und dann zu erwarten, dass der Mystische Heilgeist von jetzt auf gleich vollkommen in einem einzieht. Deshalb wäre es so gut, wichtig und hilfreich für alle Menschen, einfach diese Gedanken zu verbündeln – im wahrsten Sinne des Wortes zu verbündeln – und den Blickwinkel, die Ausrichtung auf das zu lenken, was schön, gut und wahr ist. Das macht dich frei!

Die Magie & Merlins Stab der Wunder

Als nächstes erhältst du eine höchstmagische Einweihung von Merlin. Für viele Menschen ist die Magie eine sehr wichtige und intensive Energie. Das ist sie tatsächlich, aber man sollte wissen, dass das Wort „Magie“, die Töne, ein Überbegriff ist. Auch das Wort „Energie“ ist überbegrifflich und darunter fallen sehr viele

Energien, wie zum Beispiel das Prosonodo-Licht. Bei der Magie ist es ähnlich. Die Magie ist etwas Höheres. So, wie „Merlin“ ein Titel ist, ist die Magie das Gegenstück dazu.
Wenn also die Magie ein Überbegriff ist, was ist ihr alles zugehörig? Das Allerwichtigste, was der Magie zugeordnet wird, ist die Drachen- und Einhornenergie, das heißt, der 19. Aspekt*. Nur, wenn diese zwei Energien sich miteinander verbinden und sehr genährt sind, können sie ihre Kraft entwickeln und beginnen, magisch zu wirken. Der Mystische Heilgeist ist an die Magie angebunden. Der Niha'Naras, der Zauberstab, ist ein Teil der Magie und der Zaubergarten ebenfalls. Die Zauberkraft fällt auch unter die Magie.

Die Magie lebt von der Drachen- und Einhornenergie, vom 19. Aspekt. Wenn sich der 19. Aspekt mit magischer Energie verbindet, wird die übergeordnete Magie ständig genährt. So, wie Gedanken leer sein müssen, sodass der Mystische Heilgeist einziehen kann, ist es sehr hilfreich und gut, wenn bei der Magie die Drachen- und Einhornenergie mit angewandt wird. Die Magie lebt von Ritualen. Das ist auch sehr wichtig, zu wissen. Sie braucht – mehr als jede andere Energie – eine besondere Aufmerksamkeit und Achtsamkeit und das finden wir im menschlichen Bewusstsein oftmals in einem Ritual.

Der Mystische Heilgeist ist ganz eng mit der Magie verknüpft. Es gibt viele unter euch, die in früheren Inkarnationen magische Zirkel durchlaufen haben und die auch heute magisch wirken. Da ist die Information vielleicht sehr hilfreich, dass das tatsächliche Wirken mit der Magie – so, wie es eigentlich sein sollte –, erst dann zum Tragen kommen kann, wenn der Mystische Heilgeist Einzug gehalten hat. Was dazu notwendig ist, dass dies geschehen kann, ist dir ja bekannt. Darüber hinaus ist zu sagen, dass der

**Siehe Glossar auf Seite 255.*

Mystische Heilgeist sich in der mentalen Ebene festsetzen muss, damit er mit bestimmten Energien zusammenwirken kann – und eine dieser Energien ist die Magie.

Merlin hat im Vorfeld zu dem nächsten Channeling die Aussage getroffen: „Es wird dir überreicht der Stab der Wunder mit einer Einweihung", und manche von euch tragen in ihrem Lebenssatz* diesen Teil: „Es wurde dir der Stab der Wunder überreicht." Die erste Frage, die sich hier stellt: Was sind Wunder? Das kann nur jeder für sich beantworten, da Wunder etwas sehr Persönliches sind. Es gibt einfach nicht die eine Energie, die ein Wunder ist. So funktioniert die Magie nicht. Die Magie funktioniert hauptsächlich durch Rituale. Sie besteht natürlich auch durch die Prozesse, die ihr in vielen Inkarnationen durchlaufen habt.
Die Wunder, die dort in den Magie-Ritualen entstanden sind, sieht die Energie selbst nicht als Wunder an. Mir fällt es ein bisschen schwer, dies in menschlichen Worten zu erklären. Aber was du dir vorstellen kannst, ist, dass in diesem Stab der Wunder Energien eingebettet worden sind aus einer Zeit, als du in deiner Meisterschaft gewirkt hast und durch dein magisches Wirken etwas geschehen ist, das wir als Wunder bezeichnen – und das wurde in diesem Stab der Wunder eingebettet.

MERLIN

Krönung zum Meister der Magie

Ich bin Merlin. Mit den Tönen von – Omar Ta Satt – begrüße ich dich und lade dich ein, einzutauchen in die magischen Energien der Wirklichkeit!

Siehe Glossar auf Seite 250.

In so vielen Inkarnationen hast du magische Schulungen durchlaufen. So viele Menschen haben diese Zyklen vollzogen und haben die magische Meisterschaft erreicht. Doch oftmals wird diese magische Kraft nicht genutzt. Ich wurde auserwählt, mit dir eine Reise zu vollziehen, mit dir eine Einweihung zu vollziehen – eine Krönung –, damit du ganz tief fühlen kannst, dass du tatsächlich ein Meister der Magie bist.
Die Magie ist eine wunderschöne Energie. Die Magie macht sehr vieles möglich und in der Jetzt-Zeit wird die Magie auch nicht mehr missbraucht, denn Einzug gehalten hat die Weiße Priesterschaft*, das Verkünden der Liebe, des Vertrauens, das Verschmelzen von Energien, die Bewusstwerdung dessen, was du tatsächlich bist, dass keiner der Menschen, der sich bewusst ist, manipulativ wirken würde oder gar eingreifen in den freien Willen eines Menschen. Die Magie ist eine wunderbare Energie, denn sie beinhaltet so vieles und kann so vieles bewirken. Sie ist sehr verbunden mit dem Reich der Naturgeister, mit der Drachen- und Einhornenergie.

Lasse dich fallen in die Tiefe deiner Seele hinein. Folge den Energien von Merlin – den Schwingungen.

Fühle die Liebe, während du mit tiefen Atemzügen dich fallen lässt, dich mit tiefer Absicht mit deinem Schöpferlicht verbindest, deine Persönliche Engelsgruppe rufst, den Botschafter der Liebe, den Inneren Magier, deinen Schutzengel.

Mit einem Atemzug tiefer Absicht vereinst du deine Chakren und du dehnst dich aus wie eine Sonne. Du fühlst die Lebendigkeit in dir und bittest nun den Goldenen Engel in dir, einige deiner Aspekte zu vereinen.

Mache dich nun bereit für eine Reise in ein Feld, das wir für dich

*Siehe Glossar auf Seite 265.

öffnen – ein sehr magisches Feld. Wir tragen dich in das Feld von Avalon.

Du öffnest dein Inneres Auge, doch viel mehr fühlst du die Energie von Avalon – die Mystik, den Zauber, der innewohnt in diesem Feld. Du fühlst die Magie.

Wir führen dich in eine Höhle hinein – und mit jedem Schritt, den du tust, fühlst du, welche Kraft, welch eine göttliche Macht sich darin befindet.

Du kannst fühlen, dass es ein ganz besonderer Augenblick ist. Und wir haben einen goldenen Thron für dich vorbereitet. Und wenn du alle magischen Zyklen durchlaufen hast, dann wirst du von diesem Thron angezogen werden.

Es entsteht eine tiefe, tiefe Verbindung – und du nimmst Platz. Vielleicht kannst du sehen – doch ganz sicher kannst du fühlen –, dass du nicht alleine bist, dass sich viele, viele Lichtwesen eingefunden haben, um bei dir zu sein, um dich fühlen zu lassen – die tiefe Verbundenheit mit der magischen Energie. Viele Zyklen musstest du durchlaufen, viele Schulungen durchlaufen – doch du hast es vollbracht!

Ich, Merlin, lade dich nun ein, dich von mir krönen zu lassen. Ich werde mit dir eine Einweihung vollziehen – eine Einweihung in die Weiße Priesterschaft. Genieße dies!

(Spiele ein kraftvolles Musikstück und lasse dir hierfür etwas Zeit.)

Ich, Merlin, schreite zu dir. Ich lege meine Hände auf dein Haupt und kröne dich zum Meister der Magie!

Spreche die Worte: ANIMAH TAWAA ENOI ANIMAH.

Bist du bereit? Überreicht wird dir der Stab der Wunder. Sehe ihn dir an. Mit dem magischen Feuerzeichen überreiche ich ihn dir. Folge den Spuren der Liebe! Wirke ewiglich, ewiglich, ewiglich!

(Lasse dir hierfür etwas Zeit.)

Diesen Stab der Wunder wirst du mit zurücknehmen in die Jetzt-Zeit, in die Jetzt-Energie – mit einem tiefen Atemzug, den du tust.

Wir werden dir diesen Stab der Wunder in deinen Allmachtsaspekt einbetten und wenn dies geschieht – höre die Worte von Merlin: Wann immer du wirkst mit deiner Wahrhaftigkeit, mit deinen Fähigkeiten, nutze den Stab der Wunder! Nutze diese Energien. Lasse sie mit all deinen Fähigkeiten verschmelzen. Doch mache dir bewusst, dass dies sehr intensiv ist.
Und ganz gleich, wie du wirkst, der Stab der Wunder verstärkt die Energie um ein Vielfaches. Du hast jederzeit Zugriff. Bitte deshalb immer deinen Goldenen Engel, die Energien, die sich nähren im Stab der Wunder, zu deinen Fähigkeiten hinzuzufügen. Und mit jedem Atemzug in dieser Jetzt-Zeit werden sich die Energien im Stab der Wunder nähren. Du wirst den Unterschied fühlen können. Habe keine Bedenken, diese Energien zu nutzen, sondern lasse sich den Zauber der Magie ausdehnen und nutze sie!

Dies war ein intensiver Prozess, den wir vollzogen haben, deshalb bleibe noch etwas bei dir. Genieße die Energien und fühle die Mystik und den Zauber des Augenblicks!

An'Anasha!

SAINT GERMAIN

Freiheit & Bekennen

Ich bin Saint Germain. Ich bin voller Licht und Liebe – jenseits von Raum und Zeit ich meine Energie zirkulieren lassen kann. Bin jetzt in diesen Augenblicken, mit dieser Energie, die ich trage, hier bei dir in diesem Raum. Ich spreche die Worte durch Sangitar – doch viel mehr als das Wort ist es die Energie, die ausströmt, sich ausdehnt und die dich fühlen lässt, was es bedeutet, wenn ein hohes Lichtwesen so nah, so nah bei dir ist.
Ich wurde auserwählt, mit dir über Freiheit und Bekennen zu sprechen, und dies werde ich tun. Doch zuvor möchte ich dich begrüßen. Mit den Tönen von – Omar Ta Satt – heiße ich dich willkommen und lade dich ein, dich in diesen Schwingungen der Energie fallen zu lassen! Genieße diese Augenblicke, denn sie sind für dich bestimmt – für dich!

Freiheit ist ein Wort. Doch dieses Wort beinhaltet so vielerlei und unterschiedlicher könnten die Meinungen der Menschen nicht sein, was Freiheit für sie persönlich bedeutet. Wie ist es bei dir? Hast du schon einmal nachgefühlt, was Freiheit für dich persönlich bedeutet, was dich tatsächlich frei werden lässt und wie dein Leben verlaufen würde, wärest du tatsächlich frei?

Ihr lebt auf diesem Planeten in einem Land, wo die Freiheit schon etwas ausgedehnter ist. Doch es gibt auch Länder, Regionen, Kontinente, wo die Freiheit sehr eingeschränkt ist. Was bedeutet Freiheit? Sich zu entwickeln, so zu leben, wie jeder einzelne Mensch das gerne tun würde. Doch in der Dualität ist es manchmal nicht so einfach, sich dieser Freiheit hinzugeben. Und doch ist es so wichtig, dass es eine Freiheit gibt, die dich beflügelt, die dich inspiriert. Es

gibt so viele Arten von Freiheit und für jeden Menschen bedeutet Freiheit etwas anderes.
Doch auf der spirituellen Ebene – was bedeutet auf dieser Ebene die Freiheit? Wenn du die Menschen betrachtest, dann kannst du erkennen, dass fast alle Menschen auf irgendeine Art einen Sinn in ihrem Leben suchen, dass sie auf der Suche sind nach etwas, das sie tief in ihrer Seele erfüllt. Eine Suche beinhaltet keine Freiheit. Freiheit bedeutet, wenn du gefunden hast, was dich erfüllt, was dich tief befriedigt, was dir einen Sinn vermittelt. Das bedeutet Freiheit.

Und wenn wir die Menschen betrachten, dann können wir sehen, dass die allermeisten Menschen einen spirituellen Weg beschreiten. Ganz gleich, wie dieser Weg auch aussehen mag, auf irgendeine Art und Weise ist jeder Mensch auf dieser Suche. Doch Freiheit bedeutet auch, dass du frei wählen kannst, welchen Weg du wählen möchtest, dass es nicht so wichtig ist, welcher Weg es ist, ob es eine Glaubensgemeinschaft ist, eine Zugehörigkeit, ein spiritueller Weg. Wesentlich ist, dass du selbst entscheiden kannst, frei entscheiden kannst! Denn nur dann wirst du etwas finden, was dich tief beglückt, was dir Sinn vermittelt, wo du den Frieden findest – deine Suche beendet ist!
Es gibt so viele Menschen, die manipulieren wollen, die dir sagen: „Gehe diesen Weg oder jenen Weg. Dieser Weg ist besser als der andere.“ Glaube diesen Menschen nicht! Denn alle Wege, die dich glücklich machen, die dich befriedigen, die dir Erfüllung schenken, sind gleich gut. Es gibt kein Besser, kein Schlechter. Es gibt die Wahl und die Wahl triffst du allein! Deine Seele, sie sendet dir Impulse, denn tief in deiner Seele sind diese Weisheitsenergien eingebettet von allen Inkarnationen, die du durchlaufen hast. Und deine Seele weiß am besten, welcher Weg für dich der richtige ist. Und wenn du dich auf einem Weg befindest und irgendwann

einmal fühlst, dass es vielleicht doch nicht der richtige Weg für dich ist, dann verlasse den Weg und suche dir einen anderen. Wichtig ist nur, dass du klare Entscheidungen triffst, damit du frei bist – denn das ist Freiheit!

Wie oft in deinem Leben, in der Dualität, bekennst du dich zu etwas, zu etwas, das dir etwas bedeutet? Du bekennst dich zu deinem Partner, zu deiner Partnerin, zu deinen Freunden, zu deiner Familie, vielleicht zu einer Gemeinschaft. Immer wieder bekennst du dich zu irgendetwas. Das nennt man Zugehörigkeit. Und die Menschen sehnen, sie verlangen nach Zugehörigkeit. Sie fühlen ganz tief, dass es wichtig ist für die Seele, dazugehörig zu sein – und oftmals endet diese Zugehörigkeit mit einem Bekennen. In vielen, vielen Inkarnationen, die du durchlaufen hast, hast du dich bekannt zu einem Weg, den du gegangen bist.
Doch es ist sehr wichtig, dass du diese Worte hörst: Es ist immer deine Entscheidung, die du triffst, und kein Mensch hat das Recht, dich dabei zu drängen oder zu manipulieren! Doch wenn du etwas gefunden hast, was dich befriedigt, wo du glücklich bist, wo du den Frieden findest und die Weiterentwicklung, dann bekenne dich zu diesem Weg – denn durch das Bekennen wirst du frei! Denn dann hat die Suche ein Ende. Etwas zu suchen im Leben, kann sehr anstrengend sein und es kostet oftmals sehr viel Kraft und Energie – diese Suche. Deshalb kann sie nicht verbunden werden mit Freiheit, denn tatsächliche Freiheit entsteht, wenn du etwas gefunden hast.

Freiheit ist ein kostbares Gut! Du trägst die Entscheidung. Du hast auch die Freiheit über deine Gedanken. Du entscheidest, in welche Richtung du deine Gedanken lenken möchtest. Auch das beinhaltet Freiheit. Du trägst, wie jeder Mensch auf diesem Planeten, die göttliche Flamme in dir, die Seelenenergie, die dir

immer wieder Impulse sendet. Du bist ein fühlbares Wesen. Du hast die Kraft und auch die Macht, zu fühlen. Auch das bedeutet Freiheit: Freiheit, fühlen zu dürfen, was immer du fühlst; zu denken, was immer du denkst; zu sein, wie du bist – in der tiefen, tiefen Gewissheit, dass du so, wie du bist, genau richtig bist!
Du bist nicht falsch. Du bist richtig – genauso, wie du bist, auch wenn noch so viele Menschen, dir etwas anderes sagen möchten. Wie oft in deinem Leben hast du schon gehört, dass das, was du tust, nicht richtig ist; dass der Weg, den du eingeschlagen hast, vielleicht nicht der richtige ist; dass du so, wie du bist, nicht genügst? In der Dualität wird dir oftmals vorgelebt, wie du zu sein hast, und dabei fühlst du dich schlecht. Es entsteht das Gefühl, dass du nicht genug bist. Doch glaube mir: Du bist genug!
Wenn wir dich sehen, wenn wir dich betrachten, dann blicken wir in deinen Lichtkörper. Wir sehen das Leuchten und wir wissen um deine Vollkommenheit des Lichtes. Wir wissen, dass Menschen, die sich entwickeln, die nach einem tiefen Sinn in ihrem Leben fragen, die bereit sind, vieles auf sich zu nehmen, um sich weiterzuentwickeln in ihrem Bewusstsein, dass diese Menschen ein besonderes Leuchten in sich tragen. Und oftmals erkennen wir, dass gerade diese Menschen besonders frei sind. Denn sie haben in ihrer Entwicklung etwas Wichtiges gelernt: Ihnen ist bewusst geworden, dass sie die Schöpferkraft in sich tragen!

Ein jeder Mensch, gleich, welcher Zugehörigkeit; ganz gleich, welcher Religion, welcher Art der Spiritualität; ganz gleich, welche Glaubensrichtung, welche Hautfarbe, Alter – das spielt keine Rolle. Jeder Mensch trägt das göttliche Licht in sich! Wenn Menschen dies in ihrem Herzen tief verstehen, dann wird die Veränderung sich noch schneller vollziehen. Denn das ist etwas ganz Wesentliches, zu wissen, dass alle Menschen etwas verbindet, nämlich der göttliche Kern, den ein jeder Mensch in sich trägt.

Wir, die Geistige Welt, wir unterstützen dich bei jedem spirituellen Prozess. Wir unterstützen dich bei den Schritten. Wir unterstützen dich auf deinem Weg. Wir haben die Möglichkeit, dir Energien zu übertragen, die bewusst sind – für dich. Wir überbringen dir Geschenke. Wir vermitteln dir Wissen, Erweiterung und Information – doch wir manipulieren nicht. Wir wissen und anerkennen, dass du alles, was du brauchst, in dir trägst.
Manche Energiefelder in dir sind verschlossen. Sie sind codiert. Aber dennoch trägt jeder Mensch alles in sich, was er braucht für seine Entwicklung. Wir sind die Helfer, die Unterstützer, die Freunde, die Lichtgeschwister, die dich darauf aufmerksam machen möchten, dass du das Potenzial, was in dir ist, entdeckst. Wir können – wenn du bereit bist – energetische Felder in dir öffnen. Wir tun dies mit großer Achtsamkeit und nur, wenn wir sehen, dass du dazu bereit bist.

Freiheit ist eine Energie, die gerade in Quin'Taas sich sehr ausdehnen wird. Freiheit ist eine sehr kostbare, eine wunderbare Energie – und deshalb überbringen wir dir das Geschenk, dass du die Segnungstropfen der Freiheit erhalten wirst. Sie werden über dich ausgeschüttet.

Und die Sternensaat wird dies begleiten, damit es für dich noch fühlbarer sein wird, wenn Energien, so lichte Energien – die Segnungstropfen der Göttlichkeit – über dich ausgeschüttet werden.

An'Anasha!

(Spiele ein kraftvolles Musikstück und nimm dir hierfür etwas Zeit.)

JOPHIEL

Die Verbindung aller Aspekte

Ich bin Jophiel, das Schöpferlicht. Ich begrüße dich mit den Tönen von Omar Ta Satt!

Folge den Schwingungen, den lichten Energien. Fühle, wie die Energie sich in diesem Raum voller Liebe und Licht ausgedehnt hat. Wenn du offen bist und ein fühlbarer Mensch, dann wirst du fühlen, welch eine wunderbare Energie sich hier befindet. Das liegt zum einen daran, dass wir, die geistigen Wesen, so viel Energie mitbringen, dass die Sternensaat mit ihren Gesängen* die Töne über dich ausschüttet, die Segnungstropfen der Göttlichkeit dich erreichen. Dennoch liegt es auch daran, dass du hier in diesem Raum bist. Denn auch dein Licht und deine Energie dehnt sich aus und ist Liebe, ist Liebe!

Jeder Mensch trägt 18 Aspekte in sich. Diese Aspekte sind energetische Felder und jeder einzelne Aspekt, jedes einzelne energetische Feld hat ihre ureigene Aufgabe. Diese Aspekte, sie zirkulieren in dir und sie tragen alles, was du brauchst, um dich voll zu entfalten. Jeder einzelne Aspekt trägt so viel Energien, Attribute. Es eröffnen sich Möglichkeiten, die jenseits deines Verstandes liegen. Diese Aspekte, sie wollen auf eine energetische Art und Weise mit dir kommunizieren. Sie sind tief verbunden in der Zirkulation mit deiner Seelenenergie.
Und doch ist es oftmals so, dass du die Vielfalt, die Schönheit, die Möglichkeit, das Licht in deinen Aspekten nicht zur Gänze fühlen kannst. Das liegt daran, dass Aspekte nur dann fühlbar werden, wenn sie sich miteinander verbinden. Es müssen sich nicht alle Aspekte miteinander verbinden, aber doch braucht es

Siehe Glossar auf Seite 251.

Verbindungen unter den Aspekten. Denn diese Aspekte, sie kommunizieren energetisch und sie tauschen aus – ein Ausgleich zwischen Nehmen und Geben. Wenn du zum Beispiel deinen Fähigkeitsaspekt benutzt, wo all deine Fähigkeiten eingebettet sind, dieser aber keine Anbindung findet zu deinem Seelenaspekt, wirst du diese Fähigkeit nicht fühlen können.
Und doch bist du dir so sehr bewusst und du wirkst sehr viel mit verbundenen Aspekten, denn jedes Mal dann, wenn du auf eine Reise gehst, werden einige deiner Aspekte miteinander verbunden. Wenn Aspekte miteinander verbunden sind, können sich dort die Energien nähren und ausdehnen. Und je mehr diese Energien ausgedehnt und genährt werden, desto intensiver ist die Zirkulation und die Verbindung mit deiner Seelenenergie.

Folge nun den Energien und Worten von Jophiel und atme das Licht der Liebe in dich hinein.

In einem Rhythmus – so, wie es für dich richtig und gut ist – lässt du dich fallen, mit jedem Atemzug mehr, tiefer, tiefer, tiefer.

Du fühlst dein Seelenlicht. Du fühlst die tiefe Absicht und mit dieser Absicht rufst du deine Chakren auf, sich zu vereinen, und dehnst dich dabei aus – mit jedem Atemzug. Während du dies tust, werden wir dich auf allen Ebenen erden.

Rufe nun deine Inneren Helfer, deine Persönliche Engelsgruppe.

Öffne dein Inneres Auge. Und vielleicht kannst du dein Schöpferlicht sehen, wie es leuchtet. Doch du kannst es fühlen, wie es sich ausdehnt, und mit jeder Ausdehnung sich dein Bewusstsein erhöht. Denn Bewusstwerdung bedeutet auch, zu erkennen, wie großartig du bist – wie leuchtend –, anzuerkennen, dass dein Schöpferlicht sich ausdehnt.

Bitte nun den Goldenen Engel in dir, dass er alle Aspekte in diese göttliche Flamme zieht und sie zur Vereinigung aufruft. Tue es jetzt.

Wenn dies geschieht, wirst du fühlen, was es bedeutet, wenn wir sagen: „Du bist mehr als nur Mensch!", wenn wir sagen: „Du bist Schöpfer in dir selbst!" Gebe dich nun diesen Gefühlen ganz hin und lasse dich fallen. Alle Bilder, die entstehen, sind vielleicht auch deine Innere Schau.

(Lasse dir hierfür einige Zeit.)

Es sind ganz bewegende Augenblicke. Du bist hohes Bewusstsein. Doch je öfter, je länger viele deiner Aspekte miteinander verbunden sind, desto weiter wird sich dein Bewusstsein ausdehnen. Tiefe, tiefe Weisheit stellt sich ein und innerer Frieden.

A ni o'heved o'drach!

An'Anasha!

SABINE SANGITAR

Die zirkulierenden Lichtfelder

Es werden häufig Fragen zu den Aspekten gestellt – auch dazu, wie man sie besser fühlen kann und was man tun kann, um die Aspekte noch bewusster miteinander zu verbinden. Ich versuche, es immer grundsätzlich aus einer menschlichen Sicht zu erklären, weil man es auf der menschlichen Ebene einfach besser erfassen kann, als wenn man etwas aus der höheren Sicht heraus erklärt.

Dann ist es manchmal etwas schwieriger, zu verstehen.

Die Aspekte sind verschiedene Energiefrequenzen, die für sich zirkulieren. In uns ist diese Zirkulation so ausgerichtet, dass sich die Aspekte vereinen, wann immer du mit dir, mit deiner Seele, mit deinem Selbst, mit deinem göttlichen Funken* verbunden bist; wenn du in der Tiefe deines Seins eintauchst und dieses Licht fühlst. Die Energiefelder zirkulieren dann harmonisch miteinander – wie eine liegende Acht. Je öfter und je tiefer du in dir selbst ruhst, desto mehr verbinden sich die Aspekte.
Dies braucht vielleicht erst einmal etwas Übung, zum Beispiel im Vereinigten Chakra zu sein oder zu meditieren. Auch mit den Schritten kannst du das Verbinden der Aspekte fördern. Das Ziel ist natürlich, dass die Zirkulation immer in einem Rhythmus fließt, sodass es einfach nur einen Atemzug der tiefen Absicht braucht, damit sich die Aspekte am Knotenpunkt in der Mitte vereinen und diese Zirkulation zu einem einzigen Strom wird. Das wäre die Vereinigung aller Aspekte.

Wenn wir auf energetische Reisen gehen, tauchst du ja nicht mit deinem Körper in eine andere Dimension ein. In uns sind alle Felder der Wirklichkeit mit allen Planeten des Universums verbunden und die Geistige Welt hat die Macht und die Berechtigung, diese Felder zu öffnen – seien es die Felder verschiedener Inkarnationen, Quin'Taas, An'Arina oder ein Dimensionstor. In dem Moment, in dem sich eines dieser Felder öffnet, braucht es nicht immer alle, aber zumindest viele Aspekte, die miteinander vereint sind, sonst kann sich dieses Feld erst gar nicht öffnen.
Wenn Aspekte nicht vereint sind, wird der Mensch nicht auf Reisen gehen können. Das funktioniert nicht. Je tiefer die Reise in ein Wirklichkeitsfeld wie Quin'Taas oder Sa'Maa'Tah geht, desto mehr Aspekte müssen miteinander vereint sein. Man könnte meinen, dass

Siehe Glossar auf Seite 259.

man die meisten vereinten Aspekte braucht, um auf An'Arina zu reisen – das stimmt nicht. Die tiefste Verbindung brauchst du für Quin'Taas. Dazu ist einfach Übung und dieser meditative Seinszustand nötig. Es wünschen sich viele, dass dies einfach so, von jetzt auf gleich klappt, aber das funktioniert leider nicht.

Viele Menschen haben eine zu strukturierte Vorstellung von dem, wie ihr Lichtkörper aussieht. Es ist grundsätzlich wichtig, zu wissen, dass es für die Geistige Welt kein Oben und kein Unten gibt. Ich setze bei dieser Erklärung jetzt ein hohes Bewusstsein von dir voraus: Es wird uns von der Geistigen Welt so vieles erzählt. Damit wir es verstehen, braucht es Worte, wie zum Beispiel „oben", „unten", „links" und „rechts" und viele mehr. Doch wenn man sich einen Lichtkörper anschaut, gibt es kein Oben und kein Unten, kein Rechts und kein Links. Es gibt einfach zirkulierende Energien, die miteinander verbunden sind – die einen mehr, die anderen weniger.
Wenn von der Geistigen Welt ein einzelnes Energiefeld benannt wird, dann deshalb, um deinen Fokus auf diese Zirkulation zu richten; nicht, um sich etwas nach oben oder unten gerichtet vorzustellen, sondern nur, um eine Öffnung oder einen Strom der Zirkulation zu verstärken. Es wird immer das benannt, wo der Energiestrom deinen Fokus braucht. Wenn du deinen Fokus auf deine Energieströme im Lichtkörper lenkst, verändert sich der Strom und die Zirkulation. Das geht relativ schnell. Wenn ich mit dir zwanzig Minuten reden würde und mich dabei auf deinen Lichtkörper fokussiere, dann würde er nach diesem Gespräch schon ganz anders zirkulieren.

Die positive Veränderung der Energieströme und das Verbinden der Aspekte erreichst du natürlich durch deine Absicht. Es ist immer alles die Absicht. Die Energieverbindungen entstehen

nur durch Absicht. Doch es gibt Energiefelder, die sich nicht so schnell und nicht von alleine öffnen lassen. Dazu braucht es die Unterstützung der Geistigen Welt oder aber dein persönliches Wissen und die persönliche Weisheit. Da wir Menschen aber die persönliche Weisheit und das persönliche Wissen über viele Inkarnationen verschlossen haben, braucht es oftmals die Geistige Welt, um uns diese Felder bewusst zu machen, wie zum Beispiel der Zaubergarten.
In dem Augenblick, in dem dir das bewusst wird und du in der Absicht bist, öffnet sich dieses Feld und wir können es bearbeiten. So können wir eigentlich jedes Feld in uns bearbeiten – manche leichter, manche etwas schwieriger. Der Zaubergarten ist ein Feld, das relativ leicht zu bearbeiten ist, doch gleichzeitig ein hohes Maß an energetischer Ausdehnung herbeiführt – was wiederum der Zirkulation und der Verbindung der Aspekte dient.

Wenn du wie ein kleines Kind durch deinen Zaubergarten spazierst, dich vielleicht auf eine Schaukel setzt, dich ins Gras legst oder einfach das machst, was dir und deinem Inneren Kind gefällt, dann geschieht in Wirklichkeit etwas ganz anderes: Die Ausdehnung der Energie durch deinen Fokus in diesem Energiefeld erzeugt Rückströme der Energie auf andere Verbindungen. Es werden Querverbindungen erschaffen für andere Felder, die sich dann in dem Moment nähren, sich aufbauen und sich ausdehnen. So fällt es einem vielleicht leichter, die Wirklichkeit in Quin'Taas tiefer zu fühlen oder die Fähigkeiten massiv auszudehnen. All das kann passieren, indem du einfach nur im Zaubergarten schaukelst.
So ist es in ganz vielen Feldern in uns. Das tiefste und ausgedehnteste Feld, was wir in uns eröffnet haben, ist der Tempel des Friedens*. Dort geschieht am allermeisten, ohne dass wir es merken. Natürlich merkt man es bei den Schritten, aber alles, was du bei einem Channeling hörst, ist nur eine Note von einem ganzen

Siehe Glossar auf Seite 270.

Musikstück. Die Geistige Welt kann nicht das ganze Musikstück spielen, denn das würde endlos dauern, also bekommen wir eine Note. Mit dieser einen Note, mit diesem Ton arbeitest du, aber was das für Auswirkungen in dir hat, das ist, wie schon gesagt, ein ganzes Musikstück. Das bekommst du zunächst gar nicht mit – das offenbart sich erst viel später.

Es ist auch nicht wichtig, zu benennen, wenn du im Zaubergarten bist und beispielsweise gerne deine Fähigkeiten ausdehnen willst. Das ist nur dann wichtig, wenn es in einem Channeling von der Geistigen Welt benannt wird, weil dann etwas gewollt bewirkt wird, was die Geistige Welt sieht, was in diesen Augenblicken dieser Zeitenergie wichtig wäre. Aber ansonsten weiß dein System selbst am besten, was zu tun ist. Es kann sein, dass du kurz vor dem Durchbruch einer Fähigkeit stehst. Dann hast du zwei Möglichkeiten, um das zu vollziehen: Die eine Art ist, eine Konzentration oder eine Absicht auf diese Fähigkeiten zu lenken, indem du ganz fleißig übst – oder du gehst in den Zaubergarten schaukeln.
Das tatsächlich Wichtige ist, dass dieses Feld geöffnet wird und dass du dich in einem Feld befindest, in dem die Energie so zirkuliert, dass sie Rückstöße darauf abgibt. Das heißt, durch deinen Aufenthalt in dem einen Wirklichkeitsfeld sammelst du praktisch die Energien, die für dich in diesem Augenblick am wichtigsten sind – und diese Energie wird in andere deiner Energiefelder getragen und somit genährt. Deshalb spielt es auch keine Rolle, was du in dem einen Feld machst. Hauptsache, du bist in diesem Feld, um Energien aufzunehmen, und dieses Feld erlaubt dir, diese Energie in andere Energiefelder zu tragen – und dein Energiesystem, deine Merkaba, weiß immer, was dir am dienlichsten ist.

Deine Seele und deine Merkaba sind eins und miteinander verbunden

und weiß zu jedem Augenblick, was du brauchst. Das ist so, wie dein körperliches System weiß, dass du atmen musst und dein Herz schlagen muss, um zu leben. In deiner Merkaba ist es genauso – nur, dass es uns dort vielleicht noch weniger bewusst ist wie in unserem Körper.
Die Vibration oder das Schwingen, das du vielleicht manchmal bis in die körperliche Ebene spüren kannst, das ist die Merkaba. Die Merkaba ist ein Feld in dir, was die meisten körperlich sehr gut spüren können. Ob es jetzt als angenehm empfunden wird, ist eine andere Frage, aber man kann die Merkaba körperlich sehr gut spüren, weil die Merkaba sehr eng mit dem Zellbewusstsein zusammenarbeitet. Immer dann, wenn deine Merkaba aktiv ist, ist auch dein Zellbewusstsein aktiv – und das Zellbewusstsein bedeutet immer eine Körperlichkeit.

Die Drachenenergie

Vor dem nächsten Channeling möchte ich gern noch etwas über die Drachenenergie sagen. Die Drachenenergie ist eine wirklich sehr intensive Energie – genauso wie die Einhornenergie. Ich bleibe aber jetzt bewusst bei der Drachenenergie, weil es bei dem Channeling um die Drachenenergie geht.

Die Drachenenergie ist eine Energie, die du nicht aus dir selbst heraus erzeugen kannst. Fast alle Energien, die man so kennt, kann man aus sich selbst heraus erzeugen und nähren. Das geht bei der Drachenenergie nicht und das liegt wieder an den Entscheidungen, die ihr in Nyroos getroffen habt. Ich habe schon davon erzählt, doch ich gehe noch einmal darauf ein.
Jeder Mensch hat einen persönlichen Drachen und ein persönliches

Einhorn. Es ist eine Energie. Als ihr in Atlantis wart, habt ihr mit der Drachen- oder Einhornenergie sehr intensiv gewirkt. Dort waren die Anfänge der Drachen- und Einhornenergie. Ihr habt diese Energie gebraucht, damit das Merkaba-Reisen funktioniert – und diese Energie habt ihr intensiv eingesetzt.

Wie du weißt, waren wir alle in Atlantis sehr spirituell und absolut erwacht. Es gab nichts, was uns – spirituell gesehen – hätte zurückhalten können. Wir waren sehr weise. Wir wussten sehr viel und haben sehr viel gewirkt, aber was wir nicht hatten, war ein ausgeprägtes Gefühl der Liebe. Das war in Atlantis noch nicht so ausgereift, wie es heute ist. Das ging erst ab Avalon los. Eigentlich sollte der Dimensionswechsel schon in Atlantis stattfinden. Die Erfahrung hat aber gezeigt, dass allein das Wissen um die Spiritualität und das völlige Erwachen in der Spiritualität doch nicht ausreicht, um die Energie ausreichend auszudehnen. Was tatsächlich gefehlt hat, war die tiefe Liebe.
Dass wir die Liebe noch nicht so wie heute entwickelt hatten, lag einfach daran, dass unser Chakra-System in Atlantis noch nicht so weit ausgebildet war. Als wir feststellten, dass es nicht ausreichte, haben 1728 Avatare – menschlich gesagt – sich niedergekniet und angefangen zu beten, dass Gott doch weiteratmet und wir mehr Zeit bekommen. Wie viel Zeit wir noch bekommen haben, können wir jetzt sehen – schon ganz schön viel.

Da die Erfahrung gemacht wurde, dass allein die Spiritualität nicht ausreicht, wurden daraus Konsequenzen gezogen. Die Entscheidungen dazu haben wir in Nyroos getroffen. Die Konsequenz, war die, dass viele der Fähigkeiten codiert wurden. Ich möchte noch einmal betonen, dass es nicht die Geistige Welt war, die beschlossen hat, dir deine Fähigkeiten wegzunehmen und sie zu codieren! Du selbst hast das aus freien Stücken entschieden. Du

hast dir gesagt: „Okay, wenn der Dimensionswechsel nur durch unser Vertrauen und durch unsere Liebe hervorgerufen werden kann und die Voraussetzung dafür ist, dass ich Fähigkeiten ablege, dann bin ich bereit, einige von meinen wunderbaren Fähigkeiten schlafen zu legen“, und das hast du auch mit der Drachenenergie gemacht.
Sehr viele Fähigkeiten, die codiert waren, wurden gerade im Goldenen Zeitalter* wieder aktiviert und sind heute frei. Doch die Drachenenergie wurde so fest verschlossen, dass sie dir praktisch entzogen wurde. Sie wurde tatsächlich aus deinem Feld herausgenommen und deshalb kannst du sie auch nicht mehr von dir heraus aktivieren. Man braucht dazu einen 19. Aspekt. Wir haben es ja von Jophiel gehört, dass wir alle 18 Aspekte haben und wir brauchen einen 19. Aspekte, damit diese Energie sich wieder zurückführen lässt – und das geschieht jetzt beim nächsten Channeling!

Für Menschen, die mit dem 19. Aspekt noch nie in Kontakt gekommen sind, wird es etwas sehr Intensives sein. Hier ist zu sagen, dass es wieder an der Absicht und an weiteren Komponenten liegt, ob oder wie tief der 19. Aspekt zugeführt werden kann. Aber auch für diejenigen, die diese Energie und den 19. Aspekt schon integriert haben, wird sehr fühlbar sein, mit welcher Kraft der 19. Aspekt zusätzlich genährt wird. Also gehe so oder so in eine tiefe Absicht und vollziehe alles mit besonderer Achtsamkeit, was Shiraas dir sagt!

**Siehe Glossar auf Seite 262.*

SHIRAAS

Aktivierung des 19. Aspektes

Ich bin ein Hüter der Drachenenergie. Ich bin Shiraas. Ich begrüße dich mit den Tönen von Omar Ta Satt!

Meine Energie ist sehr intensiv und in einigen Augenblicken – jenseits von Raum und Zeit – wird sich diese Energie hier, in diesem Raum, ausdehnen und du wirst fühlen, dass sich etwas verändert. Etwas Großes geschieht – und doch etwas, das du kennst; etwas, das dir nah ist; etwas, das du vielleicht vermisst hast – denn die Kraft der Drachenenergie, sie dehnt dich aus und erhebt dein Bewusstsein! Sie führt dich in Dimensionen, in Dimensionen hinein, die dich das Neue fühlen lassen.
Intensiv und voller Kraft das Feuerlicht der Drachenenergie! Es wird gebraucht in dieser Zeit für die Öffnung der Wirklichkeitsfelder, wenn Einzug hält die Neue Energie, in einer Fülle sich über den Planeten legt und du – mit einem Atemzug – fühlen wirst, was es bedeutet, jenseits der Dualität in der Freiheit deines Schöpferlichtes zu leben als göttlicher Mensch auf eurem Planeten.

Vertraue! Vertraue darauf, dass ich dich führen werde mit meiner Energie und du dich fallen lassen kannst in die Bereitschaft der Aufnahme der Energien.

Und so atme Licht und Liebe in dich hinein. Jeder Atemzug trägt dich in die Tiefe – näher zu dir selbst. Dort, wo das eigentliche Leben stattfindet, das Leben in dir; dort, wo die Energien so lebendig sind; dort, wo das ursprüngliche Gotteslicht in dir leuchtet, dorthin trägt dich dein Atem.

Du wirst geerdet auf allen Ebenen. Wenn du bei dir bist – ganz nah bei dir –, fühlst du die Ruhe, den Frieden. Du fühlst das schöpferische Wissen. Du weißt um die Wahrheit dieser Worte. Du kannst es fühlen.

Deine Chakren sind zur Vereinigung bereit – und du dehnst dich aus. In allen Richtungen fühlst du, wie dein Schöpferlicht leuchtender, größer wird. Und du fühlst es – das Leben in dir, die Lebendigkeit, das Einssein mit dir selbst.

Und mit einem tiefen Atemzug befindest du dich in einem Wirklichkeitsfeld auf einer Wiese. Du öffnest dein Drittes Auge. Du fühlst – du kannst es fühlen –, wie die Sonne deine Haut wärmt. Du fühlst den Wind. Doch vor allem fühlst du die Mystik, die dich umgibt – das Zauberhafte, das Magische – und du fühlst, dass du nicht alleine bist.

Du rufst deine Inneren Helfer in dieses Feld und du bittest sie, so viele Aspekte miteinander zu verbinden, die notwendig sind für diesen Prozess.

Du rufst den Botschafter der Liebe – und wir öffnen für dich ein weiteres Wirklichkeitsfeld. Du kannst es betreten und fühlen, dass die Energien sich verändern, dass alles kraftvoller und intensiver wird. Du siehst die Welt um dich herum – und vielleicht kannst du wahrnehmen, wie viele Wesen sich versammeln, um bei diesem Geschehen dabei zu sein.

Lass dir etwas Zeit und erkunde dieses Wirklichkeitsfeld. Und dort, wo du fühlst, dass eine intensive Kraft in dir emporsteigt, dort lässt du dich nieder.

(Lasse dir hierfür einige Zeit.)

Mache dir bewusst, dass es so viel mehr gibt als das, was die Dualität dir zeigt. Du befindest dich jetzt in der Wirklichkeit – und ich, Shiraas, frage dich: Bist du bereit, dass wir dir den 19. Aspekt zuführen, aktivieren und mit der Drachen-Energie nähren? Fühle, ob du bereit hierfür bist! Überprüfe deine Absicht!

Ich frage dich: Bist du bereit, dass die weibliche Energie Shiraas die Einhornenergie zuführt? Diese Energie wird noch etwas zurückgehalten, denn im Hier und Jetzt ist es wichtig, die Drachenenergie aufzunehmen – in einer Fülle, so, wie es für dich richtig und gut ist. Wir werden dir den 19. Aspekt zuführen, aktivieren, die Drachenenergie einfließen lassen und auch die Einhornenergie wird einfließen.

Lege deine Hände auf deine Beine und lasse nun geschehen, was geschieht. Es ist ein hochspiritueller und sehr persönlicher Prozess, der jetzt vollzogen wird – mit Tönen aus der Wirklichkeit.

(Spiele ein kraftvolles Musikstück und lasse dir hierfür etwas Zeit.)

Manchmal reichen Worte nicht aus, um etwas zu beschreiben. Doch du kannst es fühlen, denn ich sehe das Leuchten.

Gehe nun zurück in das erste Wirklichkeitsfeld – und dort wirst du erwartet. Viele lichte Wesen erwarten dich in diesem Feld. Vielleicht siehst du es – doch du fühlst es.

Du aktivierst deinen Herzensstrahl. Ein Wesen wird hervortreten und es wird ein Feuerzeichen auf die Spitze deines Herzensstrahls setzen.

Du nimmst dieses Feuerzeichen auf und lässt es in deinen Aspekten zirkulieren. Die Energie wird eingebettet nach der Zirkulation in deinem 19. Aspekt.

(Lasse dir hierfür etwas Zeit.)

So ist es geschehen. Beschäftige dich mit dieser Energie – so, wie es für dich richtig und gut ist – und je tiefer deine Absicht ist, je tiefer deine Bereitschaft, je tiefer das Vertrauen, wird diese Energie dich zu deinem persönlichen Goldenen Wunder* führen! Das geschieht möglicherweise in luziden Träumen. Vielleicht geschieht es in einem Augenblick – mit einem Atemzug –, doch es wird geschehen. Durch diese Energiezufuhr wirst du dich sehr viel kräftiger, stärker und stabiler fühlen. Auch wirst du fühlen, dass die göttliche Schöpfermacht sehr viel intensiver sich ausdehnt.

Es war mir eine Ehre und Freude, auserwählt worden zu sein, um diesen spirituellen Prozess mit dir zu vollziehen! Sei achtsam mit jeder Energie, die lebt, denn die Lebendigkeit ist in dir! Das Leben ist in dir – so sei auch achtsam mit dir selbst!

An'Anasha!

**Siehe Glossar auf Seite 264.*

Kapitel IX

Das Merkaba-Erwachen

KRYON

Segnungstropfen der Dankbarkeit

Ich bin Kryon. Ich begrüße dich – mit den Tönen von Omar Ta Satt heiße ich dich willkommen!

Schon lange bevor du diesen Raum betreten hast, haben wir Vorbereitungen getroffen und die Engel haben Einzug gehalten. Es ist wie eine Zusammenkunft beider Seiten und du kannst es fühlen – ganz tief in deiner Seele –, wenn die Engel, die hohen Lichter, dich berühren, dir zuflüstern, wie wunderbar du bist. Du kannst dich geborgen fühlen, getragen. Es sind Augenblicke der Liebe, Augenblicke der Dankbarkeit, Augenblicke der Kraft, Augenblicke der Energie, wo sich alles vereint, was sich vereinen soll. Bei jeder Botschaft in diesen Augenblicken, wo die Liebe so hoch schwingt und die Wirklichkeit so tief Einzug hält, haben wir die Möglichkeit, so tief zu wirken. Und wenn du es erlaubst, werden wir es tun – doch immer so, wie es für dich zu diesem Zeitpunkt richtig und gut ist!

Im Universum wurde entschieden, dass die Grundenergie dieser Botschaften die Dankbarkeit ist, denn die Dankbarkeit ist eine der höchsten Energien im Universum. Die Dankbarkeit trägt so viele Attribute. Und wenn du es erlaubst und auch nur ein Attribut ganz tief in dich aufnimmst, dann wirst du fühlen können, was sich in dir verändert, was von dir abfällt, was dich vielleicht bisher belastet hat. Du wirst deinen Blickwinkel verändern mit diesen Botschaften, denn du wirst fühlen, dass Dankbarkeit so viel mehr ist, als du ahnen kannst.

Getragen von dieser Energie wirst du dich wohlfühlen, geborgen und voller Frieden. Denn in diesen Zeiten des Neubeginns gibt es so viele Energien, die wir nutzen können, um dich zu unterstützen. Und dadurch, dass die Wirklichkeit schon Einzug gehalten hat, ist es uns auch möglich, sehr viel tiefer zu wirken als je zuvor – und das wirst du fühlen. Diese Augenblicke sind etwas ganz Besonderes – auch von unserer Seite aus –, denn wir sehen und blicken ganz tief in deine Seele hinein und wir sehen das Leuchten. Wir sehen deine Absicht und es bildet sich eine Grundenergie. Diese Grundenergie macht es uns möglich – mit jedem Wort, mit jeder Botschaft –, die Energien auszudehnen und zu erhöhen.

Dankbarkeit fließt direkt aus der göttlichen Quelle und es sind die Segnungstropfen der Dankbarkeit, die diese Augenblicke so wunderbar werden lassen. Denn es braucht viele Vorbereitungen, damit diese Segnungstropfen ausgeschüttet werden können.

Und ein jeder Mensch, der sensitiv genug ist, weiß um dieses Geschenk der Segnungstropfen und je tiefer du sie aufnimmst, desto leichter wird es dir gelingen, den Einladungen zu folgen, alle Geschenke, die du bekommst, anzunehmen – denn es sind viele Geschenke, die wir für dich bereitgestellt haben.

Und höre auf die Worte des Kryons: Gerade in dieser Zeit, wo im Außen alles laut ist, hast du hier die Möglichkeit, in der Stille – ganz tief in dir – all das zu finden, was du brauchst. Und so genieße mit den Tönen der Wirklichkeit die Segnungstropfen der Dankbarkeit!

(Spiele ein kraftvolles Musikstück und nimm dir hierfür etwas Zeit.)

Lass mich dir sagen: Genieße diese Botschaften, denn die Vorbereitungen haben auch beinhaltet, dass die Energien von Quin'Taas sich intensiv ausdehnen – und auch dies wirst du merken. Du wirst Informationen erhalten; es werden dich Botschaften erreichen, wo erzählt wird, was sich verändert – und es sind tiefgreifende Veränderungen! Es ist sehr hilfreich für dich, wenn du keinen Druck bei dir aufbaust, sondern einfach nur den Einladungen folgst und dich fallen lässt. Die Energien, sie zirkulieren sehr intensiv und du wirst das fühlen. Doch wir tragen dich und wir legen den Mantel der Geborgenheit um dich – denn du wirst unermesslich geliebt!

An'Anasha!

SABINE SANGITAR

Die Energie der Dankbarkeit

Dankbarkeit ist etwas, das in der Dualität oder bei uns Menschen mit etwas verbunden ist, das wir alle kennen: Wir bekommen etwas und bedanken uns dafür. Wenn die Geistige Welt uns Geschenke gibt, bedanken wir uns dafür. Aber Dankbarkeit ist so viel mehr und vielleicht ist es besser zu verstehen, was Kryon gemeint hat, wenn ich dir erkläre, was Dankbarkeit im Universellen bedeutet.

Die göttliche Quelle, das ewigliche zirkulierende Feld, besteht aus reiner Liebe. Es ist nichts, aber auch gar nichts weiter in diesem

Feld als pure Liebe. Die erste Projektion, die damals aus dieser Liebe heraus stattgefunden hat, war Melek Metatron – und als Energie war die erste Projektion, die aus dieser Quelle herausgekommen ist, die Dankbarkeit. Die Dankbarkeit fließt durch das ganze Universum und deshalb ist auch das ganze Universum voller Dankbarkeit. Im Universum nennen sie es anders. „Dankbarkeit" ist ein Wort der Dualität. Im Universum nennen sie es „An'Anasha".

Bildhaft kannst du es dir am besten an der Metapher eines Mobiles vorstellen: Das Gerüst wird von der Dankbarkeit gebildet und daran hängen lauter kleine Figuren oder Ähnliches, die Attribute. Diese Attribute werden der Dankbarkeit zugeschrieben. Dankbarkeit ist eine Trägerenergie und die Attribute, die daran hängen, sind tief in der Dankbarkeit verwurzelt.
Die Attribute sind unter anderem die Achtsamkeit, das Vertrauen, die Demut, die Selbstliebe, die Lebensfreude – um nur einige von vielen zu nennen. Deshalb hat Kryon auch gesagt: „Wenn du es erlaubst und auch nur ein Attribut der Dankbarkeit ganz tief in dich aufnimmst, dann wird sich in dir etwas verändern!"

Das Interessante daran ist, dass auch die Liebe als Attribut von diesem Feld der Dankbarkeit angebunden ist. Die Liebe wiederum ist auch eine Trägerenergie, aber diese Trägerenergie bildet sich aus der Energie der Dankbarkeit heraus und wird dann zu einer Trägerenergie. Die Liebe als Trägerenergie trägt auch wieder verschiedene Attribute, die mit dem verwurzelt sind, was die Trägerenergie Liebe bedeutet.

Wichtig ist, zu verinnerlichen, dass die erste Energie, die aus dem göttlichen Gedankenfeld oder aus der göttlichen Quelle herausgekommen ist, die Dankbarkeit war.

Während der tiefen Einweihung von Melek Metatron werden viele energetische Felder geöffnet, damit du die Übertragung der Dankbarkeit ganz tief in dir aufnehmen kannst. Goldene An'Anashas werden über dich ausgeschüttet werden.

MELEK METATRON

Eine tiefe Einweihung

Ich bin Melek Metatron. Ich blicke voller Liebe zu dir. Ich begrüße dich mit den Tönen von Omar Ta Satt!

Melek Metatron wird mit dir eine tiefe Einweihung vollziehen, damit du die Energie der Dankbarkeit sehr viel intensiver in dich aufnehmen kannst.

Dankbarkeit ist eine so hohe Energie und die Grundlage vieler Energien. Die Dankbarkeit vereint die Menschen – so wie die Liebe und das Vertrauen. Die Dankbarkeit trägt dazu bei, dass dein Leben insgesamt sehr viel leichter wird. Dankbarkeit führt dich in die tiefe Selbstliebe. Dankbarkeit bedeutet auch Fürsorge. Dankbarkeit ist wie ein Bett, in das du dich hineinlegen kannst – und du wirst fühlen, wie intensiv und stark, kraftvoll diese Energie des Universums ist. Denn auch im Universum zirkuliert die Energie von An'Anasha – ewiglich, ewiglich, ewiglich!

Gerade in diesen Zeiten der großen Verwirrung, die im Außen stattfindet, wenn sich etwas Neues bildet und die Menschen oft ängstlich sind vor den vielen Veränderungen und Herausforderungen, ist die Energie der Dankbarkeit der beste Träger, die beste Grundlage!

Folge den Tönen von Melek Metatron und lasse dich mit deinen Atemzügen – in deinem Rhythmus – tief fallen.

Du trittst in Kontakt mit deinem Gotteslicht. In tiefer Absicht rufst du all deine Chakren zusammen. Es bildet sich eine goldene Korona.

Rufe deine Persönliche Engelsgruppe und deinen Schutzengel. Bitte den Goldenen Engel in dir, so viele Aspekte zu vereinen, wie es für dich richtig und gut ist.

Und mit deinem Schutzengel wirst du mit diesen Aspekten nach Quin'Taas reisen. Und da Melek Metatron dich begleitet, wird dir der Einlass von Quin'Taas gewährt.

Sieh dir dieses Lichtfeld an – die Schönheit. All das, was du siehst, ist Wirklichkeit!

Und wir begleiten dich zu einem ganz besonderen Feld. Dieses Feld trägt die Form des Kristalles An'Anasha. Und dort stellst du dich in tiefer Absicht und Verbundenheit auf diesen Kristall.

Während der tiefen Einweihung werden viele Felder, energetische Felder geöffnet, sodass du die Übertragung der Dankbarkeit ganz tief in dir aufnehmen kannst. Goldene An'Anashas werden über dich ausgeschüttet werden – und dies geschieht mit den Tönen der Wirklichkeit. Genieße es!

(Spiele ein kraftvolles Musikstück und nimm dir hierfür etwas Zeit.)

Lasse dich nun von deinem Schutzengel zurückbringen in dein persönliches, energetisches Gottesfeld der Jetzt-Zeit.

Und bitte deine Persönliche Engelsgruppe, die Tausenden von An'Anashas, die dir überreicht wurden, in dich einzubetten – und sie werden es tun!

Und fühle, was es bedeutet, so viel Dankbarkeit in sich zu tragen! Fühle deine Selbstliebe, das Vertrauen, die Achtsamkeit, die Demut, die Lebensfreude, die Vergebung.

Melek Metatron möchte dir sagen, mein liebstes Menschenkind: A ni o'heved o'drach! Du wirst unermesslich geliebt!

An'Anasha!

SABINE SANGITAR

Das hohe Lichtwesen Zwölf

Ich habe mich in der Vorbereitung mit dem Lichtwesen verbunden, was nun erstmalig durch mich spricht. Die hohen Wesen haben ja auch immer einen Namen, der sich durch Töne zusammensetzt. Und dieses Wesen trägt einen Namen, einen Ton, den ich nicht aussprechen kann. Ich habe es versucht. Es geht nicht. Es liegt nicht in meinem sprachlichen Spektrum, da kann ich mich noch so sehr bemühen. Daraufhin haben wir uns auf eine Zahl geeinigt. Und was kam heraus? Zwölf! Was soll ich machen, wenn ich den Namen nicht aussprechen kann? Nun wird sich dieses hohe Lichtwesen mit Nummer 12 vorstellen.

DAS LICHTWESEN ZWÖLF

Die Blüte der Merkaba

Meine Liebe vereint. Ich begrüße dich mit den wunderbaren Tönen von Omar Ta Satt!

Meine Töne, die ich trage, sind in der Dualität und für Sangitar nicht auszusprechen, deshalb haben wir uns darauf geeinigt, mich „Zwölf“ zu nennen. Auch du kannst mich so nennen. Und dazu musst du wissen, dass im Universum wir uns nicht mit unserem Namen ansprechen, sondern unsere Töne, sie schwingen, zirkulieren und senden Signale aus. Doch hier bei euch haben Namen eine Bedeutung. Und so spreche mich mit Zwölf an.
Du fragst dich sicher, wer ich bin, da ich noch niemals durch einen Menschen gesprochen habe. Und natürlich gebe ich dir Antwort. Ich habe eine hohe Aufgabe zu erfüllen im Universum und wurde in dieser Zeit vom Weisen Rat auserwählt, im Hier und Jetzt, in diesem Augenblick für dich da zu sein.

Was bin ich? Ich bin ein Licht voller Liebe und meine Aufgabe im Universum ist vielseitig. Auch hierfür gibt es keine Bezeichnungen, die nur annähernd beschreiben könnten, welche meine Aufgaben sind und was sie beinhalten. Doch haben wir uns darauf geeinigt, dass ihr auf diesem Planeten vielleicht am besten mit dem Wort „Mechanik“ etwas anfangen könntet. Ich bin ein Mechaniker.
Mein Wirken ist eng verbunden mit der Merkaba-Energie. Und im Wandel der Zeit, die euer Planet erfährt, die so intensiv ist, wurde ich auserwählt, etwas – mit deiner Erlaubnis – an deiner Merkaba zu wirken. In dieser Zeit hast du viele Botschaften, Einbettungen und Energien erfahren, die es dir möglich gemacht haben, dass die Merkaba intensiver zirkuliert, sich öffnet und die Blüte der

Merkaba sich ausdehnt und zu dem wird, was wir ewigliches Leben nennen.
Doch wir beobachten jede Einbettung von Energie mit einer intensiven und tiefen Achtsamkeit. Und so ist uns aufgefallen, dass eure Merkaba diese vielen hohen Energien und Einbettungen zwar aufnimmt, aber doch im Alltag in bestimmten Situationen sich doch immer wieder etwas reduziert in der Zirkulation – sich nicht verschließt, sondern nur reduziert. Und so wurde ich auserwählt, eine Energielinie, eine sogenannte Leyline, ein Energiemuster in deiner Merkaba einzubetten, die diese stabilisiert und offen hält – natürlich nur, wenn du damit einverstanden bist.

In eurer Energie gibt es Zeit und die Zeit ist da, dass die Merkaba in einer Gemeinschaft, bei jedem Einzelnen, in einem Kollektiv zum Erwachen gebracht wird. Dies ist ein wichtiger und intensiver Prozess, den du brauchst, wenn der Wandel sich vollzogen hat und die Transformation abgeschlossen ist. Und so werde ich, Zwölf – mit deiner Erlaubnis –, dieses für dich tun!
Ich beschäftige mich auch im Universum mit vielerlei und darunter fällt auch, dass ich mich um die Merkabas kümmere von den Seelen, die nach Hause gegangen sind. Ich bin ein Meister darin, in diesem Wirken. Und auch wenn du mich nur als Zwölf kennst, so schenke mir dein Vertrauen, dass ich für dich in diesen Augenblicken das Allerbeste vollbringen werde!

Gehe mit dem Kristall Mona'Oha in die Tiefe deiner Göttlichkeit hinein und lasse deinen Atem zirkulieren – ohne Druck.

Fokussiere dich nun. Bündele deine Energie, zentriere dich und begib dich mit deiner Aufmerksamkeit in das Feld deiner Merkaba hinein. Werde dir bewusst, dass dies Leben bedeutet – Leben, Erneuerung und Wachstum!

Nun ist es wichtig, dass du mir die Erlaubnis erteilst, zu wirken! Bekunde das mit deinem Ursprungsnamen, mit deiner Absicht und mit deinem Vertrauen.

Nehme drei tiefe Atemzüge – und atme ruhig weiter.

Aktiviere nun den Goldenen Engel in dir – in der Bewusstheit deiner Gottesmacht.

Und ich, Zwölf, werde nun beginnen, ein Energienetz in deiner Merkaba einzubetten. Dabei werde ich die Zirkulation etwas erhöhen, deshalb erde dich auf allen Ebenen.*

(Lasse dir hierfür etwas Zeit.)

Die Zirkulation ist nun erhöht und nun beginne ich mit meinem Wirken. Bleibe im Mona'Oha!

(Lasse dir hierfür einige Zeit.)

Nehme noch einmal drei tiefe Atemzüge.

Ich lasse dich wissen, dass auch deine Merkaba die Energie der Dankbarkeit braucht, um lebendig zu sein, um zu erwachen. Dieser Prozess wird geschehen! Diese Energieeinbettung bleibt bestehen und hilft dir, in deiner Merkaba zur Gänze zu erwachen!

Ich wurde auserwählt, um für dich zu wirken. Ich sage zu dir: An'Anasha – für dein Vertrauen, für deine Aufmerksamkeit, für deine Absicht, für dein Licht, für deine Liebe!

An'Anasha!

**Siehe Glossar auf Seite 272.*

SETH

Der grosse Zeitenwandel

Ich bin Seth. Ich begrüße dich mit den Tönen von Omar Ta Satt!

Dies ist ein ganz besonderer Augenblick, der uns verbindet. Dieser Augenblick ist voller Mystik, denn ich werde mit dir wirken und bei dir sein. Und so werde ich meine Botschaften verkünden und mit jedem Wort, das zu dir fließt, kannst du dich mit mir verbinden. Du kannst fühlen, wie meine Kraft, meine Stärke, meine Liebe zu dir fließt und sie dich selbst kräftigt, stärkt und du jede Energie ganz tief in dir aufnehmen kannst – soweit du es dir selbst erlaubst.

Du hast so vieles gehört. Du weißt bereits von dem großen Wandel, der großen Veränderung der Neuen Zeit. Weißt du, ist dir bewusst, dass ihr mittendrin seid, dass ihr schon darin lebt? In vielen Facetten von Energien hat sich die Wirklichkeit so weit ausgedehnt, dass Menschen, die sich bewusst sind, das Geschehen beobachten – nicht nur wissen, sondern auch fühlen: Die Zeit ist bereit!
Die Verwirrungen bei den Menschen im Außen sind außergewöhnlich und viele Menschen fühlen sich belastet durch die Energien, die so intensiv einfließen auf eurem Planeten. Doch es teilt sich und man kann zusehen, weil wir den Fokus auf den gesamten Planeten richten – und wir sehen so viele Prozesse, die ablaufen, die den meisten Menschen nicht bewusst sind.
Wir sehen auf der einen Seite das helle, leuchtende Licht. Wir sehen Menschen, die so sensitiv sind und fühlen, dass etwas Neues beginnt, eine neue Ära begonnen hat – und sie fühlen sich darin eingebettet und freuen sich auf jede Veränderung. Alles, was diese Menschen in sich tragen an Liebe, Fürsorge, Fähigkeiten, all das

dehnt sich aus – Stunde um Stunde, in der linearen Zeit, doch ganz besonders in einem Kollektiv der Energien, das voller Liebe ist. Es gibt aber auch die andere Seite: Menschen, die so verwirrt sind, dass sie sich sehr schwertun mit dem Umgang der neue Energien. Teilweise macht es den Menschen sogar Angst. Sie klammern sich so sehr an etwas, aber sie wissen nicht, was es ist. Doch sie können fühlen, dass sich etwas verändert, dass die Masken der Menschen fallen und das Wahre von innen sich nach außen kehrt – so wie bei dir selbst auch.

Auch Menschen, die sich bewusst sind, die sich sehr bewusst sind, diese Menschen können manchmal tief fallen und ein Ego bildet sich heraus, ohne dass sie es merken. Auch hat sich das Klima verändert. Auch das bemerken viele Menschen. Die Neue Zeit ist da und jeder Mensch lebt in dieser Neuen Zeit! Und doch wird sich noch so vieles tun. Du wirst es sehen, du wirst es fühlen und du bist ein Teil davon!

Diese Energie, die in diesen Botschaften besonders intensiv eingeflossen ist und fließt, ist die Energie der Dankbarkeit. Die Dankbarkeit, sie erleichtert dir so vieles in deinem Leben und sie öffnet in dir so vieles, was bisher vielleicht noch verborgen war.

Wenn du in deinem Alltag, wenn du im Außen bist, kannst du die Veränderung fühlen? Kannst du fühlen, wie die Wirklichkeit Einzug hält? Kannst du fühlen, wie die Menschen sich verändern – in verschiedene Richtungen? Kannst du es fühlen?

Kannst du bei dir selbst fühlen, was sich verändert? Was bedeutet es für dich, wenn die Masken, die du getragen hast – einst –, immer mehr von dir abfallen? Was kommt hervor? Was ist es, was du fühlst, was dich unterstützt, was dir hilft, dein Leben zu leben?

Dankbarkeit fördert die Selbstliebe. Die Selbstliebe in dir ist eine Energie, die dich so sehr unterstützt, wenn du sie fühlen kannst. Ich gebe dir nun etwas Zeit. Wenn du mit ein paar Atemzügen in die Stille gehst und dich mit deiner Seele verbindest, dann fühle einmal nach: Wie tief ist deine Selbstliebe gewachsen?

Wie fühlst du die Dankbarkeit, die Attribute der Dankbarkeit? Und wo siehst du dich jetzt, in diesem Augenblick? An welchem Punkt stehst du? Ich lasse dir Zeit, lasse auch du dir Zeit, um dies zu fühlen.

(Lasse dir hierfür etwas Zeit.)

Höre die Worte von Seth: In dieser Zeit, in der du dich befindest, ist es sehr wichtig, hilfreich und gut, dass du dich annimmst – so, wie du bist –, dass du dich akzeptierst – so, wie du bist –, dass du dich liebst – so, wie du bist –, denn das trägt dich empor! Das ist das, was in dieser Neuen Zeit sehr wichtig ist!

Wir sprechen viel mit Lady Shyenna und wir wissen, dass in der linearen Zeit nicht mehr viel Zeit bleibt für Umwege. Erkenne, dass du alles in dir trägst, was du brauchst, und wir dich unterstützen – in jedem Prozess, den du durchläufst, in jedem Prozess, den du durchläufst!

Viele Menschen – gleich, welchen Weg sie auch gehen, ob sie sich nun bewusst sind oder nicht –, viele Menschen leiden derzeit unter starken Ängsten, die scheinbar oft aus dem Nichts auftauchen. Das ist das Anklopfen der Seele. Die Seele möchte dir etwas mitteilen. Höre darauf und du wirst sofort fühlen: Alles ist gut, denn du bist genau richtig – so, wie du bist!

Lerne fürsorglich mit anderen Menschen umzugehen, sie zu akzeptieren in ihrem Anderssein. Doch traue dich auch, Nein zu sagen, wenn die Menschen versuchen, dir Lasten aufzubürden. Es gibt auch ein Nein der Liebe. Wenn dir Menschen begegnen, wo du spürst, dass sie dir nicht guttun, dann achte sie in ihrem göttlichen Licht – doch traue dich, auch hier Nein zu sagen! Oftmals – höre die Worte von Seth – ist ein Nein eingebunden in Liebe!

Fühle für dich die Mitte – so, wie es für dich richtig und gut ist. Im großen Ganzen – so, wie wir das sehen – ist es wichtig, alle Menschen zu ehren und zu achten – ganz gleich, welchen Weg sie gehen, welcher Religion sie angehören, welche Hautfarbe sie tragen. All das spielt keine Rolle. Das Achten und Ehren eines jeden Menschen ist das Wissen, dass jeder Mensch ein göttliches Licht in sich trägt – eine zirkulierende, leuchtende Seele.

Und trotz alledem darfst du auch Nein sagen! Denn gerade die bewussten Menschen, Menschen mit Fähigkeiten, hellfühlige Menschen, sensitive Menschen neigen dazu, sich so viele Lasten aufzubürden von anderen Menschen. Du meinst es gut und doch manchmal spürst du auch, dass es dich nach unten zieht und du dabei die Erdung verlierst, du müde wirst.

Es ist wichtig, in diesen Zeiten zu dir selbst ehrlich zu sein, immer wieder in dich hineinzufühlen und diese Ehrlichkeit zuzulassen, auch wenn es einmal ein Zweifel ist. Alles ist gut, solange du verbunden bist mit deiner Seele, dich selbst liebst, die Dankbarkeit fühlen kannst! Wenn du das schaffst, werden dich Sa'Maa'Tah und Quin'Taas mit offenen Armen empfangen.

Und so werde ich dir jetzt noch einmal die Energie der Dankbarkeit übertragen. Lasse es einfach geschehen in der Stille deiner

Selbst und Seth bedankt sich bei dir mit den Worten: A ni o'heved o'drach!

An'Anasha!

(Spiele ein kraftvolles Musikstück und nimm dir hierfür etwas Zeit.)

LADY AMETHYST

Ausdehnung der universellen Dankbarkeit

Ich bin Lady Amethyst. Ich begrüße dich mit den Tönen von Omar Ta Satt!

Sehr intensive Energien hast du bereits aufgenommen und dir wurde bewusst, dass jede Energie so sehr lebendig ist! Wenn sie dich berührt – in den Tiefen deiner Seele dich berührt –, sich etwas verwandelt in dir selbst und du den tiefen Frieden fühlen kannst! Lady Amethyst wurde auserwählt, für dich zu wirken und dir einige Fragen zu stellen. Dies werde ich tun.

Jeden Tag in deiner Zeit entscheidest du unbewusst dich Hunderte Mal für irgendetwas. Auf bewussterer Ebene fallen manche Entscheidungen schon etwas schwerer, denn meist sind sie vom Verstand geprägt und die Intuition – die Seele, die so laut klopft – wird manchmal nicht gehört. Doch in der Neuen Zeit werden von all deinen Entscheidungen, die du triffst, nur die die richtigen sein, die du im Einklang mit deiner Seele und deiner Intuition triffst!

Ich möchte dich fühlen lassen, was meine Worte bedeuten, was meine Energie, die ich zu dir bringe, bedeutet.

Nehme ein paar tiefe Atemzüge. Atme in einem Rhythmus – so, wie es für dich richtig und gut ist. Und mit jedem Atemzug, den du tust, lässt du dich tiefer fallen.

Du wirst ruhiger und fühlst ganz tief, dass du mehr bist als nur Mensch. Und in dir zirkuliert ein Feld – so leuchtend und schön –, das Wirklichkeitsfeld deines Zaubergartens.

Rufe deine Persönliche Engelsgruppe und gehe mit einem weiteren tiefen Atemzug – mit tiefer Absicht – in dieses Wirklichkeitsfeld hinein.

Dort bewegst du dich auf einer Wiese – umgeben von Blumen. Die Sonne scheint und du siehst all die schönen Dinge, die du schon eingebettet hast – in deinem Zaubergarten, in diesem lichten Feld.

Und du machst es dir bequem, suchst eine Bank auf oder legst dich auf die Wiese – ganz egal, wohin es dich zieht. Während dieser Botschaften hast du so viel gehört über die universelle Energie Dankbarkeit – dass Dankbarkeit so viel mehr ist, als der Menschen ahnen wird; dass die Dankbarkeit die Menschen vereint, sie der Träger der Liebe ist und vielerlei Attribute in sich trägt.

Meine erste Frage an dich ist: Hat sich etwas verändert? Hat die Energie der universellen Dankbarkeit dein Bewusstsein verändert?

Die Energie Dankbarkeit trägt so viele Attribute. Ich nenne dir einige davon: Es ist die Selbstliebe, die Demut, die Achtsamkeit, das Vertrauen. Lady Amethyst ruft dich nun auf, drei von diesen Attributen auszuwählen.

Stelle dir nun vor deinem Inneren Auge eine goldene Kugel vor – leuchtend und wunderschön. Übergebe nun die auserwählten Attribute und bette sie in diese goldene Kugel ein. Nutze hierzu deinen Herzensstrahl.

Suche dir einen Platz in deinem Zaubergarten und bringe die goldene Kugel dorthin.

Ein intensiver, leuchtender Lichtstrahl baut sich auf und wir werden durch diesen Lichtstrahl diese Attribute, die du auserwählt hast, nähren und ausdehnen. Dies geschieht jetzt.

(Lasse dir hierfür etwas Zeit.)

Du wirst nun die goldene Kugel an dich nehmen und wirst sie an den Goldenen Engel in dir übergeben. Diese Lichtkugel – mit den auserwählten Attributen und der genährten Energie – wird nun in deinen Fähigkeitsaspekt eingebettet. Genieße diesen Prozess!

Ich, Lady Amethyst, ich verabschiede mich und trage das goldene An'Anasha zu dir! Ich liebe dich unermesslich!

(Spiele ein kraftvolles Musikstück und lasse dir hierfür etwas Zeit.)

LADY WHITE

Unterstützung für das Merkaba-Erwachen

Ich trage die lichten Töne Lady White. Ich begrüße dich mit meinem Licht – in tiefer Freude im Jetzt-Augenblick auserwählt worden zu sein, um dir ein wunderbares Geschenk zu überreichen! Ich spreche die Töne: Omar Ta Satt! Diese Töne sind voller Licht und sie vereinen ein kollektives Feld – genauso wie die Dankbarkeit und die Liebe.

Noch hast du mich nicht kennengelernt, nicht fühlen können in der Energie. Doch vielleicht kannst du jetzt – in diesem Augenblick – meine sanfte, weiche Energie fühlen, die ausströmt und durchdringend stark ist – in jedem Moment, mit jedem Wort, das zu dir gebracht wird.
Vielleicht fragst du dich, was meine Aufgabe ist. Doch dieses ist nicht so leicht, zu beantworten. Das Universum, die Energien sind so lebendig und vielseitig und manchmal gibt es für das keine Worte, die ihr verstehen könntet. Doch was dir nahe ist, sind die Kristalle der Wirklichkeit und ich bin ein Licht von vielen, die im Universum Energien bündeln und sie zu Kristalle erschaffen. Und so wurde ich auserwählt, jetzt durch Sangitar zu dir zu sprechen.

Dieses Geschenk, dass dir übereicht wird, ist hochenergetisch und es wirkt – höre die Worte, die du schon so oft vernommen hast, doch mache dir bewusst, was sie bedeuten –, dieses Geschenk wirkt ewiglich, ewiglich, ewiglich!

Lass dich mit meinen Energien fallen. Folge dem Energiefluss und atme in einem Rhythmus – so, wie es für dich richtig und gut ist.

Eine lichte Energie der Wärme, der Geborgenheit begleitet dich auf dem Weg zu dir selbst. Und mit jedem Atemzug kehrt die Stille ein in dir. Du fühlst das Licht in dir – jenes Licht, das dich am Leben erhält. Du fühlst dein Sein – das, was dich tatsächlich ausmacht.

Und du rufst deine Persönliche Engelsgruppe. Diese lebendigen Energien nähern sich dir. Auch sie lassen dich fühlen, dass du so viel mehr bist als nur Mensch, dass du so viel in dir trägst und dies das wirkliche Leben bedeutet – die Vielseitigkeit in dir.

Bitte den Goldenen Engel in dir, einige deiner Aspekte zu vereinen, denn du wirst in das Wirklichkeitsfeld von Quin'Taas reisen.

Deine Persönliche Engelsgruppe wird dich begleiten. Und da du in so tiefer Absicht bist, findest du Einlass in dieses lichte Feld – in das Feld der Wirklichkeit.

Mit deinem Inneren Auge kannst du Quin'Taas erkennen, denn es leuchtet hell, friedlich und voller Schönheit. Deine Persönliche Engelsgruppe bringt dich zu einem goldenen Tor. Mache dir bewusst, dass dies die Wirklichkeit ist. Alles, was du siehst; alles, was du fühlst, ist Wirklichkeit.

Ein tiefer Friede erfasst dich. Das goldene Tor, es öffnet sich und lädt dich ein, einzutreten.

In diesem Raum, wo du dich jetzt befindest, wartet ein hohes Lichtwesen auf dich und du kannst dich diesem Lichtwesen nähern, die Energie dabei fühlen, die Liebe, was es bedeutet, jenseits von Raum und Zeit einem hohen Lichtwesen zu begegnen.

Meine Aufgabe war es, für dich aus den schönsten Energien einen Kristall herzustellen. Und du wirst den Kristall sehen, denn er formt sich vor dir und zeigt sich vor deinem Inneren Auge.

Das hohe Lichtwesen überreicht dir diesen Kristall und du nimmst ihn entgegen und du fühlst, dass es etwas ganz Besonderes ist – ein ganz besonderes Geschenk für dich.

Bleibe noch eine Weile in diesem Raum mit dem hohen Lichtwesen und genieße die Geborgenheit, den Frieden, die Verbundenheit – bevor du den Raum verlässt.

Und deine Persönliche Engelsgruppe trägt deine Aspekte zurück in dein Feld. Der Kristall ist bei dir.

Und nun wird das hohe Wesen, dass du als Zwölf kennengelernt hast, diesen Kristall in die Blüte deiner Merkaba einbetten.

(Lasse dir hierfür einige Zeit.)

Dieser Kristall trägt die Energie der Dankbarkeit mit all seinen Attributen und gleichzeitig sind all deine Energien, die du trägst und für die Merkaba so wichtig sind, enthalten. Dieser Kristall zirkuliert und unterstützt dich bei dem großen Merkaba-Erwachen!

Lady White war es eine große Freude, im Jetzt-Augenblick – jenseits von Raum und Zeit –, mit meiner Energie hier bei dir sein zu können. Ich sage An'Anasha – für dein Vertrauen, für deine Hingabe, für deine tiefe Absicht, für deine Liebe!

An'Anasha!

MELEK METATRON

Du bist so viel mehr als nur Mensch

Ich bin Melek Metatron. Verbunden mit Shakti, verbunden mit Gottes Sohn spreche ich die Worte zu dir: Mein liebstes Menschenkind, wenn du sehen könntest, mit wie viel Liebe wir dich betrachten! Wenn du sehen könntest, wie viel Licht hier in diesen Räumen – in dir und um dich herum – zirkuliert! Es ist Liebe, Erkenntnis, Freude, Geborgenheit, die sich ausdehnt!

Sangitar hat dir viele Informationen überbracht und 36 Hohe Räte waren voller Achtsamkeit und Aufmerksamkeit – lauschend, Energie bringend – dazugehörig. Wir sind hier gewesen – in jedem Augenblick, mit jedem Atemzug.

Sei dir bewusst, dass die Energien sich stetig verändern, dass du einen Prozess vollziehst, der gnadenvoller, schöner, wunderbarer nicht sein könnte. Mache dir bewusst, dass du es bist, der das Schöpferlicht trägt, der das Licht nach außen leuchten lässt und die Spuren setzt – die Spuren, die nach Quin'Taas führen, der Weg des Sa'Maa'Tah. Alles vereint sich in einigen Augenblicken deines Seins.

Eine Zeit beginnt, die für dich vielleicht jetzt noch als unerreichbar scheint – doch sie ist da. Sie wird sich immer weiter ausdehnen und du wirst dabei sein. Wir, die hohen Lichter, werden alles dafür tun, dich zu begleiten, dich zu halten, dich zu umarmen, dich zu wärmen, dich zu trösten, dich zu lieben, dich fühlen zu lassen, was es bedeutet, wenn wir bei dir sind – mit jedem Wort, mit jeder Energie, die so viel Liebe beinhaltet, und du dich fallen lassen kannst, du dich tief, tief fallen lassen kannst. Und du weißt:

Es sind Gottes Hände, die dich auffangen – und in diesen Händen kannst du dich zurücklehnen.

Du hast immer die Möglichkeit, Energien zu genießen, tief in dir zu erforschen, zu fühlen, um noch besser zu verstehen, wenn wir sagen: Du bist mehr, so viel mehr als nur Mensch! Vertraue auf die Worte! Vertraue auf die Energien! Vertraue dir selbst!

Begleitet – mit diesen Botschaften – wurdest du von den Energien der Sternensaat. Und zum Abschluss werden diese Energien, die gebündelten Energien, die Gesänge der Sternensaat, über dich ausgeschüttet werden. Und nach diesen Augenblicken wirst du sie fühlen wie nie zuvor, denn sie erreichen deine Seele und lassen dich wissen: Du bist einer von uns, du bist eine von uns! Und die Liebe lässt dich fühlen, wie wunderbar, wie schön du bist!

Und so werden – mit den Tönen der Wirklichkeit – diese Töne über dich ausgeschüttet werden. Wir, die 36 Hohen Räte, sagen: An'Anasha – für deine Offenheit, für deine Bereitschaft, für deine Geduld, für deine Liebe!

A ni o'heved o'drach!

An'Anasha!

(Spiele ein kraftvolles Musikstück und lasse dir hierfür etwas Zeit.)

SABINE SANGITAR

Danke für dein Vertrauen

Lieber Leser, liebe Leserin!

Ich habe wirklich versucht, die wichtigsten Dinge zum Erwachen für dich herauszusuchen und es dir näherzubringen, doch ein Buch reicht nicht aus, um alle Fragen zu beantworten – und die Entwicklung geht immer weiter.

Bevor ich mich verabschiede, möchte ich mich noch bedanken – für dein Vertrauen, deine Freude und Begeisterung! Niemals wird das für mich selbstverständlich sein! Und kein An'Anasha, kein Geschenk und kein liebes Wort wird jemals selbstverständlich für mich sein! Ich hab euch alle sehr lieb!

Und so hoffe ich, dass dir die Informationen etwas gebracht haben und du schöne Erlebnisse hattest. Ich wünsche dir eine wunderschöne Zeit!

An'Anasha!

Deine Sabine Sangitar

GLOSSAR

Die Kristalle der Wirklichkeit

Die Kristalle besitzen höchste Energie und stammen aus dem höchsten Licht. Bitte mache dir bewusst, dass jeder Kristall das Bewusstsein eines einzelnen Gottes, Engels oder aufgestiegenen Meisters in sich trägt und eine lebendige Energie ist! Je häufiger du mit den Kristallen arbeitest, desto mehr wirst du spüren, wie kraftvoll und stark die Kristalle sind.

Du kannst die Kristalle kopieren, ausschneiden und damit Wasser, Räume oder Gegenstände energetisieren. Bei Meditationen ist es empfehlenswert, die Kristalle auf deine Chakren zu legen. Wende sie so an, wie deine Intuition es dir rät. Die Energie der Kristalle wirkt immer zu deinem höchsten Wohl, daher können sie nie falsch angewandt werden.

Wenn du dich mit der Visualisierung anfangs schwertust, dann schaue den Kristall direkt an, zeichne ihn dir auf und sprich den Namen laut aus. Entscheidend ist immer, in welchem Bewusstsein du die Kristalle verwendest. Visualisiere dir den Kristall, mache dir die Wirkung des Kristalls bewusst und wende ihn an. Den Namen kannst du dazu laut aussprechen. Wenn es die Gelegenheit nicht zulässt, dann reicht es, ihn nur zu denken. Du kannst die Kristalle über Zeit und Raum verschicken oder anderen Menschen zur Unterstützung senden. Wenn du dich in deinem Vereinigten Chakra befindest und die Kristalle in der Liebesabsicht sendest, dann wirken sie besonders kraftvoll.

Welche Seite des Kristalls oben oder unten ist, spielt dabei keine Rolle. Die Kristalle haben ein eigenes Bewusstsein und suchen sich ihren Weg aus der Wirklichkeit in deine Realität. Wende die Kristalle so oft an, wie es dir möglich ist. Denn dadurch speichert sich das Bewusstsein der Kristalle immer mehr in dein Zellwasser ein.

AL'SHARA: Die Urkraft des Lebens und der Sonne

YA'NA: Die ausgleichende Freude

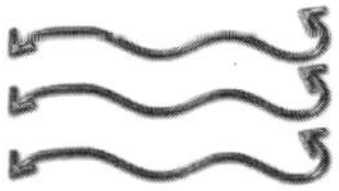

RA'DA'SHA'NORI: Lebenslicht – Ausdruck des Vertrauens und der Sicherheit

SAI'DA'SVA: Bedingungslose Liebe gegenüber dem Göttlichen

LI'MA'VA: Vater-Prinzip & Mutter-Prinzip schwingen in Freiheit

AM'RI'NA: Göttliche Urkraft schwingt in meinen Fähigkeiten

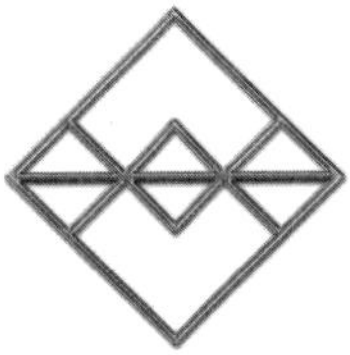

HY'LA'ANAR: Vollkommenes Licht der göttlichen Spiegelung

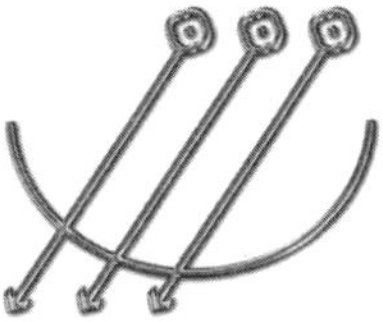

AKRASYS: Heiliger Gral des Vertrauens

AL'RANIAS: Die Hüter des Wissens

AMA'NAA: Mut

AMA'RANUS: Der große Speicher-kristall

AMBA'REES: Kristall zum Entfachen des Lemurischen Liebesfeuers

ANA: Licht

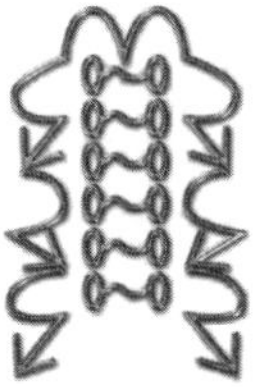

ANA'ANARAA: Die Erlösungsenergie für die Seele

ANA'LOTUS: Lichtkörper

AN'ANASHA: Dankbarkeit

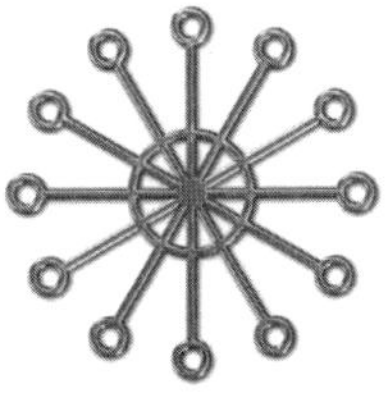

AN'ANORA: Kristall zum Errichten von Lichtsäulen

ANASTRAL: Heiliger Gral der Heilung

AN'SEENAS: Lemurischer Feuer-kristall

ANSHAA: Verstärkung der Energie und Entfachen der Fähigkeiten

 **ARIS:** Erdung	 **ARTEE:** Der Gruppenälteste von dem Planeten Arkturus	 **ADONAI ASHTAR SHERAN:** Der Hüter der Universen	 **ATOROS:** Lichtschiff
 **ATRANA:** Reine Gefühle	 **AVATARA:** Zentriertheit	 **BLUETANA:** Heiliger Gral der Hingabe	 **DANAS:** Seelenstern
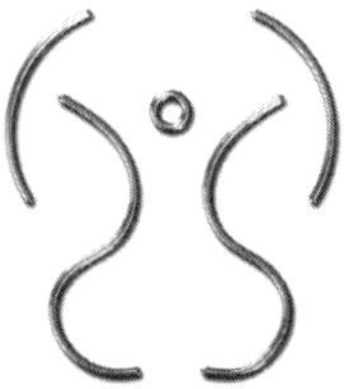 **DEVAR:** Wunscherfüllung	 **DI'TRASO:** Entscheidung	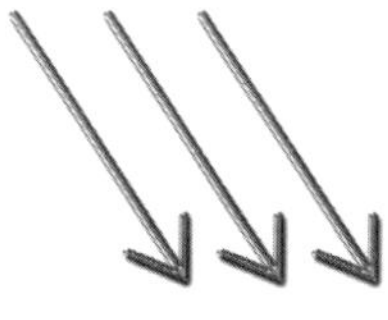 **DON'ADAS:** Die Engel der Gnade	 **EL'ACHAI:** Ich bin hier bei dir (Von Jesus gesprochen)
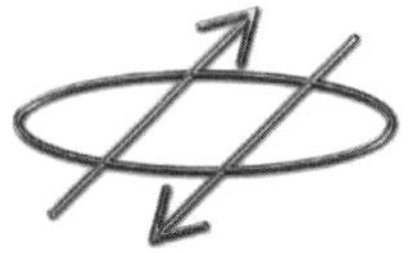 **EL'A'HELIOS:** Öffnen der Tore von Lentos	 **EL'AMARA:** Sternentor	 **ELEXIER:** Bedingungslose Liebe	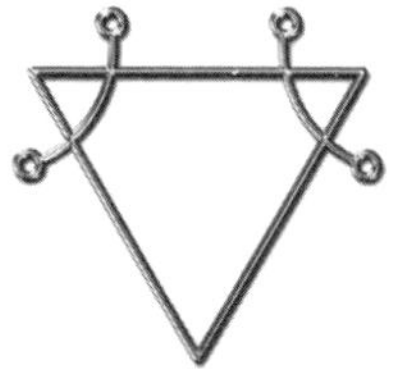 **EL'GOTSHA:** Loslassen
 **ELISES:** Heiliger Gral des Lebens	 **EL'NORAS:** Verbindungskristall	 **ELOO:** Widerstand transformieren	 **ELOSSIUM:** Herkunftsfrequenz El'Shaddai

EL'SHARAN: Schutzkristall

ELTA: Männliche Energie

ENA: Vergebung

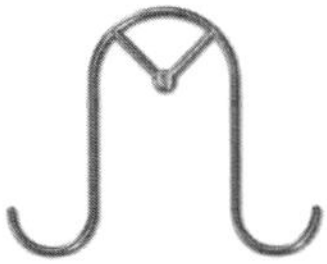

ESCHA'TA: Christusselbst

EXOLARIS: Reise auf das Ashtarschiff

FARANEES: Heiliger Gral der Wunder

FERNES ATORIUS: Herkunftsfrequenz Quadril 5, Nuni

GESHA: Venus

HANAR: Geduld

HAR'ATORA: Harmonie

IDOS DIE ENNA: Herkunftsfrequenz Frequenz der Engel

JAWES: Schöpferkraft

JESUS CHRISTUS

JO'ANADAS: Energie der Pyramide

KRYON

LAY'O'ESHA: Freiheit

LI ALL HAMBRE: Herkunftsfrequenz Shekina

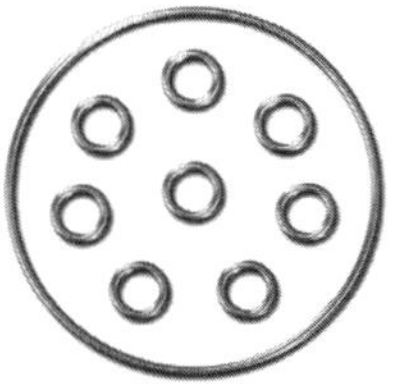

LOTUS: Neues Bewusstsein

MANCHAHAL: Heiliger Gral der Erlösung

MARANA: Kosmische Reise

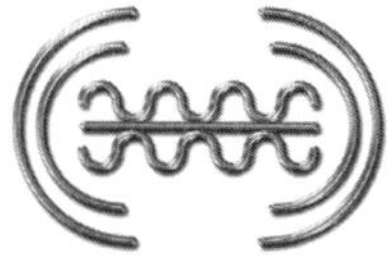

MARAS: Schutz vor elektrischer Strahlung & für elektrische Felder

MERA: Sternengefährte

MINA'ADJANA: Einweihung Lady Shyenna in die Weiße Priesterschaft

MOHA'RA: Reine Gedanken

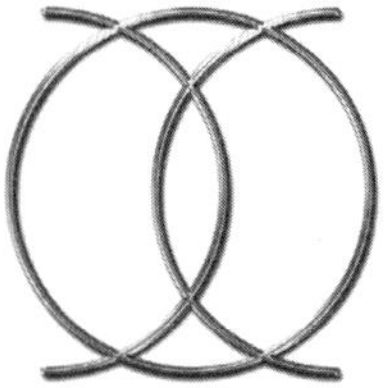

MONA'OHA: Vertrauen

MONASH: Geborgenheit

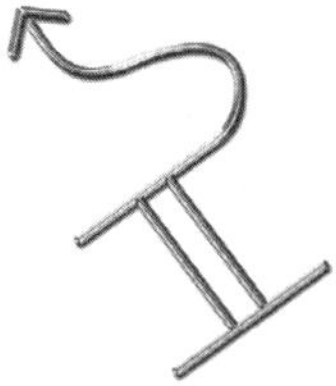

NASHA'O: Reinigung

NEKTUM: Erinnerung

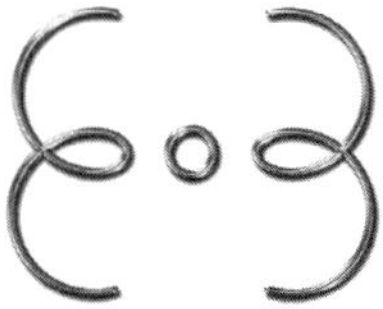

NION: Entbindung

NU A TRENDA: Energie aufnehmen

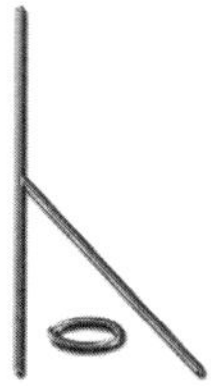

NUBI: Wirklichkeit aufnehmen

NUDRA'ZENTRA'EKTARES: Heiliger Gral des Vollkommenen Tons

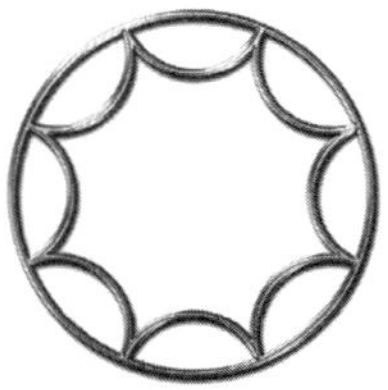

OMAR TA SATT: Begrüßung der Lichtarbeiter

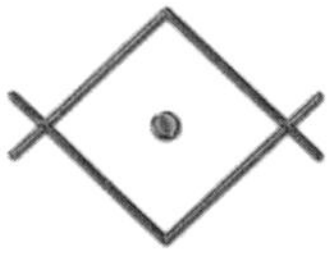

OM TAT SAT: Lichtarbeiter

ONAR: Ruhe

OSAM: Heilung

O'SHANA: Lichtbegleiter

PRADISHO: Heiliger Gral der Segnung

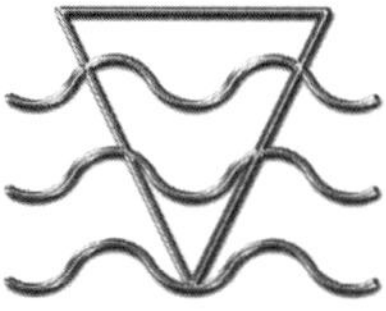

PRADNA: Kraft

RADA'SO'AM: Lichtaufnahme

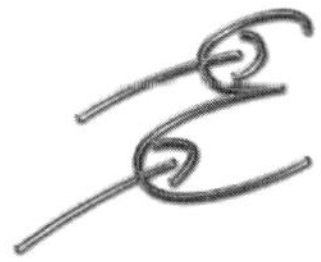

RANA'SO'HAM: Herkunftsfrequenz Elohim

RUNA: Fülle

SADNA: Öffung

SAMURAS: Heiliger Gral der Vergebung

SAVIER: Demut

SELESTRA NORVE: Herkunftsfrequenz Christusenergie

SERUS: Gottes Segen

SHADEES: Heiliger Gral der Auferstehung

SCHANDARA: Heiliger Gral der Magie

SHAN'THIE'MAA: Wir dienen dir ewiglich

SHEN'A'MAA: Kristall der Weißen Priesterschaft

SHEN'ARIN: Menschliche Liebe

SHERIN: Das weise Wesen von der Venus

SHI'A'DRANA: Absicht

SHIMAA: Seelenlicht

SIANA HAM: Herkunftsfrequenz Sternensaat

SIAS: Weibliche Energie

SIRIUS: Der Stern Sirius

SO'A'OREA: Weitergeben

SOL'A'VANA: Der Vollkommene Ton, Gottes Atem – Verbindungskristall

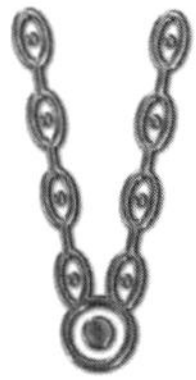 **TAHI'TAA:** Achtsamkeit	 **TANA'ATARA:** Gelassenheit	 **TAN'ATARA:** Lebensfreude	 **TARA'DOS:** Frieden
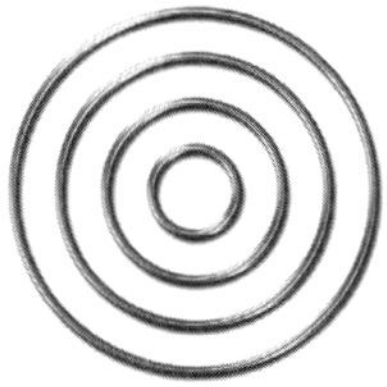 **TEEAS:** Die Gruppe			

Wortdeutungen

Unser Planet Sol'A'Vana – das Planetenbewusstsein Lady Shyenna

In den Botschaften wird unser Planet Erde „Sol'A'Vana“ und ihr Planetenbewusstsein „Lady Shyenna“ genannt. Das sind die Namen, die die Erde in der Wirklichkeit trägt. Es verhält sich hier ganz ähnlich wie mit den Namen von uns Menschen: Wir tragen für unseren Körper einen irdischen Namen, doch als unser Licht im Universum von unseren kosmischen Eltern erschaffen wurde, haben sie ihm einen Ursprungsnamen gegeben.

So ist „Erde“ der alte Name für den körperlichen Aspekt, für den Planeten selbst, und „Lady Gaia“ der alte Name des lebendigen, lichten Bewusstseins des Planeten. Doch der planetare Aufstieg ist mit einer Geburt einer vollkommenen Neuen Welt vergleichbar. Deshalb wird die Neue Erde von der Geistigen Welt „Sol'A'Vana“

und ihr erwachtes Bewusstsein „Lady Shyenna“ gerufen. Diese Töne entsprechen ihrer wiedergewonnenen, ursprünglichen Schwingung.
Diese Töne sind auch eine Widerspiegelung der Bewusstseinsentwicklung und enormen Energieerhöhung der Erde, denn vor noch nicht allzu langer Zeit wurde sie „Solvana“ gerufen. Ende des Jahres 2016 erhielt unser Mutterplanet eine Taufe durch die Geistige Welt, bei der ihrem Namen der Ton „A“ hinzugefügt wurde. Der Ton „A“ trägt in der Wirklichkeit die Energie der fließenden Liebe, die nun frei durch alle Erdgitternetze fließt und gemeinsam mit der Sol'A'Vana-Energie alle Energien in ihr zum Vollkommenen Ton Sol'A'Vana verbindet.

Gottes Atem Sol'A'Vana – der Vollkommene Ton

Gottes Atem Sol'A'Vana strömt direkt aus der göttlichen Quelle selbst und trägt die Schwingung des Vollkommenen Tons. Sol'A'Vana ist die höchste Friedensenergie. Sol'A'Vana ist eine Verbindungsenergie, die alle Energien und Erben Gottes miteinander verbindet und dadurch den Vollkommenen Ton erzeugt. Erklingt der Vollkommene Ton in uns Menschen, findet das absolute Erwachen statt; erklingt er in Lady Shyenna vollzieht sich der Aufstieg; erklingt er im gesamten planetaren Gitternetz der 389 Planeten, vollzieht sich der große, planetare Aufstieg und die Planeten kehren heim in die ursprüngliche, göttliche Ordnung im göttlichen Magnetfeld des ersten Zentralen Universums.

(Ausführlichere Informationen und Botschaften hierzu findest du in Band II und Band III.)

Die Innere Schau

Ein allumfassendes Erwachen beinhaltet auch eine Innere Schau. Sie läuft sehr individuell ab. Meistens ist es ein Augenblick, in dem man mit seinem Inneren Auge eine Flut von Bildern sieht und gleichzeitig mit absoluter Gewissheit erkennt und fühlt, wer man in Wirklichkeit ist und welchen Seelenauftrag oder Fähigkeiten man trägt. Eine Innere Schau kann auch in einem Traum erlebt werden oder zusammen mit dem Vollkommenen Ton.

Der Ursprungsname

Jedes Licht, das im Universum erschaffen wurde, hat von seinen kosmischen Eltern, den Ursprungseltern, einen Ursprungsnamen erhalten. Er entstand aus Schwingungstönen und enthält die individuellen Prägungen. In ihm sind u.a. der Grund des Erschaffens und die gesamten Fähigkeiten eingebettet worden. Der Ursprungsname bewirkt die Freisetzung vieler energetischer Muster und befähigt den Menschen, in großer Kraft zu wirken.

Der Lebenssatz

Die Ursprungseltern wissen den Grund des Erschaffens eines jeden Lichtes und dessen Aufgabe in der Dualität. Sie haben ihm einen persönlichen Lebenssatz mit auf den Weg gegeben, der ihn in jeder Inkarnation begleitet und ihm auf die ein oder andere Weise begegnet. Es wird in jeder Inkarnation einen Augenblick geben, in dem der Lebenssatz eine tiefgreifende Rolle spielt. Nach jeder Inkarnation wird das Seelenlicht mit seinem Lebenssatz wieder im Universum willkommen geheißen.

Die Ursprungsfrequenzen

Lichter aus der golden-blauen Frequenz stammen aus einer der folgenden Ursprungsfrequenzen: El'Shaddai, Shekina, Frequenz der Elohim, der Engel, der Sternensaat, der Christusenergie und aus Quadril 5.

- El'Shaddai ist das göttliche Gedankenfeld; das Gottesfeld, das sich am nächsten an der göttlichen Quelle befindet.

- Shekina ist das weibliche Gottesfeld.
- Die Frequenz der Elohim ist eng verbunden mit den Thronen-Engeln und der Merkaba des göttlichen Gedankenfeldes. Sie leitet die Struktur im Universum. Hier befinden sich sehr viele Wächter der Energien und die Gnadenengel. Die Elohim versprühen mit ihrem Licht Heilungsenergie.
- Die Frequenz der Engel ist das größte Feld im Universum mit sehr vielen Wirkungsbereichen.
- Die Sternensaat ist ein großes Gitternetz der Liebe. Es besteht aus Milliarden von Lichtern, die Träger der bedingungslosen Liebe sind.
- Die Frequenz der Christusenergie ist Träger der Erlösungsenergien und der Freiheit.
- Quadril 5 ist ein sehr altes und weises, magnetisches Universum.
- Die Nunis sind die erschaffenden Lichter aus Quadril 5. Sie haben die Aufgabe alle Universen mit magnetischer Energie zu versorgen.

(Ausführlichere Informationen und Botschaften hierzu findest du in Band I.)

Die Gesänge der Sternensaat
Die Sternensaat bildet das größte Lichtnetz im Universum. Ihre Aufgabe ist es unter anderem, das Universum mit der Liebesenergie zu versorgen. Die Gesänge der Sternensaat können als Aussendung und Bündelung von Energie verstanden werden. Durch die Gesänge der Sternensaat wird die Sehnsucht nach Gott im Menschen verstärkt.

Die golden-blaue Frequenz – die zwölf Frequenzen auf Sol'A'Vana
Die Seelen, die in der Zeitepoche Lemurien als Erstes auf Sol'A'Vana

inkarniert haben, werden als „golden-blaue Frequenz" bezeichnet. Sie werden auch als die „ältesten" Seelen auf Sol'A'Vana und in ihrer Verbundenheit als „golden-blaue Familie" gerufen. Sie tragen die Aufgabe, den Planeten in den Aufstieg zu führen.
Es gibt insgesamt zwölf verschiedene Frequenzen auf Sol'A'Vana, die unterschiedliche Aufgaben tragen, die keinerlei Bewertung unterliegen. Diese sind: die golden-blaue, die grüne, die gelbe, die orangene, die rote, die violette, die goldene, die türkis-goldene, die rosa-goldene, die magentafarbene, die braune und die weiße Frequenz. Diese sind nicht zu verwechseln mit den verschiedenen Ursprungs- oder Schwingungsfrequenzen, wie z. B. den Heilungsfrequenzen wie die Syronfrequenz.

(Ausführlichere Informationen und Botschaften zur golden-blauen Frequenz findest du in Band I und insbesondere in Band III)

Die Syronfrequenz – Mystische Heilgeist
Die Syronfrequenz ist eine Verbindungsenergie, die die mentale Ebene und die emotionale Ebene miteinander verbindet, sodass sich der Mystische Heilgeist, der Hohe Geist der mentalen Kraft, mit der Seele verbinden kann und die Schöpferkraft der Gedanken in die Manifestation fließen. Die Heilenden Worte der Syronfrequenz sind hierzu besonders geeignet. Diese Worte sind mit bestimmten Licht- und Energiefrequenzen aufgeladene Töne, die auch im Universum zur Heilung genutzt werden.

(Ausführlichere Informationen und Botschaften zu den Heilenden Worten der Syronfrequenz findest du in Band II)

Vier Körper – vier Ebenen
Wenn von den vier Körpern gesprochen wird, sind damit die physische, emotionale, mentale und spirituelle Ebene des Aurakör-

pers bzw. des Lichtkörpers gemeint. Erst wenn alle vier Körper harmonisch miteinander verbunden sind, ist tatsächliche Heilung möglich.

Das Goldene/Vereinigte Chakra – die Goldene Korona – das Neue Chakra-System – das Edinaa-Chakra

In früheren Zeiten konnte man sich ausschließlich nur mit seinen einzelnen Chakren verbinden, sie fühlen und leben. Dadurch konnte der Mensch jedoch immer nur einen Teilausschnitt der einen großen Wahrheit wahrnehmen, ganz abhängig davon, mit welchem Chakra er sich verbunden hatte.
Mit Beginn der Neuen Zeit hat sich das Vereinigte Chakra entwickelt. Nun besteht die Möglichkeit, alle Chakren zu einem großen Chakra, das Goldene (Herz-)Chakra, zu verbinden. Dadurch erhält der Mensch die Chance, Gott und das Göttliche in sich in einer erweiterten Form fühlen zu können.
Immer dann, wenn die Geistige Welt auffordert, in das Vereinigte Chakra zu gehen, gibt man die Absicht und die Anweisung, dass sich die Chakren zu einem großen Chakra verbinden. Man zieht die Energie aller Chakren in das Herz-Chakra hinein und dehnt es von dort wie eine Sonne aus. In diesem Zustand ist der Zugang zur Göttlichkeit gegeben. Der Mensch befindet sich in der bedingungslosen Liebe und die eigene Göttlichkeit beginnt, zu leuchten. Die Persönliche Engelsgruppe unterstützt das Vereinigen der Chakren, wenn sie darum gebeten werden.

Mittlerweile hat sich die Grundenergie auf Sol'A'Vana so stark erhöht, dass sich das Neue Chakra-System zu bilden beginnt. Hierbei entwickelt sich das Wurzel-Chakra zum Edinaa-Chakra und es bildet sich eine goldene Korona, die sich wie eine Membran um alle Chakren legt und sie durchdringt. Mit dem Goldenen vereinigten Chakra ist es möglich, sich an seine Ursprünglichkeit als lichtes Wesen im Universum zu erinnern und über das Neue Fühlen wieder ins Leben zu bringen.

(Ausführlichere Informationen und Botschaften hierzu findest du in Band II.)

Der Herzensstrahl – der Sinusstrahl – der Priesterstrahl

Mit dem Herzensstrahl kann direkt aus der Wirklichkeit Energie in die Seele aufgenommen werden. Dieser Strahl ist im Herzen verankert und im Energiefeld eingebettet. Er kann durch die Absicht aktiviert werden.

Der Sinusstrahl befindet sich im Dritten Auge. Er kann aktiviert werden, indem man das Dritte Auge gegen den Uhrzeigersinn drehen lässt. Der Sinusstrahl fährt sich dann aus dem Dritten Auge heraus.

Der Priesterstrahl erlaubt einem, in die Energien der Priesterschaften aller Zeitepochen einzutauchen, mit ihnen zu wirken und sie zu vereinen. Er ist im Christus-Aspekt eingebettet, wird deshalb manchmal auch als „Christusstrahl" bezeichnet, ist mit dem dritten Ton des Ursprungsnamens verbunden und ebenfalls im Herzen verankert. Er kann durch die Absicht aktiviert werden. Seine volle Wirkungsweise entfaltet er durch eine Einweihung in die Weiße Priesterschaft.

Es ist besonders empfehlenswert, vor der Aktivierung des Herzensstrahles, des Sinusstrahles oder des Priesterstrahles in das Goldene vereinigte Chakra zu gehen.

(Ausführlichere Informationen und Botschaften hierzu findest du in Band I.)

Die Aspekte – der Vollkommene Ton

Jedes Licht trägt im Universum 21 Aspekte. Geht ein Licht in

die Dualität, wird das Licht mit 18 Aspekten auf Sol'A'Vana geschickt. Diese 18 Aspekte sind: der körperliche Aspekt, der weibliche und männliche Aspekt, der Seelenaspekt, der Ursprungsaspekt, der Christus-Aspekt, der Gewahrseinsaspekt, der Engelsaspekt, der Sewaja-Aspekt, der Weisheitsaspekt, der Erleuchtungsaspekt, der Hohe-Selbst-Aspekt, der Fähigkeitsaspekt, der Erwachungsaspekt, der Allmachtsaspekt, der Erneuerungsaspekt, der Wirkungsaspekt und der Verbindungsaspekt.
Drei Aspekte bleiben bei einer Inkarnation im Universum zurück und garantieren die Anbindung an Alles-was-ist. Diese drei Aspekte sind: der Ursprungsaspekt, der Lichtaspekt und der Sewaja-Aspekt.
Sind neun Aspekte miteinander verbunden, ist der Mensch erwacht. Sind alle 18 Aspekte miteinander verbunden, hat der Mensch vollständigen Zugriff auf sein göttliches Wissen und der Vollkommene Ton erklingt in ihm. Die jüngeren Kinder der Neuen Zeit inkarnieren bereits mit 19 Aspekten.

(Ausführlichere Informationen und Botschaften hierzu findest du in Band II.)

Der 19. Aspekt – die Drachen- & Einhornenergie
Der 19. Aspekt ist keiner der oben genannten Aspekte und einer, der einem Menschen nur durch Melek Metatron zugeführt werden kann, wenn er ein weit ausgedehntes Bewusstsein hat und seine Seele dazu bereit ist. Der 19. Aspekt ist der Lichtabdruck eines Menschen und trägt die Energie der höheren, göttlichen Allmacht.
Durch ihn kann u. a. die Drachen- und Einhornenergie aufgenommen und die Merkaba sowie die ursprünglichen Fähigkeiten und göttlichen Attribute zur vollen Entfaltung gebracht werden. Doch seine tiefgreifende Bedeutung ist nur schwer mit

Worten beschreibbar, nicht mit dem Verstand erfassbar, sondern beinhaltet so viel mehr, als ein Mensch sich für gewöhnlich vorstellen kann.
In manchen Channelings wird „der Drache“ oder „das Einhorn“ gerufen. Damit sind sehr hohe Allmachtsenergien gemeint, die dem 19. Aspekt zugehörig sind und für die Aktivierung und Nutzung der Merkaba gebraucht werden. Sie können nicht von alleine herbeigeführt werden.

(Ausführlichere Informationen und Botschaften hierzu findest du in Band II.)

Die Merkaba – die großen Sterntetraeder

Die Aspekte bilden die Merkaba und somit auch die Seele des Menschen. Die Merkaba ist eine Energiestruktur – der sogenannte „Sitz der Seele“ -, die durch zwei entgegengesetzt drehende Sterntetraeder in Schwingung versetzt wird und so ein Energiefeld erzeugt, das auch „das Seelengefährt“ genannt wird, denn mit einer voll aktivierten Merkaba ist es u.a. möglich, auch mit dem physischen Körper auf Reisen zu gehen.
In manchen Botschaften werden die großen Merkabas der lichten Wesen auch als „Sterntetraeder“ bezeichnet. Neun Sterntetraeder gelten als besonders wichtig für den Aufstieg und den Dimensionswechsel. Dazu gehört der Sterntetraeder von Jesus.

(Ausführlichere Informationen und Botschaften hierzu findest du in Band II.)

Das Spirituelle Rad – die Blütenkelche

Das Spirituelle Rad ist eine Struktur der Merkaba, an das die Aspekte angebunden sind und das den Lichtkörper mit dem Aurafeld verbindet. Es ist ein Energietransportband, das in Achten ver-

läuft und sein Zentrum im Herzen hat. Die Energie der Aspekte zirkuliert je nach Bewusstseinszustand im Spirituellen Rad.
Auf ihm befinden sich die Blütenkelche, die Blütenknospen ähneln. Da die Geistige Welt nicht direkt im Aurafeld und der Seele des Menschen arbeiten darf, leitet sie die Wirklichkeitsenergie in die Blütenkelche. Diese geben die aufgenommene Energie frei, wenn die Seele dafür bereit ist.

Der göttliche Kern – die zwölf Seelenschichten – die Seelenoberfläche

Jede Seele trägt den göttlichen Kern in sich, der über das sogenannte „Liebesband" immer mit dem göttlichen Feld im Universum verbunden ist. Es ist das unantastbare, göttliche Licht, das den Seelenplan beinhaltet und der Grund dafür ist, warum die Menschen von der Geistigen Welt als „vollkommen" gesehen und als „göttlich" gerufen werden.
Darüber hinaus besteht die Seele aus zwölf Seelenschichten, die u.a. den Schatz der gesammelten Seelenerfahrungen und energetischem Muster beinhaltet, und der sehr spürbaren Seelenoberfläche, die der Transformation nicht mehr dienlicher Energien dient.

Die göttliche Flamme

Die Seelenenergie wird auch als die göttliche Flamme bezeichnet.

Die Persönliche Engelsgruppe – der Goldene Engel – der Schutzengel

Jeder Mensch trägt seit seiner ersten Inkarnation eine Persönliche Engelsgruppe in sich. Diese Persönliche Engelsgruppe darf nur wirken, wenn sie die Erlaubnis des Menschen dazu erhält. Es gibt eine Ausnahme: Der Schutzengel ist immer aktiv und darf ungefragt wirken. Alle anderen Engel schlafen und können nur wirken, wenn sie erweckt werden. Dies geschieht durch die bewusste Absicht.

Neben dem Schutzengel besteht die Persönliche Engelsgruppe aus sieben weiteren Engeln, von denen einer der Goldene Engel ist. Der Goldene Engel ist in gewisser Weise der Mensch selbst – genauer gesagt, sein Lichtabdruck in Verschmelzung mit seinem Hohen Selbst. Dies wiederum zusammen mit dem Lichtwesen, das am tiefsten mit dem Menschen verbunden ist – das ist der Goldener Engel eines jeden Menschen.
In manchen Channelings wird von „den goldenen Engeln" gesprochen. Damit ist eine Schar von Engeln gemeint, die im Universum und für die Menschen mit goldenem, magnetischen Sonnenlicht wirken. Kryon bezeichnet sich selbst ebenfalls als goldener Engel.

(Ausführlichere Informationen und Botschaften hierzu findest du in Band II.)

Der Botschafter der Liebe

Die kosmischen Eltern haben jedem Licht ein Licht der Liebe mitgegeben. Es ist der Botschafter der Liebe, der das Licht von Anbeginn der Zeit begleitet. Die Botschafter der Liebe leben in einer lichten Erddimension unter uns Menschen. Sie tragen von jeder Zeitepoche ein Vermächtnis in sich und sind mit allen Zeitenergien, die es auf Sol'A'Vana gegeben hat, verschmolzen. Der Botschafter der Liebe kann dem Menschen in vielen Dingen behilflich und ein guter Berater sein. Er gehört zu den Inneren Helfern.

Die Inneren Helfer

Ein jeder Mensch trägt 144 Innere Helfer in sich. Es sind lebendige Energien, mit denen das Licht ausgestattet wurde, um es in der Dualität in vielen Lebenslagen zu unterstützen, sein göttliches Licht im menschlichen Körper zu erkennen und seine Fähigkeiten zu nutzen. Dazu gehören das Innere Kind, die Innere Frau, der Innere Mann, auch die Innere Familie genannt, der Schutzengel, die

Persönliche Engelsgruppe, der Goldene Engel, der persönliche Drache, das persönliche Einhorn, der Botschafter der Liebe, der Innere Christus, die Innere Gottesmutter, der Innere Heiler, der Innere Magier, der Innere Architekt, der Innere Schmied, der Innere Techniker, der Innere Krieger, das persönliche Krafttier, der Innere Seelenbaum und der Innere Zaubergarten.
Sabine Sangitar hat ein wunderbares Wirkungsset „Deine Inneren Helfer" kreiert, mit vielen weiteren Informationen und Kristallen, um die 18 wichtigsten Inneren Helfer zu aktivieren, mit ihnen in Kontakt zu treten und gemeinsam zu wirken.

Das Höhere Selbst – der göttliche Funke

Das Höhere Selbst wird auch als der göttliche Funke bezeichnet, den jeder Mensch in sich trägt. Über das Höhere Selbst ist der Mensch immer mit dem göttlichen Feld verbunden.

Das Hohe Selbst – die Thronen-Engel – Shan'Shija – die Eleua-Engel

Jedes Licht verschmilzt bei seiner Erschaffung mit einem Hohen Selbst, um die Attribute der kosmischen Eltern entsprechend der Trinität des Vater-, Mutter- und Sohn-Universums durch seine Attribute auszugleichen. Dies kann Melek Metatron, Shakti oder Jesus Christus sein. Nach dem Erwachen des Menschen fließen die Attribute des Hohen Selbst verstärkt ein.
Das Hohe Selbst von Jesus ist Shan'Shija. Shan'Shija ist Träger der Eleua-Engel, der Persönlichen Engelsgruppe von Jesus, und ein Thronen-Engel, die stellvertretend für Yoah'Toh seinen Platz in der Merkaba Gottes einnimmt. Die Merkaba Gottes wird durch die Thronen-Engel gebildet.

(Ausführlichere Informationen und Botschaften hierzu findest du in Band II.)

Das Experiment – das Liebesband Gottes – Yoah'Toh – die Luziferenergie

Als sogenanntes „Experiment" wird der Moment im ersten Zentralen Universum bezeichnet, als sich der Thronen-Engel Yoah'Toh in tiefster Absicht und höchster Liebe, Hingabe und Mut zur Verfügung stellte, vom göttlichen Liebesband abgetrennt zu werden, mit dem Ziel durch ihn als lichtes Gegenüber der göttlichen Quelle die Liebe erfahrbar und spürbar zu machen. Keiner wusste zu diesem Zeitpunkt, was bei diesem Experiment geschehen würde.

Yoah'Toh wurde in den höchsten Tönen besungen und von der göttlichen Merkaba getrennt. Doch das Unvorhersehbare geschah: Yoah'Toh explodierte in viele Teile und fiel in die Tiefe. Dies wird auch als „der Fall" aus den magnetischen Gottesbahnen benannt, bei dem Yoah'Toh als Kometenhagel auch auf 389 Planeten einschlug und sie mit sich riss.

Das Resultat des Aufschlags war, dass die sogenannte „Luziferenergie" entstand und sich die Dualität bildete. Darauffolgend stellten sich 144.000 Lichter bereit, um Yoah'Toh und die gefallenen Planeten heimzuholen und an die ursprünglichen, magnetischen Gotteslinien wiederanzubinden. Um diese Aufgabe erfüllen zu können, wurden auch Kryon und die Nunis hinzugerufen, die dazu aus ihrem Universum Quadril 5 in das erste Zentrale Universum überwechselten. Die Rückführung von Yoah'Toh und den betroffenen Planeten an ihren angestammten Platz wird auch als „der Aufstieg" bezeichnet. Das dafür notwendige Knüpfen des Liebesbandes und dessen Übergabe an Yoah'Toh stellte eine der großen Aufgaben der golden-blauen Frequenz, insbesondere der Weißen Priesterschaft dar.

(Ausführlichere Informationen und Botschaften hierzu findest du in Band III.)

Die Avatare
Avatare sind sich voll bewusste, göttliche Menschen, die mit 18 oder 19 aktiven Aspekten auf Sol'A'Vana und anderen Planeten für das große Ganze in selbstlosen Dienst wirken, mit dem höheren Ziel, dass sich der planetare Aufstieg – d. h. die Wiederanbindung aller 389 Planeten an das göttliche Magnetfeld – vollzieht.

Die Lichtpioniere – die Lichtpionier-Schritte
Die Lichtpioniere sind jene göttlich erwachten Menschen der golden-blauen Frequenz, die durch alle Zeitepochen, so auch in ihrer jetzigen Inkarnation, durch ihr Wirken aktiv zum Aufstieg beitragen. Sie tragen auch deshalb den Titel „Lichtpionier" oder „Naza'Nahim", weil sie den Lichtspuren der Liebe folgen, den Weg ins Erwachen vorangehen und hierbei in der Illusion der Dualität Lichtspuren für andere setzen, die noch den sogenannten „Schleier des Vergessens" tragen.
Die Lichtpionier-Schritte ist eine Bewusstseinsschulung für jene, die sich berufen fühlen, für den Planeten und die Menschen in der Tat zu wirken. Sie beinhalten viele Informationen und energetische Werkzeuge. Voraussetzung für die Lichtpionierschritte sind die 48 oder 36 Schritte des Erwachens.

Galaktische Reiter & Sternenwanderer
Als Galaktische Reiter und Sternenwanderer werden jene göttliche Menschen und Avatare anderer Planeten genannt, die mit einer vollaktivierten Merkaba als Energieträger durch Zeit und Raum, auch zu anderen Planeten und Zeitepochen, reisen, um hohe energetische Aufgaben der Energieaktivierung, -verbindung und -ausdehnung zu erfüllen.

Die Zeitepochen – das Goldene Zeitalter – die Dritte Zeit – der Neue Zyklus

Die Zeitepochen sind große, energetische Zeitabschnitte, in denen bestimmte Energien – das sogenannte „Erbe Gottes“ – auf Sol'A'Vana manifestiert und gespeichert wurden, um die Erdgrundenergie und das Planetenbewusstsein zu erhöhen und den Aufstieg zu bewirken. Die vier Hauptzeitepochen sind Lemurien, Atlantis, Avalon und Lentos.

Sie münden im Goldenen Zeitalter, das mit der Geburt von Jesus begonnen hat und in dem der Aufstieg vollzogen wird. Das Goldene Zeitalter beinhaltet die gesamte Phase des Aufstieges, der Anpassung und der Vollendung der Neuen Zeit, die auch die „Dritte Zeit“ oder der „Neue Zyklus“ genannt wird.

Lemurien ist die Zeitepoche, in der 144.000 hohe Lichter der golden-blauen Frequenz, die sogenannten „ältesten Seelen“ als Erste auf den gefallenen Planeten gekommen sind und in ihrer ersten Inkarnation ohne Körper, als reines Licht im höchsten Bewusstsein gewirkt haben, um die Luziferenergie zu transformieren.

Atlantis ist die Zeitepoche der lichten Kriegerschaft, in der die Avatare unter der Führung von Toth und den Alten Göttern alles dafür gegeben haben, die Erdenergie zu erhöhen und die Erben Gottes in den Pyramiden, den Kristallstätten, in Sicherheit zu bringen.

Avalon ist die Zeitepoche von Merlin, den magischen Meistern, die Priester/-innen, König Arthur und der Ritterschaft. Gemeinsam haben sie die Attribute der menschlichen Liebe, der Freiheit und der Vergebung manifestiert.

Lentos ist die Zeitepoche der Verkünder, in der u.a. unter der Führung von Moses das Kommen des Heilands angekündigt und vorbereitet wurde.

(Ausführlichere Informationen und Botschaften hierzu findest du in Band III.)

Die Nullphase – Nyroos

Die Nullphase ist ein Phase zwischen zwei großen Zeitepochen, in der neu über Zeitepochen entschieden wird und Zeitepochen gestaltet werden. Dies wird nicht von der Geistigen Welt entschieden, sondern die Menschen entscheiden darüber. Bisher gab es drei Nullphasen auf unserem Planeten. Die erste in der Zeitepoche Lemurien, die zweite in Nyroos und die dritte hat jetzt im Goldenen Zeitalter, mit der Entzündung von Mona'Oha, begonnen.

Die Anpassungsphase

Als Anpassungsphase wird die Zeitphase im Aufstiegsgeschehen benannt, in der die Ursprünglichkeit wiederhergestellt wird; in der sich die Strukturen im Außen und im Verhalten der Menschen den Energien der Neuen Zeit angleichen und die Neue Welt aktiv von den Menschen erbaut wird.

Quin'Taas – Quin'Thies

Quin'Taas ist die Neue Welt und gleichzeitig eine Zeitepoche, die über alle Zeitepochen hinweg existiert hat. In Quin'Taas wurde all das Wahre und Gute, all die Wünsche und Hoffnungen der Menschen während aller Zeitepochen eingebettet. Mit der Öffnung von Quin'Taas werden all diese Manifestationen freigegeben.
Quin'Taas und Quin'Thies entsprechen den männlichen und weiblichen Tönen.

Sa'Maa'Tah – die Sa'Maa'Tah-Schritte

Sa'Maa'Tah ist ein energetischer Weg, der in der voranschreitenden Anpassungsphase – der Phase zwischen alter und neuer

Welt – in den höchsten Tempel führen wird. Dies ist der Tempel Sa'Maa'Tah. Der Sa'Maa'Tah-Tempel ist die energetische Wohn- und Wirkstätte von Jesus und befindet sich in der sich immer mehr manifestierenden Neuen Welt – Quin'Taas.
Zu jeder Zeit braucht es eine Energie auf dem Planeten, die höher schwingt als alles andere. Diese Energie lässt die Menschen und alle anderen Wesen auf dem Planeten nach Höherem streben, wachsen und der Quelle ein Stück näherkommen. Auf Sol'A'Vana und in dieser Neuen Zeit ist die höchste Energie der Tempel Sa'Maa'Tah.
Die Sa'Maa'Tah-Schritte führen von Beginn an mit dem Goldenen Schlüssel auf dem schnellsten Weg direkt dorthin. Sie sind der Weg der Weißen Priesterschaft.

Der Goldene Schlüssel

Der Goldene Schlüssel ist ein energetischer Schlüssel, der die Goldenen Wunder enthält und von der Energie der Heiligen Grale genährt ist. Dieser Schlüssel führt in die Neue Welt Quin'Taas und erlaubt, mit wesentlich mehr Aspekten nach Quin'Taas zu reisen, was bedeutet, dass man in tiefere Felder von Quin'Taas eintreten darf.

Die Goldenen Wunder

Die Goldenen Wunder beinhalten die reinen, puren Gottesgedanken, den Ursprungston Gottes – Tora'An'Taria, alle Attribute und Energien der zwölf Heiligen Grale, ein geheimes Heilwissen und vieles mehr. Dieses Heilwissen können nur die Menschen ausführen, die den Spuren der Liebe gefolgt sind und von Jesus die Goldenen Wunder (erstmalig in seiner Inkarnation) übertragen bekommen haben. Die Goldenen Wunder liegen auf dem Planeten und in den Menschen, können aber nur von Menschen mit sehr ausgedehntem Bewusstsein erkannt und genutzt werden.

Tora'An'Taria
Tora'An'Taria bedeutet übersetzt „Gottes Schöpfungston" oder auch der Ur-Ton der Göttlichkeit. Dieser Ur-Ton wird mit dem Atem Gottes, der alles am Leben erhält, durchs Universum getragen. Gottes Schöpfungston ist verbunden mit dem ureigenen Ton jedes Menschen und erinnert ihn an seine wahre Essenz.

Die zwölf Heiligen Grale – Gralsenergien
Eine Hauptaufgabe von Jesus in seiner Inkarnation war es, höchste Energien der Wirklichkeit überall auf dem Planeten in den Heiligen Gralen zu speichern. Es gibt zwölf Heilige Grale: Den Heiligen Gral der Magie, der Wunder, der Heilung, der Auferstehung, des Lebens, der Hingabe, des Vertrauens, der Vergebung, der Erlösung, der Liebe, der Segnung und den des Vollkommenen Tons, der in der sogenannten „Bundeslade" eingebettet ist.
Die Energien der Heiligen Grale waren über lange Zeit verschlossen. Die Entzündungen der Heiligen Grale haben in der Zeit zwischen 2012 und 2014 stattgefunden. Es war eine wichtige Zeitphase, die die großen Veränderungen des Zeitenwandels eingeleitet und somit den Höhepunkt des Aufstiegs eröffnet haben. Nun verbinden sich die Gralsenergien auf dem Planeten und haben einen wesentlichen Anteil am Aufstieg.

Die (Goldene, Rote, Blaue & Weiße) Priesterschaft – Shen'A'Maa
Die in den Botschaften genannte Priesterschaft hat nichts mit einer weltlichen Religion oder Glaubensrichtung zu tun. In allen Zeitepochen haben die Priesterschaften gewirkt, um mitten in der Dualität durch die Anbindung an die göttliche Quelle die Energien auf Sol'A'Vana und in den Menschen zu erhöhen. Es gibt die Goldene, die Rote, die Blaue und die Weiße Priester-

schaften mit verschiedenen Aufgabenbereichen.
Die goldenen, die roten und die blauen Priester/innen führten in den vergangenen Zeitepochen ein sehr strenges Leben mit vielen menschlichen Entsagungen und Gelübden, um als Kanal für die hohen Energien dienen zu können. Die Weiße Priesterschaft löst all diese Gelübde auf, führt in die Freiheit der Neuen Zeit und vereint die Kräfte aller Priesterschaften mit Gottes Atem Sol'A'Vana.
Die Weiße Priesterschaft wurde von Engel Michael in seiner Inkarnation als Arthur in Avalon vorbereitet und von Jesus im Goldenen Zeitalter eingeleitet. Sie kommt jetzt, im Neuen Zyklus, in voller Blüte zum Tragen und hat weiterhin die Aufgabe, die höchsten Energien auf der Neuen Erde Sol'A'Vana zu verankern. Ein Shen'A'Maa ist befugt eine Krönung (Einweihung) in die Weiße Priesterschaft zu vollziehen.

(Ausführlichere Informationen und Botschaften hierzu findest du in Band III.)

Der Priestername
Viele Menschen haben in vielen Zeitepochen und Inkarnationen mystische und magische Priesterzyklen durchlaufen und dabei viele Fähigkeiten erworben. Der Priestername dieser Inkarnation ist die Krönung aller Zyklen und Priesterschaften aller Inkarnationen. Jeder Ton ist genährt mit besonderen Fähigkeiten und tiefster Weisheit. Er darf erst seit der energetischen Freigabe von Quin'Taas und der großen Vereinigung von Sabine Sangitar gechannelt werden.

Das Erbe Gottes – das Schwert Excalibur – die Bundeslade
Das Erbe Gottes sind die Hinterlassenschaften der verschiedenen Zeitepochen. Sie werden auch als „Feuerperlen" benannt. In

jeder Zeitepoche gab es heilige Gegenstände, die mit der Energie der jeweiligen Zeitepoche verknüpft und aufgeladen war. Hierzu zählen das Schwert Excalibur, das Träger höchster Allmachtsenergien ist, die Smaragdtafeln von Toth, die Zehn Gebote von Moses und vieles mehr. Dieses Erbe Gottes wurde zum Ende jeder Zeitepoche in Sicherheit gebracht.
In der Bundeslade ist das gesamte Erbe Gottes aller Zeitepochen gespeichert. Jetzt, im Goldenen Zeitalter, werden alle Erben zur großen Vereinigung gebracht. Dies war vom Anbeginn der Zeit so geplant. In der Bundeslade ist auch der Heilige Gral des Vollkommenen Tons Nudra'Zentra'Ektares verankert. Sie befindet sich energetisch in der großen Pyramide von Gizeh, in Ägypten.

Die Trägerenergien
Als Trägerenergien bezeichnet man eine Wirklichkeitsenergie, an der sich eine zweite Energie anbinden und von ihr „getragen", transportiert oder geleitet werden kann. Dazu gehören zum Beispiel die magnetische Liebesenergie, die bedingungslose Liebe Elexier, die Dankbarkeit An'Anasha uvm.

Das Prosonodo-Licht
Das Prosonodo-Licht ist das höchste Liebeslicht der Merkaba von Jesus Christus und pure Erlösungsenergie. Es wirkt besonders erlösend auf der emotionalen Ebene. Jesus brachte das Prosonodo-Licht durch seine Inkarnation auf die Erde, um die vollkommene Erlösung und somit den Aufstieg zu bewirken. Er übertrug das Prosonodo-Licht auf viele Menschen und bewirkte dadurch all die vielen Wunder.
Als Jesus ins Universum zurückkehrte, war sein Werk noch nicht vollendet und das Prosonodo-Licht wurde in der Zeitepoche Lentos als Erbe Gottes in Sicherheit gebracht. Als 2010 die Dimensionstore von Lentos wieder geöffnet wurden, floss das

Prosonodo-Licht wieder frei auf den Planeten ein und das Werk von Jesus konnte durch die Entzündung des Kristalls Mona'Oha vollendet werden. Dies markiert den Wendepunkt des Zeitenwandels – das Ende des Alten Zyklus und der Beginn des Neuen Zyklus und der Anpassungsphase.

(Ausführlichere Informationen und Botschaften zum Prosonodo-Licht findest du in Band II.)

Die Eleua-Energie

Die Eleua-Energie ist das Liebeslicht von Shan'Shija, dem Hohen Selbst von Jesus. Es wird durch die Eleua-Engel, die Persönliche Engelsgruppe von Jesus, auf Sol'A'Vana gebracht, ist die reine Himmlische Freude und bewirkt tiefste Heilung auf allen Ebenen.

(Ausführlichere Informationen und Botschaften zur Eleua-Energie findest du in Band II.)

Die Hallen von Amenti – Limgaam – Lebenselixier

Limgaam stammt direkt aus der heiligen göttlichen Quelle. Es kann sehr stark heilend sein und wirkt auf vielen Ebenen. Die Grundenergie ist die Erneuerung. In der Zeitepoche von Atlantis wurde diese heilige Energie in den Hallen von Amenti von den Tempeltänzerinnen angewandt, um für die Menschen und die Alten Götter den körperlichen Aspekt zu erneuern, zu regenerieren, sodass sie den Planeten nicht verlassen mussten. In der Zeitepoche Avalon wurden die Priesterinnen und Priester nach Abschluss intensiver Prüfungen mit Limgaam getauft.

Segnungstropfen

Segnungstropfen sind Schöpfungsenergie, die aus der göttlichen

Quelle ausgeschüttet wird und im Rhythmus der Merkaba Gottes mit dem Atem Gottes durch das Universum transportiert wird. Erreicht diese Wirklichkeitsenergie die Menschen, bedeutet dies allerhöchster Segen unter anderem für die Weiterentwicklung der Seele. Die Segnungstropfen sind mit großen energetischen Vorbereitungen der Geistigen Welt verbunden und geschehen nicht einfach ohne Grund.

Die Arkturianer
Die Arkturianer sind hohe, lichte Wesen vom Planeten Arkturus, wie zum Beispiel Artee, Maris und Ma'Ha'Lias, die sich in den Dienst gestellt und auf Sol'A'Vana begeben haben, um mit ihren besonderen Fähigkeiten und Neuen Technologien zur Erdheilung, Erdenergieausgleichung und -erhöhung und somit zum Aufstieg dieses und anderer Planeten beizutragen.

An'Arina
An'Arina ist der Name, den der Planet Venus in den Bereichen der Wirklichkeit trägt.

Das Sternentor
Als das Sternentor wird ein energetisches Dimensionsportal bezeichnet, durch das man von der Dualität in die Wirklichkeit reisen kann. Sherin, das weise Wesen von der Venus, begleitet einen gerne bei dieser energetischen Reise.

Ashtar Sheran – das Ashtarschiff
Ashtar Sheran gilt als Hüter des Universums. Er ist Kommandeur der Konföderation des Friedens und sorgt mit seinem Lichtschiff, auch Ashtarschiff genannt, für Frieden und Ordnung im Universum. Derzeit umkreist das Ashtar-Kommando mit besonderer Aufmerksamkeit unseren Planeten Sol'A'Vana.

Die Kryonschule – die 48 Schritte – die 36 Schritte

Die Kryonschule umfasste 48 Schritte, die von Kryon und den 36 Hohen Räten durchgegeben wurden. Durch die enorme Energieanhebung des Planetenbewusstseins und Bewusstseinsausdehnung auf Sol'A'Vana, seit der Entzündung des Kristalls Mona'Oha, konnten die 48 Schritte nun zu 36 gebündelt werden.

Das Erlernen der Lichtsprache der Elohim mit den hochenergetischen Kristallen (Symbolen) ist ebenfalls ein wichtiger Bestandteil der Kryonschule. In den Schritten werden Wissen und Techniken vermittelt und wichtige Einweihungen durchgeführt, die einen zum Erwachen führen – der Ausdehnung des Lichtkörpers auf 88 Prozent.

Der Tempel des Friedens – die Sol'A'Vana-Schritte

Als „Tempel des Friedens" wird ein Energiefeld der Neuzeit-Energie im Menschen bezeichnet, in dem sich bereits jetzt die vollkommene Energie der Neuen Zeit befindet und das den göttlichen Frieden erzeugt. Er trägt die Energie von Sol'A'Vana und bereitet den Menschen auf die sogenannte Anpassungsphase, die Zeit nach dem Aufstieg, vor bzw. in der Anpassungsphase auf die Neue Zeit selbst. Er kann vom Menschen durch aktive Bewusstseinsarbeit und durch die Schulung der Sol'A'Vana-Schritte errichtet werden.

Die Sol'A'Vana-Schritte sind Schritte der Vereinigung. Sol'A'Vana ist die höchste Friedensenergie. Sie fließt direkt aus der göttlichen Quelle und trägt die Schwingung des Vollkommenen Tones. Sol'A'Vana wird alles miteinander verbinden, das gesamte Erbe Gottes, das jeder in sich trägt, vereint mit der Weißen Priesterschaft, dem Prosonodo-Licht und der Eleua-Energie.

(Ausführlichere Informationen und Botschaften zur Sol'A'Vana-Energie findest du in Band III.)

Kryonfestival – Walk-In

Die Geistige Welt spricht in manchen Channelings von dem „Fest der Liebe“ und bezieht sich damit auf das „Kryonfestival“, das zweimal pro Jahr stattfindet und auf dem viele Menschen zusammenkommen – ein „großes Kollektiv der golden-blauen Frequenz“ sich versammelt, wie es die Geistige Welt benennt –, um den Botschaften der 36 Hohen Räte durch Sabine Sangitar zu lauschen und viele Stamm-Energien – Erst-Energien, die erstmalig auf den Planeten gebracht werden – und dienliche energetische Muster zu empfangen.

Das größte Geschenk hierbei ist der Walk-In, da er mit Erlaubnis des Menschen direkt in der Seele des Menschen wirken darf und höchste Energien bis in die physische Ebene bringen kann. Hierfür kommt das lichte Wesen mit 17 oder 18 Aspekten in den Körper von Sabine Sangitar. Es findet für kurze Zeit ein Austausch der Seelen statt.

Die Lichtsprache – Ari'Soam

Ari'Soam ist die Sprache der Elohim. Sie ist die universelle Sprache der Wirklichkeit. Die Kristalle der Wirklichkeit sind ein Teil davon. Nachfolgend ein paar Übersetzungen der in den Botschaften am häufigsten verwendeten Lichtsprache:

El‘Shaddai: *Das göttliche Feld; göttliche Energie im Universum*
Shekina: *Das weibliche Gottesfeld; weibliche Energie im Universum*
Shakti: *Göttliche Mutter*
Melek: *König*
Kodoish, Kodoish, Kodoish, Adonai‘Tsebayoth: *Heilig, heilig, heilig ist der Herr der Heerscharen*
Ehyeh Asher Ehyeh: *Ich bin der/die Ich Bin*
So‘Ham: *Ich bin Gott*

A ni o'heved o'drach: *Du wirst unermesslich geliebt*
Shan'Thie'Maa: *Wir dienen dir ewiglich*

Erdung auf allen Ebenen

Je höher die Lichtausdehnung des Planeten und der Menschen ist, desto wichtiger ist die von der Geistigen Welt oft genannte „Erdung auf allen Ebenen". Sie verringert Lichtkörpersymptome und bedeutet im eigentlichen Sinne Stabilisierung und Harmonisierung.

- Erdung für den physischen Körper kann durch den Kristall Aris, Essen, Bewegung und Natur hergestellt werden.
- Erdung für den emotionalen Körper wird durch Ausgleichung der männlichen und weiblichen Energien erreicht. Hierzu kann Ashtar Sheran angerufen werden.
- Erdung für den mentalen Körper erfolgt durch das Sprechen der Lichtsprache.
- Erdung für den spirituellen Körper geschieht durch eine bewusste Anbindung an den eigenen kosmischen Ursprung oder durch das Sprechen des Ursprungsnamens.

Dein Ursprungsname

Wenn auch du deinen persönlichen Ursprungsnamen erfahren möchtest, wirst du dich sicherlich über den folgenden Link sehr freuen.
www.shimaa.de/fuer-dich-persoenlich/ursprungsname

Die 36 Schritte

Die 36 Schritte sind die neuen 48 Schritte, inhaltlich – nicht energetisch – der Neuen Zeit angepasst.
www.kryonschule.de/die-36-schritte-des-erwachens/

Die Sol'A'Vana-Schritte

Die Sol'A'Vana-Schritte sind die Schritte der Vereinigung und der aktuellen Erdenergie immer voraus. Somit sind sie eine Schulung für all jene, die sich auf das noch Kommende in der Anpassungsphase vorbereiten wollen.
www.kryonschule.de/solavana-schritte/

Die Sa'Maa'Tah-Schritte

Sa'Maa'Tah ist ein energetischer Weg, der in der voranschreitenden Anpassungsphase – der Phase zwischen alter und neuer Welt – in den höchsten Tempel führen wird. Dies ist der Tempel Sa'Maa'Tah. Der Sa'Maa'Tah-Tempel ist die energetische Wohn- und Wirkstätte von Jesus.
https://samaatah.shimaa.de/

Die 36 Hohen Räte – Band 1
Offenbarungen der Liebe und des Erwachens

Vor sehr langer Zeit fiel der Planet Erde aus der göttlichen Umlaufbahn in die Tiefe der Dualität. Daraufhin traten viele hohe Engelswesen eine weite Reise an, mit dem Auftrag, die Erde in ihre ursprünglichen Gotteslinien zurückzuholen. Sie gaben das Versprechen, erst dann wieder heimzukehren, wenn der Planet in die magnetischen Gotteslinien an seinen angestammten Platz aufgestiegen ist. Durch viele Zeitepochen hindurch taten sie im höchsten Bewusstsein mit all ihrer Allmacht alles, was dafür nötig war. Doch es kam der Augenblick, in dem sie vergaßen, wer sie einst waren, um sich menschlich zu erfahren – und doch wurden sie nie vergessen!

Die 36 Hohen Räte senden einen Ruf an die Familie – an all jene, die vergaßen, wer sie einst waren. Immer mehr Menschen spüren diesen Ruf. Sie können es nicht benennen und doch fühlen sie eine tiefe Sehnsucht in sich. Eine Sehnsucht, die bisher durch nichts im Leben gestillt werden konnte. Sie spüren den Ruf – eine zarte Erinnerung daran, warum sie einst auf diesen Planeten gekommen sind.

Dieses Buch ist der erste Band von weiteren, die bald folgen werden. Es sind Botschaften der Erweckung, des Vertrauens, der Liebe und der Heilung. Sie wurden durchgegeben von dem Medium Sabine Sangitar, deren Botschaften um die ganze Welt gehen. Es sind die ersten Schritte der Erinnerung.
In diesem Buch werden viele wichtige Informationen über das aktuelle Zeitgeschehen preisgegeben. Du erhältst praktische Anleitung und erstes energetisches Handwerkszeug, das dir auf deinem weiteren Weg dienlich sein wird.

Wenn auch du diese tiefe Sehnsucht in deinem Herzen spürst, könnte dieses Buch vielleicht die Antwort sein, nach der du schon so lange gesucht hast!

Preis: 24,90 €

Die 36 Hohen Räte – Band 2
Offenbarungen der Heilung und der Erlösung

Dieses Buch ist nun der zweite Band. Die Reise in ein tieferes Verständnis von der Wirklichkeit hinter dem Schleier geht weiter. Was ist die Merkaba? Wie funktioniert das Merkaba-Reisen? Was sind die Aspekte und wie ist der Lichtkörper aufgebaut? Was sind Lichtkörpersymptome und wie kann der Mensch mit ihnen umgehen? Wie sieht die Welt hinter dem Schleier tatsächlich aus und was kann man tun, um mit ihr in Kontakt zu treten? Dies sind nur einige der Fragen, auf die die 36 Hohen Räte voller Liebe eingehen werden.

Doch auch die Autorin selbst, Sabine Sangitar, wird in diesem Buch zu Wort kommen und ihr tiefes und fundiertes Wissen – in Form von Fragen und Antworten – auf besondere Art und Weise teilen.

Die Kernessenz der Heilung und Erlösung liegt hinter jedem Wort und so wird der Leser Seite um Seite liebevoll in ein höheres Bewusstsein der Freiheit getragen! Die 36 Hohen Räte geben praktische Anleitungen zur persönlichen Bewusstseinsentwicklung und die gern gefühlten Übertragungen höchster Energien aus der Wirklichkeit sind auch wieder Bestandteil dieses leuchtenden Bandes!

So bleibt dem Leser nichts Weiteres zu tun, als seinen Ort des Friedens im Herzen zu öffnen, um die gesamte Heil- und Erlösungskraft, die dieses Buch trägt, tief in sich aufzunehmen und sich daran zu erinnern, wer er einst war!

DIE 36 HOHEN RÄTE – BAND 3
Offenbarungen aus den Zeitepochen

Willkommen zum Band 3 der Buchreihe „Die 36 Hohen Räte“! Wer sind wir und wo kommen wir her? Entspricht die Geschichte der Menschheit – so, wie sie unsere Wissenschaftler uns glauben lassen möchten – der Wahrheit oder gibt es noch eine andere, allumfassendere Wahrheit? Eine Wahrheit, die vielleicht berührender nicht sein könnte? Eine Geschichte, in der jede Seele, jeder Mensch einen wichtigen Platz einnimmt – eingebunden in einen höheren Plan, getragen von einer liebenden Kraft?
Die 36 Hohen Räte und Sabine Sangitar verschaffen dem Leser in diesem Buch einen tiefgreifenden Einblick in die irdischen Zeitepochen: Angefangen mit der ersten Inkarnation in Lemurien, in der der Mensch noch keinen Körper trug; hin zur kriegerischen, atlantischen Zeit, die in einer Sintflut endete. Gefolgt von der Verkünder-Epoche Lentos, in der die Ankunft des Heilands verkündet wurde; über das magische und mystische Avalon; bis hin zur Jetzt-Zeit, in der alle Zeitepochen miteinander verschmelzen.
Mit jedem Wort wird der Leser in ein tiefes, inneres Verstehen und Fühlen geführt. Energetische Übertragungen durch die 36 Hohen Räte und eigenes, aktives, schöpferisches Handeln sind ebenfalls Teil dieses Buches. Noch einmal mehr erhält der Leser Einblick in die schlüssigen Zusammenhänge des Geschehens des großen Ganzen und die Puzzleteile der Erkenntnis fügen sich immer mehr zu einem Gesamtbild.

Preis: 24,90 €

Die 36 Hohen Räte – Band 4

Offenbarungen des sich erfüllenden Zeitenwandels

Dies ist der vierte Band der Buchreihe „Die 36 Hohen Räte“. Die Geistige Welt wird nicht müde, ihre allumfassenden Botschaften zu den Menschen zu bringen – liebend, tragend und heilend. Immer tiefer wird der Leser in die Mysterien des Lebens und in die Energien der Wirklichkeit eingeweiht, was zur Folge hat, dass sich die eigene Gottesmacht behutsam weiter ausdehnt.

Band IV hebt sich durch viele praktische Anleitungen und kraftvolle Energieübertragungen hervor. Anders als in den ersten drei Bänden, wird der Leser nun immer tiefer in das energetische Wirken mit eingebunden. Sei es nun bei Energie-Übertragungen für Mutter Erde oder auch bei persönlichen Einweihungen in die eigenen Fähigkeiten – es wird zunehmend die eigene Meisterschaft im Leser angefeuert!

Gleichwohl wird der Informationsstrom der Geistigen Welt nicht weniger – ganz im Gegenteil! Denn mit den entsprechenden energetischen Vorbereitungen, können und dürfen auch erlesenere Offenbarungen preisgegeben werden. Darunter fallen Botschaften über den nahenden Höhepunkt des Aufstieges, die Rolle der erwachten Menschen als Avatare auf Erden, das Erbe Gottes, die Gralsenergien, Himmelserscheinungen, den Atem Gottes, Hologramm-Ebenen in den geistigen Bereichen und sehr vieles mehr.

Die Welt ist im Wandel und die Schleier lichten sich! Ein Prozess ist im Gange, der vieles im Menschenbewusstsein zum Positiven verändern wird – und du bist eingeladen, aktiv an diesem einmaligen Ereignis teilzuhaben!

Preis: 24,90 €

Die 36 Hohen Räte – Band 5
Offenbarungen des Neuen Zyklus

Viele Menschen spüren, dass sich etwas in ihnen und um sie herum verändert, doch sie wissen nicht, was es ist. Dies führt zu Verwirrung und manchmal sogar zu Angst und Sorge. Selbst manche Lichtarbeiter dieser Erde können diese Veränderungen nicht mehr zuordnen und verlieren an Halt. Alte Systeme und Lehren greifen nicht mehr, duale Machtstrukturen können sich nicht mehr halten und die Masken fallen.

Seit so vielen Jahren sprechen die 36 Hohen Räte durch das Medium und die Autorin Sabine Sangitar von diesen Veränderungen und bereiten die Menschen auf den großen Zeitenwandel vor. Mit diesem fünften Band wird dem Leser bewusst: Die Neue Zeit hat bereits Einzug gehalten! Der Neue Zyklus hat längst begonnen! Es ist nun an der Zeit, sich zu erinnern: Du bist so viel mehr als nur Mensch! Mit unermesslicher Weisheit, Fürsorge und Liebe tut die Geistige Welt alles, um dein ursprüngliches Potenzial zu erwecken.

Für den Leser wird mehr denn je spürbar, dass die Botschaften der 36 Hohen Räte durch das Medium Sabine Sangitar eine besondere Tiefe und unvergleichbare Lebendigkeit besitzen. Noch nie zuvor wurden der Menschheit solche Informationen eröffnet, neue Energien höchster Wirklichkeit übertragen und die Goldenen Wunder offenbart. Die Neue Zeit ist angebrochen und es ist nun von größter Wichtigkeit, die tieferen Herzensweisheiten auch voller Kraft und Achtsamkeit zu nutzen und in der Tat zurückzukehren in die eigene wahre Identität – hin zum vollkommen erwachten göttlichen Menschen.

So ist dieses Buch an all jene mutigen Menschen gerichtet, die bereit sind, sich dem ewigen Wandel und Wachstum der Spiritualität zu unterziehen – und ihrer Seele, den Spuren der Liebe folgend in die Neue Zeit einzutreten.

Die 36 Hohen Räte – Band 6

ICH BIN DER ICH BIN

Sonderedition – Leinenüberzug

Dieses Buch „Ich bin der ich bin“ handelt vom größten Avatar, der jemals auf Erden gelebt hat. Dieser Avatar veränderte diesen Planeten grund- legend und leitete ein neues Zeitalter ein. Vor seiner Zeit auf Erden verkündete man ihn als den Heiland, während seiner Zeit als Jesus, den Erlöser, und nach seiner Zeit ging er wieder zurück zur großen Seele Sananda und doch ist, war und wird er immer sein, Gottes Sohn, das einzige Licht in diesem Universum, das jemals aus der göttlichen Quelle herausgeboren wurde – Ich bin der ich bin.
Diese Geschichte beginnt mit der Entstehung der Dualität und dem Fall des Planeten Erde Sol'A'Vana. Es geht um die Vorbereitungen, die getroffen wurden, um den Planeten und all seine Bewohner ins Licht zu heben und das Gottesgeschenk, den Sohn, auf Erden willkommen zu heißen. Es geht um das kurze Leben Jesu selbst; um seine erlösenden Taten, um Liebe, Vertrauen und Gemeinschaft, es geht um den Verrat, den er erlebte und die Vergebung die er lebte; es geht vielleicht sogar um dich und deine Rolle im großen Geschehen. Jesus lebte und bewirkte in der kurzen Zeit, die ihm gegeben wurde so vieles im Gitternetz des Planeten, doch er wusste, dass seine Zeit gekommen war und er versammelte die Gemeinschaft ein letztes Mal um sich und sprach von einer Zeit, die noch kommen würde, eine Zeit, in der er nicht mehr unter ihnen weilen konnte. Diese Zeit ist gekommen und das Werk, das er nicht vollenden konnte, kommt nun durch die Gemeinschaft zur Vollendung. Dies ist die Geschichte, die so noch nie erzählt worden ist und es ist das fehlende Puzzlestück, das dich verstehen und fühlen lassen wird. So vieles ereignete sich in dieser kurzen Zeit, als Jesus auf Erden war, doch es sollten noch weitere 2000 Jahre vergehen, bis sein Werk in Gänze vollendet werden konnte.
Mit dem Lesen dieser Zeilen bist du eingeladen, dies zu bezeugen! Du bist eingeladen, aktiv am Geschehen teilzuhaben, sein Werk auf Erden zu vollenden, indem du den Übungen, energetischen Übertragungen und Einweihung in diesem Buch folgst.

Preis: 34,90 €

Die 36 Hohen Räte – Band 7
Offenbarungen der Großen Manifestation

Der Neue Zyklus hat begonnen und die Zeit der Großen Manifestation ist damit angebrochen! Im Außen dominieren die dualen Strukturen immer noch unseren Planeten, so scheint es zumindest, denn sicher ist: Das Planetenbewusstsein Lady Shyenna ist erwacht!
In diesem Band und mit dem Beginn der Dritten Zeit beschenken uns die 36 Hohen Räte mit vielzähligen Energien, um uns noch näher zu unserer wahren und wunderschönen Göttlichkeit zu führen. Wir stehen an einem Wendepunkt, an dem wir eingeladen werden, zu erkennen, dass wir die Schöpfer unserer persönlichen und somit auch der übergeordneten Neuen Welt sind. Dieser Wendepunkt wird uns mehr als jemals zuvor offenbaren, dass jeder Gedanke, den wir denken, Energie ist – und wir stehen mehr als jemals zuvor vor der Entscheidung: Welche Energien wollen wir nähren?
Lasse dich ein weiteres Mal entführen, tiefer in eine Welt jenseits des Verstandes und jenseits der Starre der Dualität, hinein in deine wahre göttliche Wirklichkeit; erkenne, dass das, wonach du suchst, „im Hier und Jetzt" zu finden ist, um die Worte der großen Seele Buddha zu zitieren. In dir, im Hier und Jetzt findest du, wonach du dich so sehr sehnst: Geborgenheit, Frieden, Erlösung, Glückseligkeit und Liebe.
Die Zeit der Großen Manifestation ist angebrochen und es liegt nun an uns, eine Neue Welt zu kreieren!

Preis: 24,90 €

Die 36 Hohen Räte – Band 8
Offenbarungen einer Neuen Welt

Dies ist der vierte Band der Buchreihe „Die 36 Hohen Räte". Die Geistige Welt wird nicht müde, ihre allumfassenden Botschaften zu den Menschen zu bringen – liebend, tragend und heilend. Immer tiefer wird der Leser in die Mysterien des Lebens und in die Energien der Wirklichkeit eingeweiht, was zur Folge hat, dass sich die eigene Gottesmacht behutsam weiter ausdehnt.

Band IV hebt sich durch viele praktische Anleitungen und kraftvolle Energieübertragungen hervor. Anders als in den ersten drei Bänden, wird der Leser nun immer tiefer in das energetische Wirken mit eingebunden. Sei es nun bei Energie-Übertragungen für Mutter Erde oder auch bei persönlichen Einweihungen in die eigenen Fähigkeiten – es wird zunehmend die eigene Meisterschaft im Leser angefeuert!

Gleichwohl wird der Informationsstrom der Geistigen Welt nicht weniger – ganz im Gegenteil! Denn mit den entsprechenden energetischen Vorbereitungen, können und dürfen auch erlesenere Offenbarungen preisgegeben werden. Darunter fallen Botschaften über den nahenden Höhepunkt des Aufstieges, die Rolle der erwachten Menschen als Avatare auf Erden, das Erbe Gottes, die Gralsenergien, Himmelserscheinungen, den Atem Gottes, Hologramm-Ebenen in den geistigen Bereichen und sehr vieles mehr.

Die Welt ist im Wandel und die Schleier lichten sich! Ein Prozess ist im Gange, der vieles im Menschenbewusstsein zum Positiven verändern wird – und du bist eingeladen, aktiv an diesem einmaligen Ereignis teilzuhaben!

Die 36 Hohen Räte – Band 9
El'Achai – Ich bin hier, hier bei dir
Sonderedition – Leinenüberzug

Wer den bisherigen Botschaften der 36 Hohen Räte bereits gefolgt ist, hat erfahren und fühlen können, wer Jesus wirklich war – dass er mehr war, als ein weiterer Avatar der doch schon so kraftvollen Avatare auf diesem Planeten – und sein Kommen eine neue Zeit eingeleitet hat.
Schon bevor Jesus diesen Planeten betreten hat, sprachen viele Avatare von dem Erscheinen des Heilands und darüber, dass sein Erscheinen den Lauf der Dinge verändern würde. Darüber – und was sonst noch vor zweitausend Jahren geschah – wurde zum großen Teil bereits in der ersten Sonderedition gesprochen. Die zweite Sonderedition dringt noch einmal tiefer in das Geschehen ein. Mit dieser Ausgabe gelangen wir in die Gegenwart. Es geht um die energetische Reaktivierung derer, die einst Jesus auf seinem Weg begleitet haben. Es geht um das Erbe, das Jesus, der Christus, den Menschen hinterlassen hat. Es geht um Heilung. Es geht um die Wiederkunft, die Bundeslade, die Eleua-Energie und das Prosonodo-Licht. Es geht aber auch darum, was jeder Einzelne ganz persönlich nun tun kann, um das Werk Gottes auf Erden zu vollenden.

Es ist ein so tiefgreifendes Buch, mit einzigartigen Informationen, Energien und vor allem auch energetischen Übertragungen, die dir während des Lesens zuteilwerden. Genau wie die vorangegangenen Bücher ist auch dieses Buch eine Quelle der Energie. Sei dir gewiss, dass du mit jedem einzelnen Wort, das du liest, von der Geistigen Welt spürbar begleitet wirst.

<u>*Preis: 34,90 €*</u>